新时代东南学术论丛

中国式现代化

郑东育◎主编

许耀桐　张占斌　张志强　等◎著

海峡出版发行集团 | 福建人民出版社
THE STRAITS PUBLISHING & DISTRIBUTING GROUP | FUJIAN PEOPLE'S PUBLISHING HOUSE

编辑委员会

前　　言

◎郑东育

中国式现代化是人类历史上恢宏而独特的理论和实践创新。新时代新征程，推进中国式现代化必须坚持习近平新时代中国特色社会主义思想的科学指引，正确处理好顶层设计与实践探索、战略策略与守正创新、效率公平与活力秩序、自立自强与对外开放等一系列重大关系，坚持统筹兼顾、系统谋划，实现整体推进。历史见证壮阔伟业，时间镌刻奋进足迹。中国式现代化在改革开放中不断推进，也必将在改革开放中开辟光明前景。

走过峥嵘岁月，历经风雨洗礼，中国共产党风华正茂，团结带领中国人民不断探索现代化道路，推动中国式现代化从蓝图一步步变为现实。新民主主义革命时期，党团结带领人民推翻帝国主义、封建主义和官僚资本主义三座大山，夺取新民主主义革命的胜利，建立人民当家作主的新中国，实现民族独立和人民解放，为实现现代化创造了根本社会条件。社会主义革命和建设时期，党团结带领人民进行社会主义改造，确立社会主义基本制度，开展全面的大规模的社会主义建设，建立起独立的比较完整的工业体系和国民经济体系，为我国现代化建设奠定了根本政治前提与物质基础，提供了宝贵经验和理论准备。改革开放和社会主义现代化建设新时期，党作出把党和国家工作重点转移到经济建设上来、实行改革开放的历史性决策，团结带领人民进行改革开放新的伟大革命，建立和完善了社会主义市场经济体制，实现了经济总量的历史性突破，推进了中华民族从站起来到富起来的伟大飞跃，为中国式现代化提供了充满新的活力的体制保证和快速发展的物质条件。进入新时代，党团结带领人民进行新时代坚持和发展中国特色社会主义这场伟大社会革命，创造性推进中国式现代化的实践进程，拓展中国式现代化的理论内涵，开辟了以中国式现代化全面推进中华民族伟大复兴的新境界，实现了中华民族从站起来、富起来到强起来的伟大飞跃，为中国式现代化提供了更为完善的制度保证、更为坚实的物质基础、更为主动的精神力量。历史和实践证明，中国式现代化走得通、行得稳，是实现中华民族伟大复兴的光明大道，开辟的是人类迈向现代化的新道路，开创的是人类文明新形态。

对于一本密切关注和回应时代声音的学术期刊而言，《东南学术》理当把中国式现代化作为最重要的学术主题。围绕中国式现代化的热点理论问题，《东南学术》主动出击，组织和引导专家学者从各学科各视角展开研究阐释，推出了一批高质量学术理论文章，取得了很好的社会反响。为进一步聚焦中国式现代化主题，扩大学术影响力，《东南学术》精选16篇文章结集成册，推出《中国式现代化名家谈》一书。这本书汇聚了专家学者们的智慧与洞见，深入探讨中国式现代化的历史进程、理论蕴涵、实践路径与世界意义等，为广大读者全面理解中国式现代化提供理论镜鉴。受篇幅所限，本书未能囊括名家佳作，不免有遗珠之憾。为真实呈现学术发展脉络，此次选编整体上保持论文在期刊发表时的原貌。如有不妥之处，敬请读者批评指正。

本书由林蔚芬（福建省社会科学界联合会党组书记、副主席）担任编辑委员会主任，郑东育（福建省社会科学界联合会党组成员、副主席兼东南学术杂志社社长、总编辑）担任编辑委员会副主任和主编，郑珊珊（东南学术杂志社副总编辑）担任副主编，由许耀桐、张占斌、张志强等知名学者撰著。在此，还要特别感谢福建人民出版社对本书出版给予的大力支持和辛勤付出。

《中国式现代化名家谈》从学术角度展示了中国式现代化的时代魅力和广阔前景，对推动中国式现代化的知识生产和理论创新有一定意义。展望未来，中国式现代化将继续沿着中国特色社会主义道路前进，不断实现更高质量、更有效率、更加公平、更可持续的发展。这需要哲学社会科学工作者深刻把握历史规律，坚持正确的历史观和方法论，不断总结经验教训，为推动中国式现代化行稳致远提供学理支撑。当然，一本书无法全面展现体系严整、内涵丰富的中国式现代化理论。未来期冀有更多的专家学者积极参与中国式现代化的研究，立足中国的伟大实践，用中国道理总结好中国经验，把中国经验提升为中国理论，为不断推动中国式现代化理论创新、方法创新和实践创新贡献智慧和力量。

（郑东育，福建省社会科学界联合会党组成员、副主席，兼东南学术杂志社社长、总编辑）

目　录

上编　中国式现代化通论

中编　中国式现代化蕴含的独特“六观”

下编　以高质量发展推进中国式现代化

中国式现代化通论

第一篇　中国式现代化的唯物史观阐证：理论生成、实践路向与体系建构

◎许耀桐

中国共产党创建的中国式现代化理论，是推进中华民族从站起来、富起来到强起来并走向伟大复兴的理论，是气势磅礴、系统全面、博大精深的理论。毫无疑义，这一理论是建立在历史唯物主义坚实基础上的科学理论。因之，必须以历史唯物主义的阐证为切入点和轴心，确凿地证实唯物史观为中国式现代化道路探索所指明的正确路向，着力于研究中国式现代化内涵的形成发展与唯物史观各个范畴的交叠契合，深刻地洞察中国式现代化依循历史唯物主义基本原理建构的完整体系。当下，继续深入研究中国式现代化是新时代赋予的一项重大使命和任务，唯有立于马克思主义唯物史观的高度，才能深刻认识中国式现代化理论的精神实质，真正做到习近平总书记所提出的“读懂中国式现代化”①。

① 《习近平向2023年“读懂中国”国际会议（广州）致贺信》，《人民日报》2023年12月3日。

一、以唯物史观为中国式现代化道路的探索举旗定向

在马克思主义传入之前，中国人对于国家与社会的发展以及人民群众地位和作用的看法，占统治地位的是历史唯心主义观点。唯心史观把人的思想动机和主观愿望当作社会、国家发展的根源与决定力量，认为帝王将相、英雄天才是创造历史的主体和动力，人民群众不过是愚昧无知的芸芸众生。按照历史唯心主义的认识，在近代沦为半殖民地半封建社会的中国要想摆脱积贫积弱、被动挨打的悲惨境地，走向现代化、实现民族复兴，只能把希望寄托在统治者和达官贵人身上。显然，如果不摒弃和铲除唯心主义历史观，就不可能为中国现代化和民族复兴找到出路。

对中国式现代化和中华民族伟大复兴道路的真正探索，始于早期的中国共产党人。在中国共产党创建时期，以李大钊、陈独秀、蔡和森等为代表的一批先进知识分子，开始学习和介绍马克思主义的唯物史观，并运用唯物史观的基本原理来思索半殖民地半封建社会的前途命运和改造中国的根本方案。

受俄国十月革命胜利的影响，中国共产党创始人之一李大钊成为传播马克思主义的第一人。他对马克思主义进行系统研究，指出马克思主义学说是由唯物史观、政治经济学和科学社会主义三个部分组成的有机整体，其中的唯物史观最为重要，构成整个体系的理论基础。李大钊在《我的马克思主义观》（1919 年 9 月、11 月）中对历史唯物主义作了精辟的阐述，他把唯物史观概括为两方面的基本含义：一是人类社会生产关系的总和，构成社会经济的构造。这是社会的基础构造。李大钊阐述道：“一切社会上政治的、法制的、伦理的、哲学的，简单说，凡是精神上的构造，都是随着经济的构造变化而变化。我们可以称这些精神的构造为表面构造。表面构造常视基础构造为转移，

而基础构造的变动，乃以其内部促他自己进化的最高动因，就是生产力为主动；属于人类意识的东西，丝毫不能加他以影响，他却可以决定人类的精神、意识、主义、思想，使他们必须适应他的行程。”① 二是生产力与社会组织有密切的关系。生产力一有变动，社会组织必须随之变动。李大钊阐述道：“社会组织即社会关系，也是与布帛菽粟一样，是人类依生产力产出的产物。手臼产出封建诸侯的社会，蒸汽制粉机产出产业的资本家的社会。生产力在那里发展的社会组织，当初虽然助长生产力的发展，后来发展的力量到那社会组织不能适应的程度，那社会组织不但不能助他，反倒束缚他、妨碍他了。而这生产力虽在那束缚他、妨碍他的社会组织中，仍是向前发展不已。发展的力量愈大，与那不能适应他的社会组织间的冲突愈迫，结局这旧社会组织非至崩坏不可。这就是社会革命。新的继起，将来到了不能与生产力相应的时候，他的崩坏亦复如是。”② 李大钊的这些阐述源自马克思在《〈政治经济学批判〉序言》中对唯物史观的论述，阐明了社会存在决定社会意识、生产力决定生产关系、经济基础决定上层建筑等基本原理，揭示了人类社会发展的规律和社会革命的发生，指出旧的社会形态必然为新的、更高的社会形态所取代。

李大钊根据唯物史观关于生产力决定生产关系并最终决定上层建筑的原理，极为重视生产力的作用，推崇西方国家工业革命带来的巨大变化：“西洋文明是建立在工商经济上的构造，具有一种动的精神，常求以人为克制自然，时时进步，时时创造。到了近世，科学日见昌明，机械发明的结果，促起了工业革命。交通机关日益发达，产业规模日益宏大。”③ 为了说明生产力的重要性，他举了日本的例子：通过明治维新的资产阶级革命和变革，“采用了西洋的物质文明，产业上起

---

① 中国李大钊研究会编注：《李大钊全集》第三卷，人民出版社 2006 年版，第 27 页。
② 同上。
③ 同上书，第 145 页。

了革命——如今还正在革命中——由农业国一变而为工业国……且有与欧美各国并驾齐驱的势力”①，日本由此实现了现代化和西方化。

李大钊认为，中国也要坚决地走上发展生产力的道路，但是他不主张学习西方和日本的资本主义方式，而要采用社会主义的方法。他在《社会主义下之实业》（1921 年 3 月）中说：“用资本主义发展实业，还不如用社会主义为宜。因为资本主义之下，资本不能集中，劳力不能普及。社会主义之下，资本可以集中，劳力可以普及。资本之功能以集中而增大，劳力之效用亦以普及而加强，有此种资本与劳力，以开发公有土地之富源，那愁实业不突飞猛进？中国不欲振兴实业则已，如欲振兴实业，非先实行社会主义不可。”② 李大钊区别了两种不同的实业，即资本主义实业和社会主义实业，他所讲的“社会主义下之实业”，亦即社会主义的工业，从本质上说，它代表了社会主义国家的工业现代化。

继李大钊之后，中国共产党的另一位创始人陈独秀也悉心钻研了马克思主义的历史唯物论。陈独秀在《马克思学说》（1922 年 4 月）中指出，马克思的唯物史观学说虽然没有专书，但是他所著的《经济学批评》（今译《政治经济学批判》）、《共产党宣言》、《哲学之贫困》（今译《哲学的贫困》）三本书里都曾说明过这个道理。陈独秀和李大钊一样按照唯物史观的基本原理梳理出两条要旨：其一，“不是人的意识决定人的生活，倒是人的社会生活决定人的意识”；其二，“社会的生产力和社会制度有密切的关系，生产力有变动，社会制度也要跟着变动，因为经济的基础（即生产力）有了变动，在这基础上面的建筑物自然也要或徐或速的革起命来”。③

正是基于生产力问题的客观重要性，陈独秀提出致力于中国生产

---

① 中国李大钊研究会编注：《李大钊全集》第三卷，第 145—146 页。

② 同上书，第 272 页。

③ 任建树主编：《陈独秀著作选编》第二卷，上海人民出版社 2014 年版，第 445 页。

力发达的根本措施：“（1）发展生产事业……中国不但矿业、工业、交通事业都还有无穷的发展”，还要“发达的农业”；“（2）发展交通事业”；“（3）发达科学”；“（4）发达生产技术”。[①] 其中，陈独秀尤其看重科学与技术进步的因素，这样的认识完全符合历史唯物主义关于科学技术也是生产力的论断。在怎样使中国生产力发展和实现现代化问题上，陈独秀遵循唯物史观学说得出了三个“教训”（实为三个“结论”）：“（一）一种经济制度要崩坏时，其他制度也必然要跟着崩坏，是不能用人力来保守的；（二）我们对于改造社会底主张，不可蔑视现社会经济的事实；（三）我们改造社会应当首先从改造经济制度入手。”[②] 对于第三个结论，陈独秀特别指出，这是“创造历史之最有效最根本的方法，即经济制度的革命”[③]。也就是说，中国必须解决生产力与生产关系、经济基础与上层建筑之间矛盾的问题，而这首先需要改造经济制度，为此就需要进行政治革命，才能为发展生产力和实现现代化扫清道路。

蔡和森是中国共产党早期杰出的马克思主义理论家和宣传家，也是卓越的领导人之一。1919 年 12 月至 1921 年 9 月在法国勤工俭学期间，蔡和森“猛看猛译”[④] 了《共产党宣言》《社会主义从空想到科学的发展》《家庭、私有制和国家的起源》等马恩著作的重要章节，接受了马克思的历史唯物论，他自认为是“极端马克思派，极端主张：唯物史观”[⑤]。1921 年 10 月回国后，蔡和森致力于唯物史观的宣传普及，他在《社会进化史》（1924 年 8 月出版）中详尽论述了唯物史观的基本原理。他根据恩格斯的“两种生产”理论阐述“人类进化的主要动

① 任建树主编：《陈独秀著作选编》第二卷，上海人民出版社 2014 年版，第 208—209 页。
② 同上书，第 411 页。
③ 同上。
④ 蔡和森：《蔡和森文集》（上），人民出版社 2013 年版，第 56 页。
⑤ 同上书，第 78 页。

因有二：一是生产，二是生殖……人们生活于一定时期与一定地域的各种社会组织，莫不为这两种生产所规定所限制”①，强调了生产力是推动历史发展的根本动力。从唯物史观的基本观点出发，蔡和森提出：“中国地大物博，人工又多，假使政治修明，自动的开发实业，必不难在短期间发展为新兴的工业国。”② 在此，他用“新兴的工业国”概念，表达了现代化中国的意涵。

由于蔡和森认识到中国要发展生产力，首先需要“政治修明”，所以他坚决主张走俄国道路，进行无产阶级革命。他列出这样的公式：“俄社会革命出发点=唯物史观。方法=阶级战争+阶级专政。目的=创造共产主义的社会。”③ 他说：“工人要得到完全解放，非先得政权不可。换言之就是要把中产阶级那架国家机关打破（无论君主立宪或议院政治），而建设一架无产阶级机关——苏维埃。无产阶级不获得政权，万不能得到经济的解放。”④ 这说明蔡和森非常清醒和明确：中国共产党只有夺取政权、在建立了社会主义国家后，才能更好地发展生产力，实现中国的现代化。

综上所述，马克思主义唯物史观被中国先进的知识分子和共产党人接受后，就为认识和解决中国的根本问题打开了全新的视域。诚如毛泽东所言：“唯物史观是吾党哲学的根据”⑤，中国共产党从此学会并掌握了这一锐利的武器。虽然在李大钊、陈独秀、蔡和森等人的著述里，还没有出现“现代化”的概念，但他们自觉地接受和运用了历史唯物主义原理，使用了“振兴实业”“发达的农业”“发达科学”“发达生产技术”“新兴的工业国”等一系列词汇，充分地表达了现代化的

---

① 蔡和森：《蔡和森文集》（上），人民出版社 2013 年版，第 463 页。
② 同上书，第 117 页。
③ 同上书，第 68 页。
④ 同上书，第 69 页。
⑤ 《毛泽东文集》第一卷，人民出版社 1993 年版，第 4 页。

理念。同时，他们认识到在中国要救亡图存、迈入先进发达国家的行列，就必须首先进行经济制度和政治上层建筑的革命，走社会主义发展生产力的道路，才能更好地实现现代化。这充分表明，在党的创建时期的李大钊、陈独秀、蔡和森等就以唯物史观为观察和分析中国现代化问题举旗定向，成为探索中国式现代化道路的先驱者、探路人。

二、中国式现代化内涵与唯物史观范畴的交叠契合

在经历了新民主主义革命斗争后，中国共产党推翻了帝国主义、封建主义和官僚资本主义“三座大山”，取得了夺取全国政权的胜利。新中国成立前夕，中国共产党已开始使用“现代化”的概念，并明确表达了这一概念的内涵。此后，关于中国式现代化的概念和内涵不断地得到丰富、发展和完善。

1948 年 3 月，中国共产党在西柏坡召开了七届二中全会，毛泽东在会上阐述了中国现代化的问题。他指出，我们已经“取得了或者即将取得使我们的农业和手工业逐步地向着现代化发展的可能性”①，要“积极地引导它们向着现代化和集体化的方向发展”②，使中国由“落后的农业国变成了先进的工业国”③。七届二中全会之后，周恩来在一次报告会上也指出，中国“需要用极大的努力才能使国家现代化”④。这是毛泽东、周恩来首次把现代化确定为先进的工业国以及农业、手工业和整个国家的现代化。

1949 年 10 月，新中国成立后，毛泽东、周恩来立即把现代化建设摆上议事日程，在制定和实施的第一个五年建设计划（1953—1957）

① 《毛泽东选集》第四卷，人民出版社 1991 年版，第 1430 页。
② 同上书，第 1432 页。
③ 同上书，第 1433 页。
④ 《周恩来选集》上卷，人民出版社 1980 年版，第 317 页。

中把主要力量集中于发展重工业，为国家的工业化和国防现代化打牢基础。同时，党提出了过渡时期的总路线，要“逐步实现国家的社会主义工业化”①，这里明确地使用了“社会主义工业化”的概念，即工业现代化，并强调了现代化的社会主义本质属性和社会主义的根本方向。

1954 年 6 月，毛泽东作了《关于中华人民共和国宪法草案》讲话。他在讲话中指出，我们的总目标是建设一个伟大的社会主义国家，“要实现社会主义工业化，要实现农业的社会主义化、机械化”②。在当年 9 月召开的第一届全国人民代表大会第一次会议上，毛泽东又提出“建设成为一个工业化的具有高度现代文化程度的伟大的国家”③。随后，周恩来在《政府工作报告》中阐述道，“建设起强大的现代化的工业、现代化的农业、现代化的交通运输业和现代化的国防”④。在这个报告中提出的工业、农业、交通、国防四个建设领域的现代化，成为“四个现代化”的原本含义。

1957 年，毛泽东以新的思维、新的视野，进一步审思了中国现代化的问题。他在《关于正确处理人民内部矛盾的问题》和《在中国共产党全国宣传工作会议上的讲话》中两次谈到，中国要建设的是“现代工业、现代农业和现代科学文化的社会主义国家”。随后，在 1959 年底至 1960 年初他又指出：“建设社会主义，原来要求是工业现代化，农业现代化，科学文化现代化，现在要加上国防现代化。”⑤ 前后三次关于现代化的提法，都集中突出了“科学文化现代化”。在毛泽东的这个“四个现代化”提法中，原来“现代化的交通运输业”虽然不见了，

① 《毛泽东文集》第六卷，人民出版社 1999 年版，第 316 页。
② 同上书，第 329 页。
③ 同上书，第 350 页。
④ 《周恩来选集》下卷，人民出版社 1984 年版，第 132 页。
⑤ 《毛泽东文集》第八卷，人民出版社 1999 年版，第 116 页。

但并不是消失、不存在了，而是将其并入工业现代化之中。对于毛泽东提出的“科学文化现代化”，周恩来把它改为更加确切的“科学技术现代化”。到此，“四个现代化”就被确定地表述为：工业现代化、农业现代化、国防现代化、科学技术现代化。毛泽东、周恩来为新中国开创性地提出了“四个现代化”的建设发展战略。

需要注意的是，在“四个现代化”发展战略中，毛泽东、周恩来有一个共识，即十分重视科学技术现代化。毛泽东强调：“我们不能走世界各国技术发展的老路，跟在别人后面一步一步地爬行。我们必须打破常规，尽量采用先进技术。”① 周恩来在对“四个现代化”的内在关系作了深刻分析后也指出，实现工业现代化、农业现代化、国防现代化和科学技术现代化，把中国建成社会主义强国，其中“关键在于实现科学技术的现代化”②。之所以认为科学技术现代化成为实现其他三个现代化的关键，是因为中国落后于世界先进水平，唯有在科学技术方面加快前进的步伐，才能赶上和超过西方国家，否则将永远落后。因此，只有抓住科学技术现代化这个关键，才能把中国建设成为一个社会主义强国。毛泽东、周恩来如此强调科学技术现代化，这是深得马克思主义历史唯物论的精髓要义的。马克思指出：“生产力中也包括科学。”③ 历史上每一次重大的科学发现，都会带来技术上的重大发明和应用，都会对物质技术基础产生深刻的革命，使社会生产力获得突飞猛进的发展。物质技术基础（简称物质基础），指的是“社会生产力的状况。它是这个社会存在和发展的物质条件，也是构成一定生产方式的物质条件”④。科学技术构成了物质基础中的重要部分，特别是生产力中的生产工具所蕴含的科学技术，如蒸汽化技术、电气化技术，

---

① 《毛泽东著作选读》下册，人民出版社 1986 年版，第 849 页。

② 《周恩来选集》下卷，人民出版社 1984 年版，第 412 页。

③ 《马克思恩格斯全集》第三十一卷，人民出版社 1998 年版，第 94 页。

④ 许涤新主编：《政治经济学词典》上册，人民出版社 1980 年版，第 129 页。

直接标示出生产力的水平和发展的程度。对于科学技术现代化以及整个“四个现代化”实现的问题，毛泽东、周恩来规划了用 35 年时间“两步走”的战略：第一步（15 年，在 1980 年以前），建立独立的比较完整的工业体系和国民经济体系；第二步（20 年，到 20 世纪末），全面实现农业、工业、国防和科学技术的现代化。对于这个战略，毛泽东后来又估计规划的时间可能还不够，也许要用上 50 年或 100 年。

“四个现代化”是中国共产党从新民主主义革命时期进入社会主义革命和建设时期后，对中国式现代化问题作出的深入探索。毛泽东、周恩来阐述的“四个现代化”内涵，与唯物史观的生产力范畴紧密契合。唯物史观领域中的生产力是人类利用自然、获取物质资料的能力，它体现在因生产分工产生的各个行业、各个部门和所有的生产活动中。生产力是为人类提供物质资料、创造物质财富的，生产劳动是人类最基本的活动，是推动社会发展的根本动力。马克思、恩格斯在创立唯物史观的著作《德意志意识形态》中就指出：“人们为了能够‘创造历史’，必须能够生活。但是为了生活，首先就需要吃喝住穿以及其他一些东西。因此第一个历史活动就是生产满足这些需要的资料，即生产物质生活本身。”① 毛泽东、周恩来将中国要进行的现代化首先定位于“四个现代化”，是因为“四个现代化”涉及社会生产的各行各业，满足了人们对不可或缺的物质生活的需要。只有实现“四个现代化”，才能使人民群众过上美好幸福的日子。

在“文化大革命”十年内乱中，“四个现代化”建设受到严重的干扰破坏。“文化大革命”结束后，中国进入了改革开放和社会主义现代化建设新时期。在新时期里，邓小平赋予现代化以新的、丰富的内涵。他认为，虽然我们“建立了实现四个现代化的物质基础”②，但是以往

① 《马克思恩格斯文集》第一卷，人民出版社 2009 年版，第 531 页。

② 《邓小平文选》第二卷，人民出版社 1994 年版，第 232 页。

提出的“四个现代化”主要是生产力和物质基础层面的现代化。新时期社会主义现代化建设不能停留在“四个现代化”范围内，而要扩展到更多的方面，涵盖更多的领域。邓小平认为，新时期社会主义现代化建设的任务是多方面的，“不能单打一”①。一方面，要进行经济体制改革，对生产关系的所有制和分配制度进行改革，建立社会主义市场经济体制；另一方面，在现有的“四个现代化”之外，还要包括政治现代化、法制现代化、教育现代化等。

关于经济体制改革问题，邓小平强调，以经济建设为中心，集中力量进行社会主义现代化建设，首先要搞经济体制改革。他认为：“革命是解放生产力，改革也是解放生产力。”② 他指出“改革是中国的第二次革命”③，经济体制改革必须在坚持实行公有制和按劳分配制度的基础上，建立以公有制为主体、多种所有制形式共同发展的所有制结构和以按劳分配为主体、多种分配方式并存的个人收入分配制度，促进全体人民的共同富裕。他还指出，应该破除原有僵化的计划经济体制，“社会主义也可以搞市场经济”，必须实行“社会主义的市场经济”④，从而为现代化的经济建设建立有利的市场经济体制。

关于政治现代化问题，邓小平强调要实现政治的“民主化”。他指出，“扩大党内民主和人民民主，没有民主就没有社会主义，就没有社会主义的现代化”，“民主化和现代化一样，也要一步一步地前进”。⑤推进政治现代化建设，要求推进政治体制改革，邓小平强调：“不改革政治体制，就不能保障经济体制改革的成果，不能使经济体制改革继续前进，就会阻碍生产力的发展，阻碍四个现代化的实现。”⑥

---

① 《邓小平文选》第二卷，人民出版社 1994 年版，第 250 页。
② 《邓小平文选》第三卷，人民出版社 1993 年版，第 370 页。
③ 同上书，第 113 页。
④ 同上书，第 236 页。
⑤ 《邓小平文选》第二卷，人民出版社 1994 年版，第 168 页。
⑥ 《邓小平文选》第三卷，人民出版社 1993 年版，第 176 页。

关于法制现代化问题，邓小平强调要实现“法律化”。他特别指出，不能把领导人说的话当作“法”，不赞成领导人说的就是“违法”，领导人的话改变了，“法”就跟着改变。邓小平要求：“集中力量制定刑法、民法、诉讼法和其他各种必要的法律……做到有法可依，有法必依，执法必严，违法必究。”① 他还指出，如果没有法制现代化，就“没有安定团结生动活泼的政治局面，搞四个现代化就不行”②。

关于教育现代化问题，邓小平强调：“我们要实现现代化，关键是科学技术要能上去。发展科学技术，不抓教育不行。靠空讲不能实现现代化，必须有知识，有人才。”③ 他还说，“不抓科学、教育，四个现代化就没有希望”④，“教育要面向现代化，面向世界，面向未来”⑤。

基于对现代化作出的新阐释，1979 年 12 月，邓小平提出，我们要实现的四个现代化“是中国式的现代化”⑥。1983 年 6 月，他再次指出：“我们搞的现代化，是中国式的现代化。”⑦ 中国式的现代化，就是有中国特色的社会主义现代化。具体地说，就是到 20 世纪末建立一个小康社会。邓小平说：“小康社会、中国式的现代化，这些都是我们的新概念。”⑧ 对此，习近平总书记作了高度评价：“邓小平同志首先用小康来诠释中国式现代化，明确提出到二十世纪末‘在中国建立一个小康社会’的奋斗目标。”⑨

从以上邓小平所论述的“中国式的现代化”内涵看，它与“四个

---

① 《邓小平文选》第二卷，人民出版社 1994 年版，第 146—147 页。
② 同上书，第 189 页。
③ 同上书，第 40 页。
④ 同上书，第 68 页。
⑤ 《邓小平文选》第三卷，人民出版社 1993 年版，第 189 页。
⑥ 《邓小平文选》第二卷，人民出版社 1994 年版，第 237 页。
⑦ 《邓小平文选》第三卷，人民出版社 1993 年版，第 29 页。
⑧ 同上书，第 54 页。
⑨ 中共中央文献研究室编：《十八大以来重要文献选编》（中），人民出版社 2016 年版，第 822 页。

现代化”仅仅归属于唯物史观的生产力和物质基础范畴相比，一方面坚定地强调要加快发展生产力，紧紧抓住经济建设的中心；另一方面又着眼于经济体制、政治体制改革，扩展了现代化的内涵容量。邓小平提出的进行经济体制改革，改革所有制和分配制度，实行社会主义市场经济体制，这属于唯物史观的经济基础范畴；提出的政治现代化和法制现代化，这属于唯物史观的上层建筑领域，强调了国家上层建筑自身现代化的重要性，以及由此产生的对生产力和物质基础现代化的强大反作用。此外，邓小平提出的教育现代化，这属于唯物史观的意识形态范畴。意识形态与上层建筑紧密联系，马克思指出，上层建筑“有一定的社会意识形式与之相适应”①。意识形态主要指思想文化，包括政治、法律、思想、哲学、社会科学、道德、宗教、文学、艺术、教育、卫生、体育等，它是国家上层建筑的一个重要部分，具有相对的独立性。由此可知，邓小平阐述的“中国式的现代化”，涵盖了唯物史观的生产力、物质基础、经济基础、上层建筑、意识形态等范畴，与唯物史观的各范畴相互交叠、高度契合。

在改革开放和社会主义现代化建设新时期，党的十三大到十七大先后对毛泽东、周恩来提出的把中国建设成为社会主义现代化国家的目标作出相应具体的表述，逐步形成了“建设富强民主文明和谐的社会主义现代化国家”② 的提法。富强，指创造雄厚的物质基础和物质财富；民主，指政治制度、政治生活民主化；文明、和谐，指意识形态的精神文化和道德观念等方面积极向上、团结友爱等。显而易见，这些关于中国式现代化内涵的凝练表达，同样与唯物史观的各范畴密切关联、丝丝入扣。

---

① 《马克思恩格斯选集》第二卷，人民出版社 2012 年版，第 2 页。

② 中共中央文献研究室编：《十七大以来重要文献选编》（上），人民出版社 2009 年版，第 9 页。

三、依循唯物史观建构中国式现代化理论体系

2012年11月，党的十八大召开，标志着中国的现代化建设事业开始步入中国特色社会主义新时代。立足于唯物史观，以习近平同志为核心的党中央对中国式现代化作出了全面深化和拓展的探索，开辟了中国式现代化新道路，形成了系统的中国式现代化思想，完成了宏大的、相对独立完整的中国式现代化理论体系建构。

那么，习近平新时代中国特色社会主义面临哪些现代化的迫切任务呢？党的十八大报告指出："坚持走中国特色新型工业化、信息化、城镇化、农业现代化道路，推动信息化和工业化深度融合、工业化和城镇化良性互动、城镇化和农业现代化相互协调，促进工业化、信息化、城镇化、农业现代化同步发展。"① 这里提及的"新型工业化、信息化、城镇化、农业现代化"，是一个新提法，相对于原来的"四个现代化"简称为"四化"，它亦被称作"新四化"。"新四化"的提出，是顺应时代发展、与时俱进的需要。值得注意的是，虽然"新四化"的内涵仍属于唯物史观的生产力和物质基础范畴，但并不是完全取代原来的"四化"，例如它还保留了"农业现代化"，同时中国也还要继续推动国防现代化，因而它只是对"四化"的内涵作出部分的变动调整。但是，这样的变动调整具有重大意义，它在总体上对现代化提出了更高的要求，使生产力和物质基础得到进一步的提升，跃迁到更先进的水平和更发达的阶段。

一年后的2013年11月，习近平总书记指出："要坚持把完善中国特色社会主义制度、推进国家治理体系和治理能力现代化作为全面深

① 中共中央文献研究室编：《十八大以来重要文献选编》（上），人民出版社2014年版，第16页。

化改革的总目标。”① 随后，在党的十八届三中全会通过的《中共中央关于全面深化改革若干重大问题的决定》确立了这个总目标。这表明，中国共产党从社会主义国家的基本职能出发，第一次把治国理政与现代化紧密联系，并上升到现代化的高度作出了“国家治理体系和治理能力现代化”的新论断。国家治理体系，就是国家的机构、制度、体制、机制形成有机的整体；国家治理能力，就是国家机关的公职人员为人民、为社会依法依规办理公共事务的本领和水平。国家治理体系和治理能力现代化，必然全面推进马克思主义历史唯物论深入上层建筑的各个系统和领域。概言之，“国家治理体系和治理能力现代化”（简称为“国家治理现代化”）的提出，凸显了国家上层建筑自身现代化的在场性与有为性。

紧接着在2013年12月，习近平又提出“现代化的本质是人的现代化”②，把现代化的出发点和落脚点归结于人的问题，确立了以人民为本位、以人的全面自由发展为现代化发展的最高目标。马克思主义唯物史观认为，人民群众是社会发展的推动力，是历史的创造者。在生产力三要素中，人作为劳动者始终起着主导和决定性的作用，再先进的生产工具和再优越的劳动对象也需要人来操作、调控和护养。马克思说：“在一切生产工具中，最强大的一种生产力是革命阶级本身。”③人是生产力中最活跃、最革命的因素，既是推动现代化的主体和动力，又是实现现代化的要求与目的。现代化的本质处处离不开人的价值，唯物史观要求树立以“人民至上”、人民是国家和社会主人的理念，把实现人的现代化与全面自由的发展作为中国式现代化的根本取向。

“新四化”、国家治理现代化、人的现代化这三组核心概念的提出，

---

① 中共中央文献研究室编：《十八大以来重要文献选编》（上），人民出版社2014年版，第461页。

② 同上书，第594页。

③ 《马克思恩格斯选集》第一卷，人民出版社2012年版，第274页。

是对中国式现代化内涵作出的重大发展和提升，进一步深化了对中国式现代化的总体性认识。这三组核心概念的确立，既体现了马克思主义历史唯物论的深刻和透彻，又对马克思主义历史唯物论作出了巨大的丰富和发展。

2022 年 10 月，党的二十大胜利召开。党的二十大报告在总结新时代十年探索现代化取得丰硕成果的基础上，在开辟马克思主义中国化时代化新境界下，从中国国情出发，秉持人民至上的政治立场，对“中国式现代化”作出了系统全面的阐述。报告中提出的“中国式现代化”理论，是对邓小平“中国式的现代化”思想的传承和创新。虽然在概念的提法上，二者只是一字之减、一字之差，但它们绝不是相似，更不是雷同，而是后者对前者作出新的重大发展。

——关于中国式现代化的鲜明特色。党的二十大报告指出，中国式现代化彰显出“五大特色”，即人口规模巨大的现代化、全体人民共同富裕的现代化、物质文明和精神文明相协调的现代化、人与自然和谐共生的现代化和走和平发展道路的现代化。

——关于中国式现代化的本质要求。党的二十大报告指出：“中国式现代化，是中国共产党领导的社会主义现代化。”① 必须始终坚持中国共产党领导，坚持中国特色社会主义，坚持人民当家作主的人民代表大会制度，发展全过程人民民主。要推动高质量发展，实现全体人民的共同富裕，不断丰富人民的精神世界，促进人与自然的和谐共生，坚定地走可持续发展之路，不断满足人民日益增长的对美好生活的追求和需要。

——关于中国式现代化的战略安排。党的二十大报告规划了到 21 世纪中叶为期 30 年的发展，提出中国式现代化分“两步走”的战略部署：一是从 2020 年到 2035 年基本实现社会主义现代化；二是从 2035

---

① 《中国共产党第二十次全国代表大会文件汇编》，人民出版社 2022 年版，第 22 页。

年到本世纪中叶把我国建成富强民主文明和谐美丽的社会主义现代化强国。“两步走”的发展战略既充分体现了循序渐进的战略定力，又充分展示了稳中求进、持续推进的战略韧性。

——关于中国式现代化的近期目标。党的二十大报告归纳了“八个基本”：一是基本实现新型工业化、信息化、城镇化、农业现代化；二是基本实现国家治理体系和治理能力现代化，全过程人民民主制度更加健全；三是基本建成法治国家、法治政府、法治社会；四是基本建成六大强国，即教育强国、科技强国、人才强国、文化强国、体育强国、健康中国；五是基本公共服务实现均等化；六是农村基本具备现代生活条件；七是美丽中国目标基本实现；八是基本实现国防和军队现代化。同时，保持社会的长期稳定，促进人的全面发展，推进全体人民共同富裕取得更为明显的和实质性的进展。

——关于中国式现代化的远期目标。党的二十大报告指出，在基本实现现代化的基础上，全国人民要继续努力、拼搏奋斗，到 2050 年把我国建设成为综合国力和国际影响力领先的社会主义现代化强国。

——关于中国式现代化的重大原则。党的二十大报告概括了中国式现代化的“五大原则”：一是坚持和加强党的全面领导，二是坚持中国特色社会主义道路，三是坚持以人民为中心的发展思想，四是坚持深化改革开放，五是坚持发扬斗争精神。

——关于中国式现代化的方略布局。党的二十大报告指出，中国式现代化建设明确了“五位一体”总体布局和“四个全面”战略布局，坚持“五大文明”协调发展。“五位一体”总体布局是全面落实经济建设、政治建设、文化建设、社会建设、生态文明建设，“四个全面”战略布局是全面建设社会主义现代化国家、全面深化改革、全面依法治国、全面从严治党，“五大文明”协调发展是指坚持物质文明、政治文明、精神文明、社会文明、生态文明的协调发展。

党的二十大报告对“中国式现代化”丰富内涵所作的论述，在每一个要点、每一个方面上都基于历史唯物主义的要素范畴，都深刻反映了生产力决定生产关系、经济基础决定上层建筑与意识形态，以及上层建筑与意识形态反过来适应并推动经济基础和生产力发展的基本原理及互动关系。回顾中国式现代化的发展之路，从起步探索到不断深化，从逐渐生成到成熟完善，建构了宏大、相对独立完整的理论体系，如表1① （作者自制） 所示。

表1　中国式现代化理论体系生成与建构

<table>
<tr><td rowspan="3">唯物史观</td><td>时期</td><td>新民主主义革命时期</td><td>社会主义革命和建设时期</td><td>改革开放和社会主义现代化建设时期</td><td colspan="2">新时代中国特色社会主义时期</td></tr>
<tr><td>目标</td><td>社会主义下之实业</td><td>建设社会主义现代化国家</td><td>建设富强民主文明和谐的社会主义现代化国家</td><td colspan="2">建成富强民主文明和谐美丽的社会主义现代化强国</td></tr>
<tr><td>概念</td><td>“新兴工业国”</td><td>“四个现代化”</td><td>“中国式的现代化”</td><td colspan="2">“中国式现代化”</td></tr>
<tr><td rowspan="4">马克思主义历史唯物论范畴</td><td>生产力、物质基础</td><td>振兴实业（发展矿业、工业、交通事业）
发达的农业
发达科学
发达生产技术</td><td>工业现代化
农业现代化
国防现代化
科学技术现代化</td><td>工业现代化
农业现代化
国防现代化
科学技术现代化</td><td>新型工业化
信息化
城镇化
农业现代化
国防现代化
科技强国
人才强国
人的现代化</td><td rowspan="4">“五大特色”
本质要求
战略安排
近期目标
远期目标
“五大原则”
“五位一体”总体布局
“四个全面”战略布局
“五大文明”协调发展</td></tr>
<tr><td>经济基础（生产关系总和）</td><td>经济制度革命（要先取政权）</td><td>建立公有制和按劳分配制度，实行计划经济体制</td><td>进行经济体制改革（所有制、分配制度等改革）、建立社会主义市场经济体制</td><td>深化经济体制改革、完善社会主义市场经济体制</td></tr>
<tr><td>上层建筑（国家政治、法律制度等）</td><td></td><td></td><td>民主化
制度化
法律化</td><td>国家治理现代化
法治国家
法治政府
全过程人民民主制度更加健全
公共服务均等化</td></tr>
<tr><td>意识形态（政治法律思想、哲学社会科学、道德、教育等）</td><td></td><td></td><td>教育现代化</td><td>马克思主义中国化时代化
教育强国
文化强国
体育强国
健康中国</td></tr>
</table>

① 关于“五大特色”、本质要求、战略安排、近期目标、远期目标、“五大原则”、“五位一体”总体布局、“四个全面”战略布局、“五大文明”协调发展等概念的内涵，可参阅相关党的文献或本文的表述。

中国共产党生成和建构中国式现代化理论体系的进程，清晰地展示了依循马克思主义历史唯物论的认识路径。在对中国式现代化长期的探索研究中，中国共产党按照生产力、物质基础与生产关系总和的经济基础，以及竖立其上的上层建筑、政治法律制度、思想观念构成了社会形态的唯物史观学说，首先从生产力和物质基础出发，继之深入经济基础、经济制度，再上升至国家上层建筑和意识形态、精神文化领域，多层次、多维度、全方位地揭示了中国式现代化的丰富内涵，取得了马克思主义中国化时代化的最新理论和实践成果。

〔许耀桐，法学博士，中共中央党校（国家行政学院）一级教授，福建师范大学马克思主义学院特聘教授〕

第二篇　从大历史视野看中国式现代化的主动

◎张占斌　熊　杰

党的二十大报告系统提出了中国式现代化的理论与实践问题，强调指出："从现在起，中国共产党的中心任务就是团结带领全国各族人民全面建成社会主义现代化强国、实现第二个百年奋斗目标，以中国式现代化全面推进中华民族伟大复兴。"① 中国式现代化是中国共产党的专属概念，是党的奋斗历程和历史经验的总结，是我们奋进新时代的行动指南和政治宣言。因而，从大历史视角考察中国现代化，能更好理解旧式现代化的被动与中国式现代化的主动之间的区别及其时代意义和历史价值，更有助于我们坚定"四个自信"，以中国式现代化全面推进中华民族伟大复兴。

① 习近平：《高举中国特色社会主义伟大旗帜　为全面建设社会主义现代化国家而团结奋斗——在中国共产党第二十次全国代表大会上的报告》，人民出版社 2022 年版，第 21 页。

一、近代中国被动开启现代化的主要特征

近代中国在内因与外因的共同影响下，走向探索现代化发展之路。现代化作为一个世界历史范畴有其深刻内涵。研究中国现代化问题，必然涉及中国在世界历史中所处的方位、背景、条件及其趋势。就中国近代发展史而言，特别是在中国逐渐沦为半殖民地半封建社会的背景下，近代中国社会各阶级、各阶层的爱国人士，以不同方式从不同层面开启了现代化探索，客观上促进了中国现代化。同时，近代中国被迫开启的现代化所表现出的被动，也为中国共产党主动寻求中国式现代化道路提供了经验借鉴。

（一）近代中国探索现代化具有落后性

近代中国现代化的落后性主要表现在四个方面。一是近代中国现代化开启时间晚于西方国家，因而现代化发展没有西方国家充分，存在发展经验不足、基础薄弱等问题。从大历史视野看，“现代化的最早呈现是西方从传统社会向资本主义现代社会转型升级的历史过程”①。美国学者劳伦斯指出，“自 16 世纪一直到整个 19 世纪，每一个世纪都可以而且曾经被命名为第一个‘现代的’世纪”②。相比西方国家的现代化进程，中国现代化开始于鸦片战争前后，起步较晚，发展不充分，既没有现代化的相关经验，也没有雄厚的实践基础作支撑。二是缺乏先进的理论指导。在近代社会，许多现代化发展理论与探索“你方唱罢我登场”，如“现实主义、功利主义、实用主义、自由主义、个人主

① 黄建军：《唯物史观视野下中国式现代化的历史坐标与世界意义》，《马克思主义研究》2022 年第 6 期。

② ［美］劳伦斯·E. 卡洪：《现代性的困境——哲学、文化和反文化》，王志宏译，商务印书馆 2008 年版，第 16 页。

义、社会主义、无政府主义、达尔文主义”①，虽然各有一定道理，但由于脱离中国实际，都没能解决中国前途与命运问题，并已被历史证明无法指导中国现代化的探索之路。三是缺乏文化自信，否定中华优秀传统文化，精神上相对被动。如资产阶级革命派主张“全盘西化”，不仅提倡要学习西方国家的政治制度，还要用西方文化“改造”国民。新文化运动主张用“民主”与“科学”文化打倒儒家文化等，在探索现代化进程中没有结合中华优秀传统文化。四是在制度建设方面，主张全面学习西方政治制度。辛亥革命时期，革命派将“三权分立”思想引入中国，号召实现“民主共和”制度。这种脱离中国具体国情、盲目学习西方的制度，决定了旧式的现代化只能是“邯郸学步”“东施效颦”。

（二）近代中国探索现代化具有依附性

依附性是指近代中国在内忧外患的历史环境下，无法独立自主地探索现代化，因而需要借助外力，特别是依赖西方国家现代化发展经验探索现代化发展之路。在中国探索现代化道路时，西方殖民者为了持续掠夺中国的原材料、扩大海外殖民地市场，往往采取经济、政治与军事干涉等方式，控制近代中国国民经济和政治命脉，使近代中国在探索现代化道路上逐渐丧失独立性，对西方国家形成依赖。从近代中国的社会性质而言，积贫积弱的社会局面与半殖民地半封建社会性质，是近代中国探索现代化产生依赖性的关键。半殖民地半封建社会使中国在政治上丧失了自主权，不能独立自主地开展现代化探索。同时，顽固的封建因素严重阻碍近代中国探索现代化的步伐。经济上，大量的战争赔款使当时的国家财政几近崩溃，加上关税失去自主性，靠举借外债度日，这些都使近代中国没有独立的经济来支撑现代化探

① ［美］费正清、赖肖尔主编：《中国：传统与变革》，陈仲丹、潘兴明、庞朝阳译，江苏人民出版社 1996 年版，第 448 页。

索，由此不得不受制于西方国家，进而对其产生经济上的依赖。文化上，“全盘西化”代替了“中体西用”，一味强调用西方文明指导、引领东方文明。尽管中国探索现代化的宗旨中带有抵制外敌、挽回主权的动机，但也不得不依赖于西方国家进行现代化探索。例如，在民间，以苛刻的条件借用外资开办新式企业、聘用外国工程技术人员和经营管理人员、依靠洋行进行进出口贸易等等。在官方，缺乏自主性，每制定和修改一项涉外法规均需列强认可。如制定《商标法》等与列强利益并无多大影响的法规也要征得其同意，更不要说修订关税协定、改革币制等会严重影响西方国家利益的事情。

（三）近代中国探索现代化具有矛盾性

矛盾性表现为近代中国社会性质及其所处的发展环境相对复杂，导致探索与发展现代化的进程中充满了矛盾。从近代中国的社会性质而言，中国是一个半殖民地半封建社会。统治阶级希望学习西方现代化经验，达到维护清朝封建统治的目的。但中国与西方国家所处的国情不同，引进西方现代化发展模式推进中国现代化将会产生各种矛盾。一是近代中国现代化具有“外生”特点，是在外力的胁迫下被动开启，这就决定了很难独立开展现代化，也很难摆脱西方现代化影响。因而近代中国在现代化发展方式上产生了矛盾，既希望独立自主又摆脱不了西方现代化的影响。二是近代中国现代化具有“后发”特点，在时间序列上属于“后发”阶段，各种影响现代化的因素交织在一起，充满矛盾：既要面对封建社会衰落的冲击，又要面对西方现代化的解构；既要学习西方现代化的经验，又不能危及清政府统治。由于这些矛盾无法得到解决，致使近代中国的旧式现代化十分被动。

（四）近代中国探索现代化具有片面性

片面性表现为近代中国探索现代化的内容单一，缺乏全局性、战略性安排，没有实现整体、系统地推动现代化发展。就现代化内容而言，片面性体现在近代中国仅停留在单纯学习西方先进技术、制度、文化等方面，而没有把这些学习内容当成一个整体，也没有从总体上把握现代化，即停留在“表层的器物模仿”阶段，未实现“向社会经济、政治制度和文化价值观念的根本变革逐步深化的过程”①。鸦片战争使曾经创造过辉煌文明的中华民族被动地进入现代化大潮。为挽救民族危亡，中国的仁人志士从器物、制度、文化等层面进行了各种各样的现代化尝试，但都未能摆脱失败的命运。维新派主张在维护清朝统治下，学习西方的军事技术、工业、政治制度等以修补快要倒塌的“封建之墙”；资产阶级革命派认为政治制度落后，要求推翻封建制度实现现代化；新文化运动后，先进的知识分子主张用民主的、科学的文化改造国民，发展现代化。这些改革多少体现了现代化的内容，但大都是片面的。他们在发展现代化中，没有一个相对完整的规划，都从自身的阶级立场、少数人的立场去思考现代化，探索现代化，视野较为局限，所以现代化内容是片面的，也是被动的。

（五）近代中国探索现代化具有盲目性

盲目性表现为近代中国没有根据本国实际情况、本民族现实特征探索现代化进程，而是以一个实用主义态度学习西方现代化。其主要表现为：近代中国为快速探索现代化，不顾现代化发展的一般特征与运行规律，盲目学习西方的现代化路径，由此带来一系列消极影响。因而，在过程或结果上表现出盲目性。从中西现代化比较看，尽管西方现代化存在固有缺陷，如西方现代化一直没有解决也无法解决资本生产的周期性矛盾问题。但从发展程度来说，西方现代化比中国旧式

① 张哌：《中国现代化的坎坷历程和中长期预测》，中国社会科学出版社 1992 年版，第 19 页。

现代化早发展几百年，所以发展形式相对“完备”。对后发现代化国家而言，积极吸取先发国家的发展经验、教训，助力自身越过“现代化进程中的若干‘中间序列’”①，从而缩短与先发国家的差距，达到走向现代化目的，这是后发国家实现现代化的一般规律。然而，近代中国在探索现代化的过程中却忽视了该规律。鸦片战争以后，近代中国先后启动了多种不同类型的现代化尝试。如洋务运动希望通过“军事现代化”达到富国强兵、维护王朝统治的目的。在甲午战争失败、军事现代化破产后，洋务派便开始打着“求强”“求富”的旗帜以实现“工业现代化”。在“工业现代化”失败后，革命派又开始探索“政治现代化”。新文化运动后，先进知识分子试图推动“文化现代化”，但总体表现为一种实用主义、拿来主义，忽视了现代化发展的普遍规律。

（六）近代中国探索现代化具有僵化性

僵化性表现为近代中国在探索现代化进程中，照搬照抄西方国家的现代化发展经验，在借鉴西方现代化发展经验的同时，缺乏“创造性转化、创新性发展”，最终使现代化发展呈现出一般模式，无法体现近代中国自主探索的过程。近代中国的现代化发展曾采取的模式大致有三种：其一是现代化的初始模式，即把西方资本主义的发展模式与中国近代社会政治体制相结合；其二是资产阶级维新派所借鉴的，强调“君主立宪”的日本模式；其三是资产阶级革命派所借鉴的，强调“民主共和”的欧美模式。就现代化结果而言，不论借鉴哪一种现代化发展模式，都没有在科学研判本国实际发展情况下，根据自身特殊性探索出一条适合中国的现代化道路。就现代化内容而言，近代中国没能实现由学习西方近代先进技术向经济、政治和文化各领域综合扩展，系统推进；在内涵上，没有实现由表层的器物、制度、文化等单方面

① 周鑫：《困境与冲突：近代中国政治现代化进程探析》，《学术论坛》2004 年第 5 期。

模仿，向社会经济、政治制度和文化观念等整体变革。其实，在学习现代化问题上，从来都不是“单项选择题”，而是“多项选择题”，每个地区、国家和民族都应该充分吸取自身的民族文化基因，从自身实际出发探索现代化。

（七）近代中国探索现代化具有封闭性

封闭性表现为近代中国在现代化探索中，无法正确对待和学习世界其他国家的文明。鸦片战争前，中国是一个自给自足的小农经济社会，在此基础上建立了一个高度发达的封建农业文明，因此皇权思想与农本思想成为近代中国文明社会的思想核心。经过两千多年封建社会的发展，这种思想逐渐具备相对独立性。因此，近代中国在对待外来文明时，更强调保持民族文化的独立。鸦片战争之前，中国采取了闭关锁国的对外政策，在一定程度上断绝了与西方文明的交流，甚至敌视、驱逐外来文明，形成“排外”的民族观念和故步自封的“尊己”文化。这种文化不仅隔绝了外来文明的输入，还延缓了自然经济的瓦解速度，抑制了民族资本主义的发展。鸦片战争爆发后，西方国家通过武力叩开中国大门，开始传播西方文明。在中西文明的交融中，中华文明既不能积极适应西方文明带来的现代化影响，又不能通过自我调适，向西方文明过渡。因而，中西文明在交融互鉴中，中国传统文化对西方文明产生了强烈的排斥。中华文明对西方文明的排斥，使中国现代化探索呈现出封闭性特征。

（八）近代中国探索现代化具有保守性

保守性表现为，近代中国现代化探索受阶级局限，导致引领现代化的封建官僚乃至主要政党不能代表广大人民的利益，而成了少数人的现代化。其一，在对待西方现代化时，采取保守态度，以致现代化探索道路越走越窄，直至失败。如洋务运动的领导力量是代表封建地主阶级利益的官僚势力，戊戌变法运动的领导力量是以康有为、梁启超为主要代表人物的资产阶级改良派，辛亥革命的领导力量是资产阶级革命派，新文化运动的领导力量是先进的知识分子，多是资产阶级激进派，这些旧式现代化的领导力量都代表着本阶级的利益，跳不出阶级视野的局限。其二，引领近代现代化探索的领导力量缺乏先进理论指导，缺少历史主动精神和责任担当意识，面对西方现代化的冲击，民族心态较为慌乱，在对待西方现代化态度上呈现出保守特征，导致旧式现代化出现被动发展局面。

二、中国的现代化是如何主动推进的？

中国共产党成立后，团结带领中国人民开启中国式现代化探索，以历史主动精神不断开辟马克思主义中国化时代化新境界。经过百年努力，我们独立自主地探索出一条既符合中国国情，又兼具中国特色的主动的现代化道路，彰显了党推进中国式现代化的时代价值、世界意义和历史贡献。党的二十大报告指出：“中国式现代化为人类实现现代化提供了新的选择，中国共产党和中国人民为解决人类面临的共同问题提供更多更好的中国智慧、中国方案、中国力量，为人类和平与发展崇高事业作出新的更大的贡献。”①

（一）中国共产党的领导为中国式现代化提供了先进的领导力量

中国式现代化锻造了走在时代前列的中国共产党，使中国人民有了主心骨，中国式现代化事业有了坚强的领导力量，中国实现了由落

① 习近平：《高举中国特色社会主义伟大旗帜　为全面建设社会主义现代化国家而团结奋斗——在中国共产党第二十次全国代表大会上的报告》，人民出版社2022年版，第16页。

后向先进的转变。中国共产党在成立之初只有50多名党员，在中国式现代化进程中，党的力量逐渐壮大，发展成为拥有9900多万党员的大党，领导着中国14亿人口，并成为全球影响力重大的世界第一大政党。是什么让党永葆青春活力，不断产生为中国特色社会主义事业奋进的斗志？党的二十大报告指出："走过百年奋斗过程的中国共产党在革命性锻造中更加坚强有力。"① 从阶级性而言，党不代表任何特权阶级的利益，不代表个人的私利，而是代表最广大人民的根本利益。因而党领导的中国式现代化更容易冲破阶级利益的藩篱，走向更加彻底的现代化探索道路；从领导力而言，不论是政治领导、思想引领、组织动员群众或社会号召力，中国共产党比任何阶级力量都强，因而能领导中国人民实现中国式现代化。从现代化实践而言，党以历史自觉和主动精神推进中国式现代化向纵深发展，推进了马克思主义与中国实际相结合、与中华优秀传统文化相结合，将马克思主义理论厚植中华文化、刻进文化基因，助力推进中国式现代化不断取得新进展、新成果。因此，"中国共产党是中国式现代化的一个关键性因素，是中国共产党领导并塑造了世界最大规模的现代化发展奇迹"②。在领导力量建设上，实现由旧式现代化的落后性向中国式现代化的先进性转变。

（二）发展制度的自主性为中国式现代化提供了坚实的体制保障

中国式现代化提振了中国人民的文化自信，唤起了中华民族的历史主动精神。中国人民在党的领导下通过艰苦奋斗改变了前途命运，

① 习近平：《高举中国特色社会主义伟大旗帜　为全面建设社会主义现代化国家而团结奋斗——在中国共产党第二十次全国代表大会上的报告》，人民出版社2022年版，第15页。

② 卢岚：《文明新形态的当代出场：中国式现代化演进逻辑》，《中国矿业大学学报》（社会科学版）2022年第6期。

在向谁学习现代化问题上，实现了由依附于西方现代化向独立自主探索中国式现代化转变。事实证明，近代中国依附西方现代化以实现中国的现代化道路是行不通的。1921 年，中国共产党成立后，团结带领中国人民探索中国的现代化，唤起了中国人民的主动精神，使中国人民的精神由被动转向主动。经过 28 年的艰苦奋斗，推翻了“三座大山”，建立了新中国，中国人民彻底摆脱了被欺负、被压迫、被奴役的命运，成为自己的主人。改革开放和社会主义现代化建设持续深入发展，为中国人民继续探索中国式现代化提供了开放的体制机制保障和物质基础。新时代，中国人民在党的领导下，实现了一系列的理论与实践创新，中国式现代化发展方向更明确、走中国特色社会主义道路更坚定。中国式现代化不仅摆脱了“学徒心态”，更有了“自我主张”，不再依附于西方现代化经验，着重强调从中国国情出发，把发展的主动权牢牢掌握在自己手中，不好高骛远，不因循守旧，而是稳中求进。

（三）人民群众广泛参与为中国式现代化提供了可靠的支撑力量

中国式现代化强调党的集中统一领导，党是社会主义建设事业的核心力量。党的性质、宗旨、初心与使命决定了党代表最广大人民的根本利益，在实现什么样的中国式现代化问题上，真正实现了由代表少数人利益向代表大多数人民利益转变。从党的理论看，人民性是党的最根本属性。“党的理论来自人民、为了人民、造福人民。”① 党的理论创新源自为人民服务的实践。人民是党实践的出发点和归宿点，因而人民的实践创造是党的理论创新的活力与来源。脱离人民的一切理论都不具备实践说服力，都是苍白的，不仅没有解释现实的能力，也

① 习近平：《高举中国特色社会主义伟大旗帜　为全面建设社会主义现代化国家而团结奋斗——在中国共产党第二十次全国代表大会上的报告》，人民出版社 2022 年版，第 19 页。

缺乏理论生命力。“中国式现代化建设取得了一系列伟大成就，彰显了中国共产党强大的政治领导力”①，也突出了党以人民为中心的发展思想和宗旨。党在领导人民探索中国式现代化时，始终站稳人民立场、把握人民愿望、尊重人民创造、集中人民智慧，用人民的理论探索现代化，使现代化的性质转向人民性。从执政党的性质与发展宗旨看，“中国共产党是为中国人民谋幸福、为中华民族谋复兴的党，也是为人类谋进步、为世界谋大同的党”②。因而，党领导人民进行的中国式现代化必然体现出党的性质与宗旨，“肯定人民在生产生活现代化过程中的中心地位，强调现代化建设必须把最广大人民的根本利益与人民美好生活需要摆在中心位置”③。从中国式现代化内涵上看，“中国式现代化是全体人民共同富裕的现代化”④。中国式现代化的实践证明：党始终把实现人民对美好生活的向往作为中国式现代化建设的出发点，在事关人民群众最根本、最直接、最现实的利益问题面前，在推动实现共同富裕面前，始终不遗余力，把人民急难愁盼问题当成中国式现代化建设的关键抓手，这就决定了中国式现代化本质内涵中必然体现出人民性。

（四）全面系统的大布局为中国式现代化提供了有效的战略安排

中国式现代化系统谋划了我国现代化发展的战略安排与发展目标，

---

① 王建华：《中国式现代化道路的历史经验——基于中国共产党政治领导力的观察视角》，《东南学术》2022年第6期。

② 习近平：《高举中国特色社会主义伟大旗帜　为全面建设社会主义现代化国家而团结奋斗——在中国共产党第二十次全国代表大会上的报告》，人民出版社2022年版，第21页。

③ 项久雨：《中国式现代化的显著优势》，《马克思主义研究》2022年第5期。

④ 习近平：《高举中国特色社会主义伟大旗帜　为全面建设社会主义现代化国家而团结奋斗——在中国共产党第二十次全国代表大会上的报告》，人民出版社2022年版，第22页。

在内容上调整了旧式现代化发展方向，使我国现代化探索由片面性向整体性、系统性转变。中国式现代化是全面的现代化，是整体协调推进的现代化。从发展现代化总体布局看，中国式现代化注重“五位一体”的总体布局，突出了整体性与系统性的重要作用，侧重点在“怎样建设现代化”。中国式现代化总体布局说明我们将要建设一个“并联”的现代化，在系统规划方面强调经济、社会、政治、文化、生态等方面协同发展，共同推进。从现代化战略布局看，中国式现代化突出了“四个全面”的战略布局，这是纵向展开，侧重点在于“建设什么样的现代化”，突出中国式现代化建设的层次性。从发展现代化战略安排看，党的二十大报告对实现中国式现代化作了明确的战略安排，即“两步走”，“从二〇二〇年到二〇三五年基本实现社会主义现代化；从二〇三五年到本世纪中叶把我国建成富强民主文明和谐美丽的社会主义现代化强国”①。“两步走”的发展战略，为中国式现代化提供了战略安排与时间表，解决了新时代“如何推动现代化向纵深发展”的问题，明确党领导人民探索现代化的战略选择，侧面说明了中国式现代化是一种全面的、系统的现代化。

（五）马克思主义的创新与发展为中国式现代化提供了理论源泉

中国式现代化推动了马克思主义在中国的创造性转化、创新性发展，特别是马克思主义基本原理同中国具体实际相结合、同中华优秀传统文化相结合，让马克思主义理论有了不竭的创新动力，也具备了实践张力。因此，中国式现代化在理论创新方面实现了从旧式现代化盲目性向创造性转化。党的二十大报告将中国共产党为什么能、中国

① 习近平：《高举中国特色社会主义伟大旗帜　为全面建设社会主义现代化国家而团结奋斗——在中国共产党第二十次全国代表大会上的报告》，人民出版社 2022 年版，第 24 页。

特色社会主义为什么好，归结为是马克思主义行，是中国化时代化的马克思主义行。[①] 以大历史视野观察，“从器物之学到科技之学，从制度之学到思想之学，中国早期的先进爱国人士终于找到了救国救民的思想武器——马克思主义，中国人民的精神面貌开始从被动走向主动”[②]。党领导中国人民进行的中国式现代化之所以取得显著成就，关键是党在理论创新方面积极推动马克思主义理论在中国运用与发展，使中国人民从原来盲目地照搬照抄西方现代化经验转向了独立探索具有中国特色的现代化道路。从党的理论而言，党成立之初就把马克思主义当作自身指导思想，在团结领导中国人民进行现代化探索中坚持和发展马克思主义，在实践中不断推进马克思主义中国化、时代化，因而在理论创新方面产生了具有中国特色的科学理论。总之，马克思主义的科学性、人民性、实践性在中国式现代化建设中得以彰显。同时，中国式现代化取得的实践成就又进一步证实了马克思主义的真理性，让马克思主义理论在中国不断创新发展。

（六）我国基本国情为中国式现代化探索提出了更具特色的要求

中国式现代化开辟了中国人民探索现代化发展的新道路，打破了西方现代化发展方式对人的思想束缚。从此，中国人民开始独立探索中国式现代化，中华民族逐步实现了从站起来、富起来到强起来的伟大飞跃，在现代化发展方式上形成了中国特色。中国共产党成立后，坚持用马克思主义的立场、观点、方法解决中国现实问题，自觉担负

---

① 习近平：《高举中国特色社会主义伟大旗帜　为全面建设社会主义现代化国家而团结奋斗——在中国共产党第二十次全国代表大会上的报告》，人民出版社 2022 年版，第 16 页。

② 王树荫、王君：《以大历史观审视中国共产党百年奋斗历史定位》，《东南学术》2022 年第 6 期。

引领中国人民实现现代化的时代责任。在新民主主义革命时代，党带领中国人民推翻了“三座大山”，为探索中国式现代化奠定物质基础。在社会主义革命和建设时期，以毛泽东同志为主要代表的中国共产党便开始独立探索中国式现代化，在现代化发展方式上主张建设“工业现代化”，提出要“解决建立独立的完整的工业体系”①。如 1949 年，我国现代化工业产值只占工农总产值的 17%，几乎没有重工业。因此，毛泽东同志在党的七届二中全会上指出“使中国稳步地由农业国转变为工业国，把中国建设成一个伟大的社会主义国家”② 的目标，开始独立探索具有中国特色的“工业现代化”。到了 1954 年，党中央提出发展“四个现代化”的目标，即工业、农业、交通运输业和国防现代化，后调整为工业、农业、国防和科学技术的现代化。从“工业现代化”到“四个现代化”，体现了党在实现中国式现代化中的创造性与探索性，充分彰显了“马克思主义政党的历史主动性”③。改革开放和社会主义现代化建设新时期，以邓小平同志为主要代表的党中央紧紧抓住经济建设这个中心点，解放和发展生产力，提出建设“小康社会”的目标，走“有中国特色的社会主义道路”，并首次提出建设“中国式的现代化”。在如何实现中国式的现代化的问题上，江泽民同志提出“三步走”的战略安排，进一步完善了中国式的现代化的战略部署；在完善中国式的现代化内涵上，胡锦涛同志提出建设“富强民主文明和谐的社会主义现代化国家”，增添了更多符合时代发展特征的新内容。党的十八大以来，中国特色社会主义进入新时代，以习近平同志为核心的党中央成功推进和拓展了中国式现代化，并建构了中国式现代化理论体系。中国式现代化既是过去我国现代化建设的经验总结，也是新

① 《毛泽东选集》第四卷，人民出版社 1991 年版，第 1433 页。

② 同上书，第 1437 页。

③ 王建华：《中国式现代化道路的历史经验——基于中国共产党政治领导力的观察视角》，《东南学术》2022 年第 6 期。

时代现代化建设的新要求；既是中国特色社会主义的本质要求，也是全体中国人民对美好生活的共同期盼。从“工业现代化”“四个现代化”“中国式的现代化”到“中国式现代化”的演进路线看，中国式现代化体现了党对现代化的创新和探索，也证明现代化发展道路不是僵化的，因世情、国情、党情变化而变化。因此，探索中国式现代化要实事求是，要具体问题具体分析，要坚持用大历史视野来审视，路才会越走越宽。

（七）合作共赢的开放性为探索中国式现代化提供了持续动力

中国式现代化开辟了我国实现中华民族伟大复兴的新路径，也为世界上其他国家和地区提供了中国方案和中国智慧，实现了我国对外交流与合作由封闭性向开放性转变。旧式现代化实质是一种封闭的现代化。在“东方从属于西方”的历史境遇下，近代中国知识分子探索现代化之路，均以失败告终，究其原因在于没有根据中国具体实际探索现代化，也没有尊重现代化发展的一般规律，而是以西方现代化的模板硬套中国的实际。俄国十月革命后，马克思主义在中国广泛传播，中国人民探索现代化有了理论指导。中国共产党的成立使中国的现代化有了坚强的领导。党团结领导中国人民开启中国式现代化探索，在对待西方现代化态度上，用开放代替了封闭，主要体现在两个方面。其一，在学习借鉴西方现代化经验与教训方面，中国式现代化体现出开放性。党领导的中国式现代化之所以能在新时代展现出深厚的发展潜力与远大的发展前景，关键在于党始终以开放态度学习西方现代化的优秀成果，并按照“取其精华、去其糟粕”的原则，批判吸收其经验与教训，从而避免走西方现代化发展的弯路。通过借鉴西方现代化成功经验，让后发现代化国家有可能实现“越位赶超”，在某些发展领域实现从“跟跑”向“并跑”再到“领跑”的转变。其二，在世界交往中，中国式现代化探索也给其他国家和地区走向现代化提供了中国智慧与中国方案。中国式现代化为后发现代化国家提供了发展机遇。新时代，中国提出的“一带一路”倡议给共建国家带来了更多的合作机会和发展红利；中国倡导构建“人类命运共同体”，凝聚起全球现代化发展的共同价值，在搁置全球发展争议、处理国家间发展矛盾、推动全球经济合作与交流方面分享中国智慧，为全球现代化发展营造良好氛围。因此，相比旧式现代化，中国式现代化实现了从封闭性向开放性转变。

（八）人类文明的交流互鉴为中国式现代化的发展筑牢文化根基

中国式现代化“改变了‘东方从属于西方’的历史进程”①，在探索现代化之路上摆脱了依附于西方的状态，走出了一条具有中国特色的社会主义发展之路，开创了人类文明新形态，拓宽了后发国家现代化的实现路径，使中国对外交往由保守性向文明性转变。不同于近代中国探索的旧式现代化，党领导中国人民探索的中国式现代化是一种积极的现代化，对世界历史和人类未来发展产生了推动作用。从世界进程而言，中国式现代化使后发现代化国家摆脱了对西方现代化发展模式的依附，走上独立探索现代化的道路。中国近代史已经充分证明：依附于西方现代化发展模式不仅没能使中国实现现代化，甚至阻碍中国现代化发展进程。党带领中国人民探索的中国式现代化，更强调“走自己的路”，立足中国国情独立自主地探索现代化。经过百年探索，党领导中国人民走向中国特色社会主义道路，在与资本主义现代化道路比较中逐渐显现出中国式现代化的独特优势，中国实现了从站起来、富起来向强起来的转变，改变了世界历史进程。中国共产党成立之前，

---

① 孙正聿：《从大历史观看中国式现代化》，《哲学研究》2022 年第 1 期。

世界普遍认为走向现代化只有一条道路，那就是西方的现代化道路。但是，西方现代化本质上是资本的现代化。按照西方现代化发展逻辑，社会贫富差距的扩大、物质主义的泛滥甚至走向对外扩张等消极影响都是现代化的应有之义，但这些也是文明国家无法接受的。正是基于对西方现代化发展弊病的反思，中国式现代化更强调全体人民共同富裕、物质文明与精神文明协调发展、人与自然和谐共生、世界和平发展，比西方现代化更全面、更和谐、更积极。习近平总书记指出："推动一个国家实现现代化，并不只有西方制度这一模式，各国完全可以走出自己的道路来。"① 因而，中国式现代化为后发现代化国家拓宽了走向现代化的发展路径。从人类文明与未来发展而言，中国式现代化以推进社会全面进步与人类自由、全面发展为价值指向，赋予了现代化新思想、新内涵、新选择，不仅创造出了人类文明新形态，而且整体塑造了科学引导人类走向未来发展的时代精神。中国式现代化把发展的整体性与特殊性、社会主义发展规律与人类社会发展规律统一起来，深化了人们对现代化的认识，不仅影响中国、推动世界历史进程，而且改变了人类命运。

三、推进中国式现代化发展的基本经验

党在推进中国式现代化发展进程中积累了一些宝贵经验。研究这些经验，能为我们进一步推进中国式现代化带来科学指导。

（一）党的领导是中国式现代化的坚强保障

党的历史和中国特色社会主义实践已经证明，推进中国式现代化，关键在党。习近平总书记指出："中国共产党领导是中国特色社会主义

---

① 《习近平关于社会主义政治建设论述摘编》，中央文献出版社 2017 年版，第 7 页。

最本质的特征，是中国特色社会主义制度的最大优势，是党和国家的根本所在、命脉所在，是全国各族人民的利益所系、命运所系。”① 正因我们坚持了党的领导，才使中国式现代化从“被动的现代化”转变为“主动的现代化”。

从中国现代化探索历程看，中国共产党在成立之初便自觉担负起了近代以来“救亡图存”的历史任务与民族复兴的责任，团结带领中国人民推翻了“三座大山”的压迫，实现了国家的独立与民族的解放，为发展中国式现代化创造了安全稳定的环境。从党的性质看，中国共产党代表着广大人民的利益，正因如此，党没有个人利益，能真正实现多数人的现代化、全体人民共同富裕的现代化，并在发展方式上实现物质文明和精神文明相协调，用人与自然和谐发展的理念代替人类中心主义，最终实现和平发展而非对外扩张的现代化道路。

如何才能坚持党对中国式现代化的集中统一领导？从理论与实践而言，中国式现代化是人口众多的现代化，推进中国式现代化必然带来许多复杂的新问题、新挑战。这就要求党要从整体上对中国式现代化作战略部署，规划好路线图和时间表。从党自身而言，党的领导干部要提高政治判断力、政治领悟力、政治执行力，只有这样才能保证党对中国式现代化的战略决策科学精准。此外，还要健全党的领导制度体系，强化党中央决策议事协调机构职能，完善推动党中央重大决策落实机制，保证党领导人民推进中国式现代化的效率。

（二）人民至上是中国式现代化的价值追求

党的根基、血脉和力量都在人民。党始终坚持走群众路线，把人民至上当作中国式现代化的价值追求，实现了一场自下而上涉及人口

---

① 习近平：《在庆祝中国共产党成立 100 周年大会上的讲话》，《人民日报》2021 年 7 月 2 日。

众多的现代化，使中国式现代化从“被动的现代化”转变为“主动的现代化”。

从中国式现代化理论来源看，马克思主义理论的本质归根到底是人民性，强调人民群众是创造历史的主体。只有依靠群众，实现个人自由而全面的发展，才能推动社会进步。以此思想审视西方现代化，西方资本主义国家始终解决不了生产社会化与生产资料私人占有的矛盾，导致西方现代化出现发展悖论。中国式现代化坚持以马克思主义理论为指导思想，在发展中坚持人民的主体地位，把实现最广大人民的根本利益作为推进中国式现代化的出发点与落脚点，最终朝着实现惠及14亿人口的现代化前进。从中国式现代化理论创新看，实践是检验中国式现代化理论的唯一标准，人民群众是检验理论的主体力量。中国式现代化理论必须回到实践，解决好群众面对的现代化难题，才能得到创新。因此，推进中国式现代化行稳致远必然要站稳人民立场，在发展中国特色社会主义实践中坚持守正创新。从中国式现代化的依靠力量看，人民是党执政兴国的最大底气。我们党来自人民、植根人民、服务人民，一旦脱离群众就会失去生命力。党的最大政治优势是密切联系群众，党执政后的最大危险是脱离群众。党代表中国最广大人民的根本利益，这是党立于不败之地的根本所在。因此，推进中国式现代化要依靠人民群众。

如何才能实现人民至上的价值追求？从中国式现代化的实践看，只要始终坚持全心全意为人民服务的根本宗旨，坚持群众路线，坚持为人民执政、靠人民执政，坚持发展为了人民、发展依靠人民、发展成果由人民共享，坚定不移走中国式现代化道路，就一定能够全面建成富强民主文明和谐美丽的社会主义现代化强国。

（三）坚持马克思主义是中国式现代化的根本原则

坚持马克思主义的指导地位，坚持用马克思主义思想指导中国式现代化，是中国式现代化区别西方现代化的显著特点。习近平总书记指出：“中国共产党为什么能，中国特色社会主义为什么好，归根到底是因为马克思主义行！”① 马克思主义理论让我们有了科学的指导，使我国走出了一条不同于西方现代化的发展之路。

从马克思主义理论性质看，其一，马克思主义是科学的理论。马克思主义理论阐述了人类社会发展的一般规律，用唯物史观与剩余价值学说深刻揭示了资本主义运行规律，为人类指明了从“必然王国”向“自由王国”飞跃的途径，为人民铺就实现自由和解放的道路。其二，马克思主义是人民的理论。在资本工业时代，马克思站在人民的立场上探索人类自由而全面解放的道路，以最彻底的科学理论为建立一个没有压迫与剥削、人人平等与自由的理想社会指明了未来发展方向。中国式现代化之所以主动，归根结底在于坚持了马克思主义理论，中国特色社会主义实践也佐证了马克思主义理论的人民性。其三，马克思主义是实践的理论。一步实际行动胜过一打纲领。中国式现代化理论发展得再好，没有给广大人民带来实际利益也只能是空谈。马克思曾指出：“全部社会生活在本质上是实践的。”② 党领导的中国式现代化始终坚持马克思主义实践观，带领中国人民经过一百多年的奋斗，使我国脱贫攻坚任务如期完成，人民奔向小康，社会贫富差距逐渐缩小，中等收入群体正在增加，共同富裕也在加速推进。其四，马克思主义是开放的理论。马克思主义不是书斋里的学问，而是在不断开放中发展，开放性让马克思主义始终站在时代的前沿。马克思主义理论依然能指导中国式现代化发展，原因就在于此。马克思主义理论不是教义，而是指导思想和行动指南，随着实践的发展不断探索解答新时代出现的新问题，回应中国式现代化带来的理论与实践挑战。

---

① 习近平：《在庆祝中国共产党成立 100 周年大会上的讲话》，《人民日报》2021 年 7 月 2 日。

② 《马克思恩格斯文集》第一卷，人民出版社 2009 年版，第 501 页。

如何才能坚持马克思主义理论的指导地位呢？具体而言，其一，坚持在实践基础上实现理论创新。推动中国式现代化，坚持马克思主义，要用马克思主义观察时代、解读时代、引领时代，用鲜活丰富的当代中国实践来推动马克思主义理论发展，用宽广视野吸收人类创造的一切优秀文明成果，博采众长，不断完善自己。其二，不断推进马克思主义中国化时代化。在坚持马克思主义的前提下，把马克思主义基本原理与中国具体实际相结合、同中华优秀传统文化相结合，不断深化党对执政规律、社会主义建设规律与人类社会发展规律的认识，不断开辟当代马克思主义、21 世纪马克思主义的新境界。

（四）坚持中国特色社会主义道路是中国式现代化的发展要求

中国所处的时代方位、拥有的现实条件与思想资源，决定了中国式现代化要走一条不同于西方现代化的道路。习近平总书记指出："中国共产党和中国人民将在自己选择的道路上昂首阔步走下去，把中国发展进步的命运牢牢掌握在自己手中！"① 因而，实现中国式现代化必须坚持中国特色社会主义道路。

从时代方位而言，其一，中国式现代化经历的环境不同于西方现代化。西方现代化是生产力发展到一定阶段的产物，近代中国在西方列强侵略下被迫开启现代化，两者遭受的时代境遇不同，因此中国式现代化要独立自主地走中国特色社会主义道路，而不能被迫纳入西方殖民体系中。其二，中国式现代化面临着处理与西方资本现代化的关系问题。探索中国式现代化要立足我国国情，走中国特色社会主义道路，在与西方现代化的交流中要利用资本、驾驭资本，防止陷入西方

① 习近平：《在庆祝中国共产党成立 100 周年大会上的讲话》，《人民日报》2021 年 7 月 2 日。

现代化的陷阱。其三，中国式现代化处于全球化与世界现代化发展相互交织的浪潮中，这就决定了中国式现代化可以借鉴现代化发展的一般特征，也要求中国式现代化呈现出自身特征，因而推动中国式现代化必然要求走中国特色社会主义发展道路。

从现实条件而言，全球国家发展水平不同，因而现代化发展面临的挑战不尽相同。中国式现代化是一种“后发”现代化，在发展道路上将面对一些挑战。既要吸收西方现代化有益经验，又要克服其发展过程中出现的难题；既要满足中国人民对美好生活的向往，又要积极应对现代化发展提出的新要求、新挑战。因此，特殊的历史与现实条件让中国式现代化走向了一条不同于西方现代化并具有鲜明中国特色的发展道路。

从思想资源而言，中国式现代化具有开放性，特别是在全球化背景下，各种思想资源在中国式现代化探索中汇聚，为我们走中国特色社会主义道路，探索中国式现代化提供了智力支持。马克思主义在中国的创新与发展，使党有了先进的思想武器。中华优秀传统文化赋予马克思主义理论鲜明的中国特色，为我们走中国特色社会主义道路、探索中国式现代化提供了思想资源。

如何才能坚持中国特色社会主义道路呢？一是要坚定走中国特色社会主义道路的信念。中国特色社会主义道路是创造人民美好生活、实现中华民族伟大复兴的康庄大道。只要我们不走封闭僵化的老路，不走改旗易帜的邪路，坚定不移走中国特色社会主义道路，坚持和发展中国特色社会主义，就一定能够把我国建设成为富强民主文明和谐美丽的社会主义现代化强国。二是坚持中国特色社会主义道路，必须坚持党的基本理论、基本路线、基本方略，统筹推进“五位一体”总体布局、协调推进“四个全面”战略布局，全面深化改革开放，立足新发展阶段、贯彻新发展理念、构建新发展格局，推动高质量发展，保障人民当家作主，坚持依法治国，坚持社会主义核心价值体系，坚持在发展中保障和改善民生，坚持人与自然和谐共生，协同推进人民富裕、国家强盛，推动全面建成富强民主文明和谐美丽的社会主义现代化强国。三是坚持中国特色社会主义道路要学会独立自主。发展中国式现代化从来没有教科书指导，也没有现成答案，而是靠中国人民脚踏实地，一步一步探索出来的。中国式现代化成功经验说明，“走中国式现代化道路，必须坚持独立自主开拓前进道路，坚持国家和民族发展的主体性，坚持中国的事情必须由中国人民自己作主、自己处理”①。

中国共产党领导中国人民在中国式现代化探索的长期实践中，取得了许多宝贵历史经验和精神财富，有很多是付出巨大牺牲后得到的，应倍加珍惜、长期坚持，并继续发扬历史主动精神，在新时代的实践中不断进行丰富和发展。

〔张占斌，中共中央党校（国家行政学院）中国式现代化研究中心主任、马克思主义学院教授；熊杰，法学博士，中共中央党校（国家行政学院）马克思主义学院博士后流动站研究人员〕

① 张占斌等：《创造中国式现代化新道路》，中共中央党校出版社 2022 年版，第 119 页。

第三篇　中国式现代化的文明意义

◎张志强

在庆祝中国共产党成立100周年大会上，习近平总书记向世人宣告："我们坚持和发展中国特色社会主义，推动物质文明、政治文明、精神文明、社会文明、生态文明协调发展，创造了中国式现代化新道路，创造了人类文明新形态。"这是他首次公开提出"两个创造"。党的二十大报告对中国式现代化作出更加系统的论述，明确了中国式现代化是中国共产党领导下的社会主义现代化，既有各国现代化的共同特征，更有基于自己国情的中国特色，从五个方面指出中国式现代化是人口规模巨大的现代化、全体人民共同富裕的现代化、物质文明和精神文明相协调的现代化、人与自然和谐共生的现代化、走和平发展道路的现代化。报告也提出了中国式现代化的九项本质要求，把创造人类文明新形态也视为本质要求之一，进一步深化了关于中国式现代化与人类文明新形态的认识。习近平总书记强调："中国式现代化，深深植根于中华优秀传统文化，体现科学社会主义的先进本质，借鉴吸收一切人类优秀文明成果，代表人类文明进步的发展方向，展现了不同于西方现代化模式的新图景，是一种全新的人类文明形态。”① 这指明了“两个创造”之间的关系，作为第一个创造的中国式现代化，也创造了作为第二个创造的人类文明新形态。实际上，中国式现代化本身就是一种全新的人类文明形态，本身就具有一种新文明的意义，它打破了“现代化=西方化”的迷思，丰富发展了人类现代化理论，为人类探索更好的社会制度提供了中国方案。而且，中国式现代化蕴含着独特而成体系的哲学内涵，是一整套完整的理论体系，为人类新文明的创造奠定了理论和实践的基础。

习近平总书记在2022年10月28日考察殷墟时首次公开提出了“中华民族现代文明”，在2023年6月2日召开的文化传承发展座谈会上，习近平总书记在讲话中又特别发出新的号召，提出“在新的起点上继续推动文化繁荣、建设文化强国、建设中华民族现代文明，是我们在新时代新的文化使命”。“中华民族现代文明”这一重大标识性概念，是对人类文明新形态概念的进一步深化。在中国式现代化和人类文明新形态之间加入了中华民族现代文明，表明了中国式现代化是通过创造中华民族现代文明，从而为人类示范了一种新的文明。由此可见，中国式现代化、中华民族现代文明与人类文明新形态之间，构成了一种内在的逻辑关联，具有重大的理论与实践意义。中国式现代化的文明意义，在于它是建立在中华文明根基之上的现代化，是通过开创中华民族现代文明而创造出的一种具有广泛意义的人类文明新形态。中国式现代化的文明意义，是在中国共产党的领导下，通过社会主义现代化实现了古老中华文明的现代化，走出了一条比资本主义现代化更进步的新道路，为人类文明进步提供了新图景。我们需要从文明根基、哲学突破乃至新文明观的确立等维度，深入解析中国式现代化的文明意义，深刻把握中国式现代化的世界史意义。

---

① 《正确理解和大力推进中国式现代化》，《人民日报》2023年2月8日。

一、中国式现代化的文明根基

20 世纪 80 年代以来，很多学者从现代化理论的视野出发讨论中国的现代化问题，并且对于中国的现代化历程到底有多长、起点在什么时候，中国的现代化究竟是内生的还是回应外部挑战的结果，都提出了许多不同的认识。比如有观点把晚明以来中国的探索都视作中国现代化的历史进程，这就是典型的将现代化动力的认识深化到了中国历史社会内部的看法。[①] 不过，“中国式现代化”这个提法与过去对中国现代化的讨论和认识之间，虽然在内容上有非常深入的继承关系，但又具有鲜明的创造性内涵；甚至与将现代化进程回置到明代的内生现代化的看法，也存在着理论旨趣上的精微而明确的差异。“中国式现代化”的提法显然具有一种鲜明的理论突破意义。如何理解这一创造性的突破，如何理解“中国式现代化”这种提法与以往现代化理论的关系，是理解“中国式现代化”的关键问题。

在我们的理解中，“中国式现代化”这个概念，首先是面对中国式现代化的实践提出的。在中国现代化的历史进程中，出现了很多值得解释但过去的现代化理论无法解释的新问题、新实践，需要我们创造一种新的理论来加以解释和说明，也需要我们进行理论创新，来实现对实践的高度自觉。

中国的现代化实践创造了很多奇迹。首先是和平发展，即中国的现代化进程不是以对外资本扩张、殖民侵略作为动力，而是走了一条和平发展的道路。为什么中国选择了和平发展而非对外扩张？与西方现代化不可避免地伴随着殖民扩张相比，这是一个奇迹。一个重要的

① 参见罗荣渠：《现代化新论》，商务印书馆 2004 年版；戴景贤：《明清学术思想史论集》，香港中文大学出版社 2012 年版。罗荣渠先生提出了一元多线的现代化史观，戴景贤先生则把明代作为中国早期近代的开端。

原因，是中国的发展内在地具有一种立足人民至上立场的价值观导引。在这种价值观导引下，我们不可能发展出一种损人利己的发展模式，而总是能够设身处地立于人类生存发展的全局来谋划自身的发展，让自身的发展有利于全人类的发展。这种价值观是内在于中国自身的文明历史进程的，是天道民本的价值观的现代体现。因此，中国的现代化作为中国文明历史发展的最新阶段，始终是这种价值观内在要求的结果。这表明中国的现代化进程始终追求一种文明的价值，一种来自中国文明的价值追求，一种“己所不欲、勿施于人”的共同价值追求，而不是强人从己的所谓的“普世价值”。中西现代化道路的不同，实质上蕴含着价值确立方式的不同。

其次是经济长期发展和社会长期稳定。经济长期发展本身就是一个奇迹，中国的现代化进程极大地解放了生产力，这种生产力革命不仅在中国历史上前所未有，在世界历史上也前所未有。我们在几十年的时间里实现了西方几百年历史取得的经济发展成就，在生产力极大解放的同时也带来了一系列生产关系的变革，但生产关系的变革并没有像西方现代化进程中那样无法避免地出现社会分化和阶级对立，经济长期发展反而带来了社会的长期稳定，这是一个更大的奇迹。

生产力解放带来的经济社会发展，按照以西方历史经验为根据的所谓一般现代化进程，它必然带来阶级对立和社会分化，可中国成功地避免了这一历史难题的发生。经济长期发展不仅没有带来社会分化，反而带来了社会长期稳定，而社会长期稳定必然会进一步推动经济长期发展。中国的现代化进程不仅解决了经济发展与社会分化的难题，更重要的是确立起了一种经济发展与社会稳定之间的正相关关系，一种相互促进的关系模式。应该说，这就是中国的现代化进程所具有的中国式现代化的意义。实际上，经济发展与社会稳定之间本来就应该是一种正相关的关系，恰恰是资本主义的发展模式破坏了二者之间的正相关关系，而正是中国式现代化恢复了这一关系，也正是中国式现代化创造出了现代化本应具有的共同特征。可以说，中国式现代化理顺了活力和秩序、公平和效率的辩证关系，让活力和秩序、公平和效率可以正相关，彼此支撑，相互促进。

问题的关键是，何以中国式现代化能够建立这种正相关的关系？奇迹背后总有道理，也必有来历。道理就是中国式现代化的本质属性在于有中国共产党的领导，中国共产党强大的政治领导力不仅是经济长期且快速发展的重要保障，而且是社会长期稳定的关键前提。中国共产党代表着调节经济发展和社会稳定的政治力量，而政治具有调节社会与经济的权威与能力，这始终是中华文明的核心原理，也是中华文明的基本结构。在当今中国，政治之所以具有这种调节能力，是因为中国的政治始终以人民为中心，以天下生民的生存发展为中心，始终立足天下共同体的整体，从共同体的整体出发，创造出造福天下人的历史功业。因此，在人民至上的价值观导引下的政治统合社会的结构就成为中华文明的基本结构，也构成了中华文明的核心价值。中国共产党的领导作为中国式现代化的本质属性，恰恰表明了中国式现代化的中华文明根基，展现了中国式现代化的中华文明内涵。

政治始终能够调节经济发展带来的社会矛盾，使之保持在一个相对稳定的状态当中。经济长期发展并未带来社会分裂，反倒由于社会长期稳定，正相关地促进了经济长期发展，这个模式的形成只能从文明根基和文明结构出发来加以解释。只有从中华文明奠定的社会整体结构中来理解，才能找到一个深入而合理的答案。

与之相关，中国自改革开放以来，整个现代化进程走的是一条社会主义市场经济道路。社会主义与市场经济共属一体、相互兼容，这本身就是一个奇迹，任何只立足市场经济或只立足社会主义的教条都不能理解。这个奇迹仍然依托于文明带给我们的这一结构性条件，即政治对社会诸领域的调节作用而发生的。市场经济极大地解放了生产力，但如果没有社会主义的保障，没有社会主义核心价值观的导引，没有以社会主义核心价值观为自身追求的中国共产党的领导，市场经济本身带来的一些负面效果将会不受限制地恶性发展。只有在中国共产党的坚强领导下，社会主义与市场经济才能够真正高度融合发展，市场经济在最大限度解放生产力的同时，也通过社会主义核心价值观导引而将经济繁荣的成果最大限度地造福于全体人民。

中国式现代化实现的上述“奇迹”，都与中国的文明根基有关，都与中国共产党对中华文明的激活再造有关，与马克思主义基本原理同中华优秀传统文化相结合有关。中华文明始终认为社会统合要靠政治和“天道民本”的价值观的融合——政治运用价值观来再生产社会，这是中华文明的一个根本特点。但政治在中国之所以获得这样的权威，与中国政治取得的历史功业有关系，即要用社会的稳定、国家的统一等功业来自我证明，否则就无法支撑其对于社会的调节能力。造福天下人的历史功业与天道民本的价值观相互支撑，构成了中国政治的正当性根据，使其具有强大的能力来调节社会与经济。历史功业带来历史自信、文化自信，以人民为中心的价值观是文化自信的内涵，更是历史自信的价值根源。

这种社会整合的方式，与西方现代社会完全不同。根据布罗代尔的研究，市场经济在各大古文明中都长期存在，但市场经济最终转化为资本主义，则是发生在1500年后的西方社会。资本主义与市场经济不同，恰恰是经济整合社会，或者更准确地说是资本与政治的结合，成为统合社会的力量，这是资本主义的本质，也是西方现代社会形成过程的本质。[①] 但在中国，深厚的文明遗产为当代中国提供了一种历史的结构和文明的条件，让中国始终坚持以政治与价值观的融合来统合

① 白果、[法] 米歇尔·阿格列塔：《中国道路：超越资本主义与帝制传统》，李陈华、许敏兰译，格致出版社2016年版，第5页。布罗代尔关于13—18世纪欧洲资本主义兴起的研究中总结了五项原理，其中有关于市场经济与资本主义存在固有联系，但两者不可以混淆的原理。

社会，而经济只是手段，是民生幸福的手段和经世济民的手段。

中国式现代化的中国特色和本质要求，在一定意义上为我们刻画出了一种基于中国道路实践的新的现代社会理论图景。首先，这一理论图景是在中华文明长期文明历史实践的前提下展开的。其次，这一理论图景是在与500年来西方世界历史进程的不断碰撞和不断交涉过程中逐渐有了轮廓，在170多年来走出历史困境的现代化道路探索的曲折经验中不断自觉的。再次，也是更重要的，这一理论图景是在中国共产党追求中华民族伟大复兴、追求古老中国现代化的历史进程中具有了实质性内涵。最后，这一理论图景是在中国特色社会主义的道路、理论、制度、文化中找到了正确的实践方向，在习近平新时代中国特色社会主义思想中形成了高度的理论自觉，形成了中国式现代化的成熟理论。作为中国式现代化的中国特色，是立足于中华文明根基，在中国共产党运用马克思主义基本原理与中华优秀传统文化的结合中创造出来的。这些中国特色也必将为世界现代化创造出新的共同特征。

二、重筑文明理解的理论基底

马克思的社会形态理论是一种地形学构造，经济基础与上层建筑之间有种力学的构造关系。① 甚至有学者提出，意识形态虽然是上层建筑的一个部分，但它可以独立发挥作用，所以事实上存在三层结构，

① 关于地形学，阿尔都塞解释："地形学（topique）源于希腊文的topos，地点。地形学在一个特定空间内描述显示各自占据的场所。例如，经济活动在底层（基础），它上面是上层建筑。""这个表述把任何社会结构都说成是一座大厦，它有一个地基（基础），上面竖立着两'层'上层建筑，这是一个隐喻，更准确地说，是一个空间隐喻，一个地形学隐喻。"参见［法］阿尔都塞：《意识形态和意识形态国家机器》，陈越编：《哲学与政治：阿尔都塞读本》，吉林人民出版社2003年版，第328页。

这就是所谓的“三层楼说”。[1] 为什么把意识形态独立出来？因为意识形态与社会的再生产，或生产关系的再生产的关系非常密切。

阿尔都塞有一个特别重要的观点——经济基础对上层建筑归根结底具有决定性作用。[2] 这种作用保证了社会的客观性、实践的客观性，但经济基础中既有生产力，又有生产关系，生产关系当然归根结底是由生产力决定的，但生产关系的再生产本身也是保证和维持生产力再生产的重要条件。因此，再生产的关键是生产关系的再生产，而生产关系的再生产需要意识形态，需要文化。意识形态或文化具有物质力量，是再生产生产关系的物质力量。意识形态或文化的物质力量，也正是马克思所说的为人民群众所掌握的彻底的理论所具有的物质力量、改造世界的物质力量。这就意味着，上层建筑特别是意识形态对于经济基础的反作用力，是社会再生产的关键环节，是将经济社会政治凝聚巩固为一个整体的关键力量。

此外还必须看到，虽然地形学的力学构造可以用一个抽象原理来说明，但在解释不同地区地形学的力学构造时，必须结合其具体条件来进行理解。这是马克思社会形态理论的一个重要意义，即要结合历史条件分析社会形态，也就是列宁提出的具体问题具体分析。社会形态有一定的历史性和具体性，那么这个历史性和具体性是由谁来赋予的呢？在我们看来，文明就构成了具体历史条件的一个重要前提，文明形态恰恰是让社会形态从一个抽象社会形态变成具体社会形态的重要历史条件，亦即社会再生产中的重要因素与根据。中国社会能够保持长期的连续性和大规模的统一性，与文明具有的社会再生产力量关系密切。文明在一定意义上养成了人民群众日用而不觉的共同价值观

① 邓晓芒：《“三层楼说”的误区与艺术的定位》，《云南大学学报》（社会科学版）2003年第2期。

② ［法］阿尔都塞：《在哲学中成为马克思主义者容易吗?》，陈越编：《哲学与政治：阿尔都塞读本》，吉林人民出版社2003年版，第184页。

念，为人民群众理解其与现实的关系提供了重要的象征性资源，是人民群众日用而不觉的实践意识形态。

如何从马克思主义的经典论述中形成一种符合文明历史发展实际的马克思主义文明理论？或许还要从文明形态和社会形态的关系当中，特别是从马克思晚期的人类学笔记、历史学笔记对于社会形态的具体分析当中，找到文明形态和社会形态的关联方式。近代西方的社会理论其实都是一种抽象社会的理论。① 其核心就是将社会看成由经济手段或系统手段整合的社会，是由抽象的个人通过以经济为中心而形成的系统手段创造出的人造社会，这种社会是在与古老文明的断裂中形成的抽象社会。如何让抽象社会理论能够解释具体的社会发展，可能要与文明形态、文明视野做一些结合。从这个角度来讲，文明其实就是一个具体的社会；一个具体的社会，就是有着文明历史土壤的社会，文明提供了社会的历史具体性，文明在其社会再生产当中发挥了非常重要的作用。当然，经济基础对上层建筑，特别是生产力发展对社会所具有的归根结底的决定性作用是第一位的，但这种决定性作用的发挥需要有一个复杂的结构与之配合。生产力之所以可以保持不断发展，本身也需要某种文明因素的护持。

文明形态和社会形态的关系背后，其实隐含着一个哲学的突破，即从希腊抽象的、超验的形而上学传统，向中国的实际哲学，或者叫实践性、历史性的形而上学转化，建立起一种与抽象的形而上学相对的历史形而上学或具体形而上学。也就是说，具体或实际不是对形而上学的绝对否定和完全放弃，而是要找到一种具体和实际的形而上学的可能性——或许这是哲学突破的一个意义。也就是说，具体形而上学表明，所谓的普遍性只能是蕴含在具体实际中的共同性，这是一种不需要抽象作为中介的直接的共同性。具体的形而上学不是只能解释

① 李猛：《论抽象社会》，《社会学研究》1999 年第 1 期。

具体和特别，而是包含着真正的普遍性，一种真正在相互理解中相互生成的共同性。我们只有具体地理解了一切社会形态，才能对人类社会和人类文明所具有的共同性具有贯通性、原理性的把握。这种哲学的突破，为文明理论和社会理论的内在相关性奠定了一个基础。

三、中国独特的文明理解

习近平总书记在文化传承发展座谈会上的讲话中，提出了“文化生命体”的概念。文化生命体其实就是对文明的定义，其所定义的文明并不是指 civilization 而言，而是指“文明”这两个汉字。civilization 这个词其实有一个拉丁词根 civitas，是公民权、公民身份的意思，在此基础上引申出公民教养（civilitas）等一系列概念，civilization 这个词与公民含义的结合表示了一种自我特殊化的身份意识。在古希腊和古罗马，它是城邦和外邦人、奴隶之间的区别；在现代，它是一种自我特殊化的公民身份。① 为什么身份意识、认同意识成为现代意识的一个核心构成？这正与 civilization 的意识有关，由于 civilization 是一个自我特殊化的概念，后来又与进化论结合，变成了一个文明等级论。

文明等级论是西方理解世界的一种手段。根据文明等级论，西方将地理大发现后的世界分成五个等级：savage（野蛮的）、barbarian（蒙昧的）、halfcivilized（半开化的）、civilized（文明的）、enlightened（明达的或启蒙的），或四个等级（野蛮、蒙昧、半开化、文明），或三个等级（野蛮、蒙昧、文明）。西方将每个与之不同的文明放到不同的等级中，享有不同的国际权利。这种理念显然有着非常深厚的一神教背景，基督教在其中代表着文明最高等级。②

---

① ［法］费尔南·布罗代尔：《文明史纲》，肖昶、冯棠、张文英等译，广西师范大学出版社 2003 年版，第 20—27 页。

② 刘禾主编：《世界秩序与文明等级》，生活·读书·新知三联书店 2016 年版，第 7 页。

那么“文明”这两个汉字的意思是什么呢？在甲骨文中，根据冯时先生的研究，一个“人”面对“天”“地”展开自己的形态就是“文”，“文”其实是人内在具有的天地之德的展现，“明”就是把它展现出来，像文章一样——关于“文明”和“文章”之间的内在联系，有很多具体的文献根据。[①] 所以“文明”就是把“人”身上所具有的天地之德开显出来的意思。天地之德通过人加以开显，意味着文明是天、地、人共同创造、共同生成的一个生命共同体。从这个角度讲，所有的文明都具有平等性，因为都是在天地的条件下，人参与天地、开显天地之德的历史进程。即使西方文明不这样理解文明，但在本质上也具有这样的特质。所以，中国的“文明”概念，可以反过来解释civilization——它也是一个文明，是天地之德在西方人身上开显的一个历史进程。

这种从文化生命体角度进行的文明理解，是把文明理解成一个具体的形态，而非抽象的形态。文明首先是复数——当然我们并不否认文明可以有单数的结果——在具体的文明的交流互动中，只要我们都是天地之德的开显，那么一定可以获得相互理解、相互交流的可能性，并在相互理解交流中共同生成一个更大规模的命运共同体。我们相信自己身上都有着天地之德，共同去开显它，在开显中获得互相的理解，在理解中创造出一个单数的文明，在交流中形成一个更大规模的天、地、人的共同体，让所有人与天地共同构成一个文明共同体，一个人类命运共同体，这才是真正意义上文明水平的提升。因为这是在“德”的意义上的提升；德，才是文明的真正含义。文明必须保证德的开显，这是我们对文明的一个总体性理解。

---

① 冯时：《文明以止：上古的天文思想与制度》，中国社会科学出版社2018年版，第2—7页。

四、文化生命体与文明主体性

用"文化生命体"定义文明，具有非常重要的思想史效果。用"文化生命体"定义文明，让我们可以获得一种内在的视野，一种理解历史的内在视野，这种视野也是大历史观的认识论基础。习近平总书记在"第一个结合"的基础上提出了"第二个结合"，亦即马克思主义基本原理同中华优秀传统文化相结合，将 5000 多年中华文明与中国特色社会主义一气贯通。马克思主义基本原理与中华优秀传统文化不仅在价值观上高度契合，而且彼此相互成就、共同创造出一种新的文化生命体。"五四运动"以来，我们对传统持一种批判继承的态度。根据这种文化生命体意义上的文明观，我们可以区分出两种批判：一种是内在的批判，另一种是外部的批判。所谓内在的批判，是文化生命体自身为了畅达生机而必然发生的新陈代谢过程；也就是说，是我在批判我自己，是为了我这个生命体能够不断克服生机的障碍、环境的不足，通过取精用宏、去粗取精的方式来调适生命体的生机，获得一种生生不息的生命状态。批判是必要的，只要是生命体自我的内在批判。但如果是站在生命体之外，那就不是我在批判自己，而是站在别人的立场上来批判我，这个时候结果只有一个，即自我的否定，而且是从外部对自我的否定，这种否定是对生命体存在价值的否定，是对生命体的毁灭。因此，我们必须区分两种批判。内在视野中的内在批判，是生命体成长的不可或缺、不得不然的环节，这种批判是以对生命体的自我肯定为前提的。"第二个结合"表达的正是这种否定与肯定的辩证法。

用文化生命体来定义文明，意味着文明之间是绝对不可相互置换的，但又必然可以互学互鉴，因为所有的学习和交流都是为了自己生命体的成长。借助"文化生命体"的内在视野，我们可以找到批判的上述两种意义。因此，我们要克服的是外在否定和外在批判。所有的外在否定和外在批判都是教条主义，都是一种背离生命实际的形而上学，不仅不利于生命体自身的生机畅达，而且会戕害生命体的生命力。同时，我们更要看到内在批判与内在肯定之间的辩证统一关系，即批判是为了更好地肯定，让生命更好地获得畅达的生机；内在批判是生命体成长的环节，而非自厌反应。因此，内在批判必以内在肯定为前提，也必然会以更高层次上的自我肯定为结果。

根据文化生命体意义上的文明观，文明与社会之间自然具有一种共属一体性，文明为社会提供了具体的形态，社会构成了文明的具体的内容。中国式现代化必然是中华文明这个生命体之上的现代化，是中华文明这个文化生命体的现代形态。中国式现代化具有深远的文明意义，就是在古老中华文明这个文化生命体中创造出中华文明的现代形态，创造出中华民族现代文明。中华民族就是中华文明这个文化生命体的生命主体。

因此，正是在中国式现代化进程中，中华民族现代文明与中华民族的古老文明成为同一文化生命体的不同生长阶段，而非两个相互否定的部分。古老文明只有进行生机的更生，才可以不断发展。如果它不能够畅达自己的生机，就将永远停留在过去，无法成为一个新的生命体；它只有经过不断地畅达生机，才可以创造出属于自己的现代文明，属于自己的新文化。这一现代文明，一定是具有自身文明主体性和民族主体性的现代文明。中华民族现代文明，就是一个具有中华文明主体性和中华民族主体性的现代文明。

中国式现代化创造的中华民族现代文明的普遍性意义，在于向世界昭告了一个深刻的道理，即所有的现代文明都应该是具有自身主体性的现代文明，而不是被一种抽象的普遍性所掩盖和否定，甚至用抽象的普遍性抹杀自身主体性、抹杀自身生机的现代文明。这不是出于自我中心的自我辩护，而是符合文明历史发展实际的认识。中华民族现代文明的提出表明了一种新的文明观，这种文明观认为，现代文明必须是具有自身主体性的现代文明，而所有具有自身主体性的现代文明，最终共同构成了人类现代文明的百花园。

中国式现代化的哲学和理论意义就是对文明标准的重新确立。人的全面发展和社会的全面进步相互一致，物质繁荣和精神提升之间相互促进，应该是现代文明的根本标准。中国式现代化通过自己的探索提供了自己的答案，为人类文明建设自己的未来形态提供了宝贵的示范。

五、古今中西之争的解决

中华民族现代文明的提出有一个重要的思想旨趣，即中华民族现代文明为古今中西之争的解决提供了方案。所谓古今中西之争，就是近代以来困扰中国百年的道路之争问题。当我们不能从文化生命体自我生长的角度来理解文明，道路之争自然就会发生；如果立足于文化生命体来理解文明的创生，则这些问题都可以得到解决。

习近平总书记在文化传承发展座谈会上的讲话中提出了三个相互说明的概念：一是“中华文明的现代形态”，二是“中国式现代化的文化形态”，三是“中华民族现代文明”。这三个概念从不同方面共同说明了一个事实，那就是中国式现代化所创造的人类文明新形态。这个新形态就是由中华民族现代文明所示范于全人类的新文明。这个新文明首先是中华文明的新文明，是中华文明的现代形态；其次这个新文明是由中国式现代化所创造的，是中国式的现代文明，是具有中华民族和中华文明主体性的现代文明，是中国式现代化的文化形态，是中华民族现代文明。习近平总书记的核心关切就是如何建设具有中华民族和中华文明主体性的现代文明，文化主体性问题是习近平文化思想的核心主题。

因此，对古今中西道路之争的解决，就是用中国式现代化来克服西方式现代化的教条，用具有中国主体性的现代化来克服西方化等于现代化的迷思。中国式现代化不是反对现代化，而是肯定现代化的共同特征，特别是现代化所具有的解放生产力的作用。正是现代化突破了古老中华文明的发展瓶颈，极大地解放了中国社会的生产力，更为重要的是，这种现代化在中国走出的中国式现代化道路，将社会主义与市场经济结合起来，实现了生产力更大限度的释放。中国式现代化创造出了更加符合共同特征的生产力。同时，我们也高度肯定现代化对于人的自由而全面发展的重要意义，并始终将其视为现代化的宗旨和目标。但我们认为西方式的现代化发展背离了现代化的宗旨和目标，物质繁荣并没有带来精神上的富足，物质文明与精神文明不能协调发展；中国式现代化则始终坚持中华文明的价值关怀，用社会主义核心价值观导引现代化发展，走出了一条社会主义现代化的道路，一条中华文明现代化的道路，走出了一条人与自然和谐发展、物质文明与精神文明协调发展、精神与物质双重共同富裕的道路。我们坚持现代化的方向，同时克服对现代化的教条化理解，创造出了中国式现代化，让现代化具有中国自己的主体性，让现代化在充分克服生产力解放瓶颈的同时，让社会财富的增长促进全体人民共同富裕、促进人的全面自由发展，让现代化创造出更加符合人作为“社会的人类”的本性的新文化，让现代化创造出更加符合人类本性的人类新社会和人类新文明。这种新文明就是由中华民族现代文明昭告于世界的人类文明新形态。

“创造我们时代的新文化”，就是要创造出新时代中国特色社会主义的文化，就是要克服苏式社会主义或其他关于社会主义的教条式理解，找到社会主义建设的中国主体性，特别是创造性地建立起社会主义与市场经济之间的关系，用强大的政治前提保障经济长期发展和社会长期稳定，不断促进文化繁荣，不断铸就中华文化新辉煌。“中华文明的现代形态”，就是用马克思主义激活中华文明的内在生命力，实现中华优秀传统文化的创造性转化、创新性发展，克服对中华文明的复古主义态度，不断激活中华文明的古老生机，将中华文明充分地带入现代，实现现代化。

中华民族现代文明是对“洋教条”“古教条”“马教条”的克服。在这个意义上，当代中国共产党人创造出了一种将社会主义、现代化和中华文明有机融合的中华民族现代文明。在中华民族现代文明中，社会主义、现代化与中华文明共属一体、有机化合，凝聚为一种人类文明新形态。中华民族现代文明是中国式现代化带来的社会主义新文明，是与中华文明核心价值高度契合的社会主义新文明，也是中华文明自身创造出的现代文明，是通过社会主义实现的现代化，是通过社会主义创造出的中国式现代化文化形态。中华民族现代文明是当代中国共产党人解决古今中西之间的道路之争的总纲领，也是海内外全体中华儿女的最大认同。

总之，只有摆脱教条主义之所困，才能真正消弭道路之争，回到中国的实际，回到中华文明的实际，回到中国自身的主体性上来，焕发出或者解放出中华文明创造的生命力。这就是中国式现代化的文明意义。

结　语

习近平总书记在学习贯彻党的二十大精神研讨班开班式上的重要讲话中指出：“中国式现代化蕴含的独特世界观、价值观、历史观、文明观、民主观、生态观等及其伟大实践，是对世界现代化理论和实践的重大创新。”中国式现代化蕴含的“六观”，都来自中华文明的核心价值，来自中国共产党领导中国人民进行的伟大实践，深刻展现了中国式现代化的文明意义。中国式现代化的文明意义，来自中华文明的根基，它首先是中华文明的现代化。中国式现代化推动了中华文明特性的创造性转化和创新性发展，中国式现代化是中华文明连续发展的新阶段。中国式现代化的文明意义，是通过社会主义方式实现的现代化，是马克思主义基本原理对古老中华文明激活再造的现代过程。这一进程同时也赋予了社会主义以文明的意义，马克思主义与中华文明的深度结合，开创出了一种克服西式现代化内在矛盾的社会主义新文明，一种人类文明新形态。中国式现代化的文明意义，是以中华文明和中华民族的文化主体性，开辟了中华文明连续发展的现代道路，开创了具有高度文化主体性的中华民族现代文明。中国式现代化让中华民族终于可以提出自己关于现代文明的自我主张。

（张志强，哲学博士，中国社会科学院哲学研究所研究员、博士生导师）

第四篇

中国式现代化问题的若干空间哲学话语分析与重建

◎刘怀玉　张一方

一、西方现代化理论局限及其对中国式现代化的曲解

现代化不但是一个社会历史发展问题，其本身也是一个社会空间重构问题。理解现代化的哲学方法不仅需要历史辩证法视野，同样也离不开空间辩证发展视角。在历史哲学与空间哲学双重意义上，中国式现代化的道路特征常常被不假思索或教条式地纳入西方现代化本来特殊的“普遍性”或虚假的“普世性”话语体系当中：一方面是对中国式现代化的“历史目的论”化抽象逻辑强制，另一方面是出于“西方中心论”式空间话语误解。马克思是最早的无情地批判西方现代化权力话语体系的思想家之一。他认为，西方资本主义所率先开辟的世界历史，无非是一个“按照自己的模样”为自己生产—形塑出统一的世界市场的空间化过程。之所以不能把西方现代化模式直接等同于“一般发展道路的历史哲学理论”，是因为“极为相似的事变发生在不

同的历史环境中就引起了完全不同的结果”①。“西方很多人习惯于把中国看作西方现代化理论视野中的近现代民族国家，没有从五千多年文明史的角度来看中国，这样就难以真正理解中国的过去、现在、未来。”② 按照西方现代化的普适性假设来研究中国现代化发展道路，最为典型的方法与思路是认为至晚清为止的传统中国历史是从以北京为中心的广袤内陆帝国开始的，而现代化的开端则起始于西方文明的野蛮入侵。也就是说，要想理解近代中国历史，“帝国主义”与“现代化”外来概念是必须使用的基本范畴和方法。③ 这无疑是西方中心论的现代化理解路径，更深入地说，这种理解不仅有其历史哲学、历史发展理论基础，也有其元地理学阐释谱系。

元地理学是人们构建起关于世界的知识的整套空间结构，对于涉及自身的每种知识与关切，包括历史、社会、经济、政治等等，都需要元地理学的知识。④ 诸如“西方”与“非西方”世界的划分就是影响最为深远的元地理观念，它以欧洲为中心，将世界依照与欧洲的距离远近（包括地理距离与文化距离），划分为若干重要程度各不相同的地理范畴的观念体系。这种观念的最直接表现就是“现代地缘政治学”的衍生，它主要从地缘政治关系阐述欧美视角下的社会政治问题，其主要内涵是将民族国家视为地理有机体或一种空间现象，进而从空间地理关系层面图绘时代发展。⑤

---

① 《马克思恩格斯文集》第三卷，人民出版社 2009 年版，第 466 页。

② 习近平：《把中国文明历史研究引向深入，增强历史自觉坚定文化自信》，《求是》2022 年第 14 期。

③ ［美］费正清、刘广京编：《剑桥中国晚清史》，中国社会科学出版社 1993 年版，第 4 页。

④ ［美］马丁·W. 刘易士、卡伦·E. 魏根：《大陆的神话：元地理学批判》，杨瑾、林航、周云龙译，上海人民出版社 2011 年版，（译者序）第 1 页。

⑤ ［美］索尔·科恩：《地缘政治学：国际关系的地理学（第二版）》，严春松译，上海社会科学院出版社 2011 年版，第 14—15 页。

总的来说，现代地缘政治学作为一种与西方现代化相呼应的知识体系，其所散布或表达的是西方中心论的权力普遍化腔调。换句话说，权力生产知识，权力与知识彼此暗合。地缘性话语是真实还是虚假的并不重要，重要的是它在实践中是如何发挥作用的，“当它发挥作用——组织与调控权力关系如西方与他方之间——时，它们就可被称为某种真理体制”①。

无论如何，西方现代化理论将西方的现代化路径的特殊性当成全球社会现代化的普遍性，正由于这种现代化的空间哲学，西方学者对中国历史的研究不可避免地带有严重的种族中心主义歪曲倾向。② 如此，遵循“西方与东方接触后才开始真正的历史”这一西方现代化的历史地理学标准，中国现代化史就被误读为以西方为中心的政治地理学史。此类误读可大致归为三种模式：一是“冲击—回应”论式。它认为，在19世纪中国历史发展中起到主导作用的因素或者主要线索是西方的入侵，解释这段历史可用“西方冲击—中国回应”这一公式代替，从而严重夸大了西方殖民入侵的作用。二是“传统—近代”模式。此模式的前提是认为西方近代社会是当今世界各国的万流归宗之“楷模”，因而中国近代史也将按此模式完全“复刻型”地从“传统”社会演变到西方的所谓“近代”社会，认为中国历史在西方入侵前是停滞不前的，只是无休止地在传统模式的更迭中循环，只有等到西方世界的猛击一掌，其才能沿着西方已经走过的道路向西方模式的“近代”社会前进一步。三是帝国主义范式。此模式认为帝国主义是中国近代史各种风云变化的主要动因，是中国百年来社会崩溃、民族灾难与无法发展的祸根。③ 西方近代以来就这样一直把中国看成一个被动挨打与

---

① 黄卓越、[英] 戴维·莫利主编：《斯图亚特·霍尔文集》，中国社会科学出版社2022年版，第724页。

② [美] 柯文：《在中国发现历史——中国中心观在美国的兴起》，林同奇译，中华书局1997年版，第1页。

③ 同上书，第3—4页。

由于西方影响而发生变革的落后国家，而实际上，近代中国历史主题是“帝国主义的侵略引发了中华民族的觉醒与自我革命”①。

二、全球现代性理论视角转换及其对中国式现代化的误解

所谓全球现代性理论，在某种意义上是对西方现代化的普遍性假设的再生产或颠倒。它首先是指一种新史学，即基于后殖民的、后民族主义的文化地理差异视野来理解全球现代化。② 这种对于过去现代性的替代性理解，不崇尚欧美现代性统治的普遍性，并且质疑这种普遍的现代性本身，而为“被殖民国家”寻求当代独特的现代性及其独特现代性之所以产生的独特文化和历史。这是一个“在历史中拯救国家”和“在国家中拯救历史”的双重现代性话语建构过程。

全球化现代性的研究模式，既关注时间，也关心空间。其代表人物德里克认为，现代性作为一个历史性的生产过程有三个阶段，即欧亚现代性、以欧洲为中心的殖民现代性抑或欧洲现代性，以及目前正在进行着的当代的全球现代性。它重新为民族国家的现代化历史提供了一种理解模式，但是不局限于资本主义发展形成的、资产阶级革命的民族国家现代化的普遍理解，而是要将民族国家以及产生了民族国家的现代性放置到一个在时间与空间上都更广阔的语境中。③ 换言之，全球现代性是向欧洲中心主义的现代化普遍性发起挑战、进行颠覆之后所形成的新的普遍现代性话语。

在“全球现代性”理论视野中，“中国模式”或“中国特色”真正重要之处在于其所具备的其他地方无法复制的东西。④ 中国化道路、

① 《毛泽东选集》第四卷，人民出版社 1991 年版，第 1512—1513 页。
② ［美］阿里夫·德里克主讲、清华大学国家研究院主编：《后革命时代的中国》，李冠南、董一格译，上海人民出版社 2015 年版，第 13 页。
③ 同上书，第 33 页。
④ 同上书，第 298 页。

中国革命不仅是西方现代化普遍性中的一个特例或被动客体，而且是一个重构现代化的特殊性主体。从地理革命策略特殊性来看，中国以农村为核心的革命道路实践，使得经典马克思主义的都市主义式的现代性变得不再可能。中国马克思主义必须面对不同于西欧资本主义城市化、工业化的现代性问题，且必须面对前现代的广大的农村问题。中国革命是世界革命的一部分，这个规定表明其世界性、普遍性意义，同时又是在半封建半殖民地社会进行的反对资本主义的革命，是一场民族革命，旨在建立一个新国族与新文化的社会。

但在德里克的全球现代性理论视域中，中国特色是一个复杂性、差异性的历史地理概念。我们必须在流动的文化空间的生产中理解中国现代化独特的历史与地理，必须从空间化角度理解中国的历史。全球现代性模式迫使我们将现代资本主义历史化，而不是将其普遍化。同样它也有助于我们克服民族国家的历史目的论。但如此作为并非否认民族国家的重要性，而是让我们的分析重新获得超越民族之外的视角，将现代历史全球化，创造让中国历史世界化的可能，它将中国史带入世界，同时将世界带入中国史中。①

总之，德里克的全球现代性对于中国式现代化的基本结论是：所谓“中国模式”不过是现代范式的一个本土化版本。如果说中国发展本身有范式可言，也只不过是对全球现代性的矛盾加以范式化的表达。这些矛盾广泛分布于当今世界的各个领域。中国其实并不是作为封闭同质的地理与历史而存在，而是全球性与地方性互动的一个产物与缩影。“中国特色”在此意义上是一种历史性的流动迹象，而非某种固定不变的本质属性。进而在其语境中，中国式现代化在今天所取得的成就被视为一种后革命的全球化现代性，一种笼罩在西方现代性历史阴

① ［美］阿里夫·德里克主讲、清华大学国家研究院主编：《后革命时代的中国》，李冠南、董一格译，上海人民出版社2015年版，第298页。

影下的全球普遍性的某种特殊化，而不能定义为某种后现代的特殊性。

全球现代性理论确实提供了从世界历史理解中国式现代化特殊性的视野，但是在其论域中，中国式现代化的特殊性还是一种“世界普遍的特殊性”，与每一个全球化范围内作为后殖民发展国家的现代性并无太大区别。显然，这种对于中国式现代化的特殊性之理解是有明显缺陷的，并在三个方面偏解了中国式现代化的内涵。

首先，它在试图让中国式现代化摆脱西方现代化普遍性话语陷阱的同时，却又将其强行纳入所谓全球现代性这种新的普遍性话语结构之中。近代以来中国革命的特殊性主要体现在其作为社会主义性质的社会革命，并且是中国为了实现现代化所进行的具体空间地理革命斗争的结果。而全球现代性理论或后殖民主义对中国革命道路的普遍性想象，是出于西方现代性冲击以后的被殖民国家的偏激反应。

其次，它把中国革命史与中国现代化史分隔开来，断言前者具有后殖民主义现代性普遍意义，后者则是西方现代性的特例。实际上，中国社会现代化的改革开放历史与中国革命史一脉相承，共同构成真正属于中国现代化的特殊性。中国改革开放史是中国社会革命史的必然结果，中国特色社会主义现代化建设并非与中国社会革命史遗产的决裂，而恰恰是中国现代化道路整体独特性的体现，“不能用改革开放后的时期否定改革开放前的历史时期，也不能用改革开放前的历史时期否定改革开放后的历史时期。改革开放前的社会主义实践探索为改革开放后的社会主义实践探索积累了条件，改革开放后的社会主义实践探索是对前一个时期的坚持、改革、发展”①。德里克实际上并不能理解中国式现代化真正的独特之处，还是被禁锢于资本主义现代化的意识形态当中，其表面上是对中国式现代化道路的特殊性的认同，实质上是以“普遍的”后资本主义、后殖民主义的现代性假设取代这种

① 《习近平著作选读》第一卷，人民出版社 2023 年版，第 78—79 页。

特殊性。

最后，它无法理解中国式现代化是一个既包含普遍性的特殊性结构，也是一个由特殊性生成为新普遍性的过程。中国式现代化的特殊性，源于其自主独特的现代化道路历程而内在蕴含并转换为普遍的意义。马克思主义在中国的具体化历史化，其实质是与一种特殊的历史情势的结合，而这一具体情势是历史的，同时也是空间的、地理的。这也意味着无论是实现中国社会现代化的社会革命进程，还是改革开放进程，都是马克思主义社会现代化发展普遍性理论与中国社会情势、特色实践相结合而形成的整个中国式现代化道路的一部分。它是唯一的具有真正中国特色的特殊的现代化道路。德里克所认为的中国化或“中国模式”，是把历史上的而不是现代中国的文化归于类似西方现代文明层次并且世界化的过程，显见其对中国式现代化的误解。

三、世界历史地理体系论的现代性解读及其对中国式现代化的窄视

理解中国式现代化的空间哲学话语体系，除了西方现代化及其替代品的全球现代化理论之外，还有以西方现代化反对派面目出场的世界体系论①，以及法国年鉴学派的历史长时段理论②。世界体系论代表人物沃伦斯坦认为，世界是一个由三层次构成的金字塔，最上层是核心国家，中层是半边陲国家，下层是边陲国家。核心与边陲的区别主要不是贫富悬殊，而是经济/政治自主性迥异。在沃伦斯坦看来，现代化发展的意义主要在于如何改变自己在世界体系中的结构位置，实现

① 参见［美］伊曼纽尔·沃勒斯坦：《现代世界体系》（第一至四卷），郭方、刘新成、张文刚译，社会科学文献出版社 2013 年版。

② ［法］费尔南·布罗代尔：《资本主义论丛》，顾良、张慧君译，中央编译出版社 1997 年版，第 173—204 页。

自己的“升级”。[①] 受此理论模式的影响，法国年鉴学派代表人物布罗代尔在深入研究近代欧洲资本主义崛起并逐步统治整个世界的长时段历史的基础上，也同样发现资本主义所统治的世界是一个不平衡的等级结构式的体系。

通过批判性援引世界体系论与长时段理论，特别是霍布斯鲍姆的“漫长19世纪”与“短暂20世纪”史学观，还有阿锐基的“漫长20世纪”理论，并借用福柯的权力话语理论，汪晖提出了以中国为主体的20世纪现代化世界体系论，作为理解中国革命与中国式现代化历史的框架。在他看来，用西方20世纪时间与空间概念来界定中国的20世纪现代化的时间与空间是十分牵强的。20世纪是全球范围内的共时关系达到前所未有深度和密度的时代，但这种共时性是通过多重时间关系相互链接而产生的；同一事件存在着因语境差异而产生的不同后果，以及由此产生的历史理解上的区别、对抗或交叉。因此，丰富的横向关系是20世纪的主题。“20世纪的诞生”意味着多重时间变迁转化为共时性的内部非均衡性，“概念的横移”预示着时间性关系越来越具有横向性，多重时间性转换必须置于复杂“空间革命”的视野中。[②]

“20世纪的世界体系论”实属地缘政治学中的“内陆中心论”。从汪晖“空间革命”的角度看，20世纪的两个标志性事件即中国革命与俄国革命，可以理解为对抗海洋资本主义的陆地革命。[③] 这两场内陆国革命由充分汲取了海洋能量的新势力所推动，不仅抵抗了外来侵略或殖民统治，而且改变了内陆秩序的革命。其中，20世纪中国革命已取代十月革命成为新的世界革命策源地，中国革命相比于俄国革命的特

---

① 孙立平：《传统与变迁——国外现代化及中国现代化问题研究》，黑龙江人民出版社1992年版，第29—30页；张琢主编：《国外发展理论研究》，人民出版社1992年版，第14—15页。

② 汪晖：《世纪的诞生》，生活·读书·新知三联书店2020年版，第45页。

③ 同上书，第60页。

殊形式更具有普遍性和世界历史意义。从洋务运动、戊戌变法、辛亥革命、五四运动、土地革命直至社会主义革命，无不是由地缘政治的内陆力量借助于海洋能量而产生的对于旧的空间秩序的冲击，也无不包含对于来自欧美和日本的海洋力量的抵抗。总之，20 世纪中国革命是对“空间革命”概念的印证，“空间革命”也是中国革命之矛盾和冲突的最为激烈的形式之一。①

相比于阿瑞基和霍布斯鲍姆，汪晖既没有单从资本主义长时段发展的内在经济动力出发解剖世界体系，也没有从西欧中心主义现代性出发压缩世界体系的历史和地理，而是以中国现代性“参与到”复杂世界历史地理图绘的方式理解世界体系，还给 20 世纪以一个中国起点。这意味着以中国为中心的世纪不仅要从边缘走向中心，而且要彻底终结西方旧的单一的时间概念。虽然说质疑西方现代化的 20 世纪并将中国的 20 世纪革命和改革历程强调为世界化的重要话语的一部分是必须完成的时代任务，但是在“以中国为主体”的 20 世纪世界体系论中仍然存在着对中国式现代化的某些理解和话语建构上的视野遮蔽性。

一方面，在汪晖的革命与政治的宏大叙事中，侧重和强调的 20 世纪是革命的世纪或者说是苏俄和中国的革命的世纪，但他无法回避的事实是：对于中国现代化道路而言，革命和改革的道路同样至关重要，且都具有世纪性长时段意义。改革开放是中国在 20 世纪时势和情势下走出的社会主义现代化发展道路。新中国成立以后，世界资本主义对新中国的社会发展进行经济围困和技术封锁，中国内陆经济发展受限必须进行改革开放，从内陆空间走向海洋世界必须实现内部改革和对外开放齐头并进。并且，中国特色社会主义现代化道路的开辟，对当代世界社会主义事业发展产生了巨大的影响力。应该说，不仅中国革命在 20 世纪的“空间革命”中意义重大，中国改革开放和现代化发展

① 汪晖：《世纪的诞生》，生活·读书·新知三联书店 2020 年版，第 42—64 页。

也同样具有伟大的“空间革命”意义。

另一方面，汪晖不再满足于和德里克一样将中国现代性阐释为不同于西方现代化的特殊的、替代性的甚至是反现代化的现代性。在其视野中，中国现代性的特殊性源自中国与欧洲之根本不同的历史、制度与文化，表达的是对西方现代性统治霸权的不满意与反抗。“中国的20世纪”不仅要将中国现代性模式置于特殊性的位置，还要致力于建构一种面向历史与现实的普遍主义话语。总之，就是从一种以差异性对抗普遍性的现代性，转变为重建一种普遍性以取代西方现代化陈旧的普遍性。固然，阐释中国现代性需要辩证地否定、超越并取代西方现代性理论，但如果仅仅依靠从帝国（而非现代民族国家）“长时段”历史一脉相承的特殊性出发，强调“中国的20世纪”的革命性意义，此观点难免有不周全之处。虽然汪晖特别强调了中国革命的人民主体性意义，但并不能真正从中国式现代化的历史独创性及其普遍意义高度来理解“中国的20世纪”。

四、中国“本土化”视域下的现代化理论及其对中国式现代化的迷惑

除了全球现代性及世界体系论之外，第三种视野侧重地缘政治学，是“以中国为主体和本位”的“本土派”的中国道路观。

在所谓中国式现代化“本土派”理论阐释中，最基本的分析框架是从中国自身的海陆边疆体系的历史演变与世界现代化地缘政治扩张的关系角度，来理解中国式现代化的自我发展—超越的历史逻辑。其代表性观点：一是认为中国现代化发展需要实现从内陆中心论的地缘政治走向海洋中心论的世界体系转型；二是将中国海陆空间看作世界海陆际枢纽，认为其格局或地理政治的现代化变迁成为世界海陆秩序的全息缩影；三是侧重于从“长时段”大历史观来理解以中国为本位

的现代化，淡化中国现代化与西方现代化之间必然性或刺激共生的关系；四是主要解释中国乡土化发展的现代化疆域策略与世界资本主义发展体系，尤其是经济发展体系之间的关系。

其一，认为就时间与空间以及中国与世界体系的关系而论，中国的世界历史地位大致经历了秦汉时期的东方世界中心、唐宋时期的东西方世界中心、宋元时期的东西方世界“中轴”、明朝时的古今世界交替的“地平线”、前清时期的“现代世界中的古代世界”以及晚清之后的“两个现代世界之间”等阶段。[①] 中国的地缘政治发展则可分为三个时段：中原王朝、封建社会时期，即从秦到前清（前221—1840）时期；西方列强入侵中国、中国抵御入侵，以及中国与世界体系局部性接触时期（1840—1979）；中国与世界体系全面整合时期（1979年至今）。[②] 中国地缘政治在过去2000多年所经历的三个阶段，即从维系中央王朝稳定和等级化的“天下”体系，到处于世界体系边缘的近代中国被迫接受殖民化世界核心国家对传统亚洲秩序的颠覆，再转型到当代中国参与全球化世界规则制定并与一体化世界整合接轨而成为世界体系多极核心中的一极的发展过程。

其二，认为从全球格局来看，中国是世界秩序当中的海陆枢纽；从国家格局来看，中国内在地自成一个体系，且正因其内在的体系性成就了其外在的海陆枢纽地位。中国的历史特殊性既在于它的轴心文明地位，又缘于其具有超大规模。而这决定了它具有一种普遍主义取向，而非仅仅一种地方特殊性。反过来，世界许多轴心文明的消失均缘于其缺少超大规模。而作为体系的中国仿佛是世界海陆秩序的全息缩影，通过历史的演化与现代的整合，凝结为多元一体的共同体，并以其超大规模性获得了动能，打通内外两重秩序而将人类秩序联为一体。[③]

---

① 参见［英］S. A. M. 艾兹赫德：《世界历史中的中国》，姜智芹译，上海人民出版社2009年版。

② 武晓迪：《中国地缘政治的转型》，中国大百科全书出版社2006年版，自序第5—7页。

③ 施展：《枢纽——3000年的中国》，广西师范大学出版社2018年版，导言第3—8页。

现代世界体系有三大构成要素，即海洋秩序、大陆秩序以及海陆中介/枢纽秩序。正在发展和实现现代化的中国，从内部来看是个大规模疆域体系，从外部来看是现代世界秩序中的海陆枢纽。中国正是因为其内在统一性与体系性，成就了外在海陆枢纽的地位。尤其改革开放以来，中国由古代历史上与世界其他部分近乎分开发展的中国，转变为现代历史上内在于世界的中国。它会因其更大规模性而作为世界秩序的自变量，重新定义其所融入的这个世界，并在此过程中形成自我与世界秩序共同演化的格局，“这是中国文明与世界历史之内在逻辑的自我展开，是它自我实现的必须途径”①。

其三，站在批判西方化的中国历史观立场上，为中国历史自信提供学术话语基础，重新书写中国现代化的历史。这就是说，阐述中国自身现代化发展历史必须基于宏大的“长时段”时间观，以及基于囊括复杂地缘政治变迁与疆域沿革的空间观。

由此来看，中国近现代史不单单是政权交替史，而且是中国从传统国家走向现代主权国家的历史。这一历史的时间跨度与涵盖范围远远超出了过去以革命或现代化为主叙事的历史书写。这也意味着如果仅仅从中国民族主义历史书写的视角突出晚清以来的百年屈辱，并不足以全面概括中国在这一个世纪所经历的突破与坎坷。② 为了突破以西方现代化为准绳或为主体的中国现代化历史研究，必须既将中国转型看作全球化的一部分，又要有选择地综合地缘战略、财政构造与政治认同，并在时间跨度上打破传统的古代与近代之历史划界。具而言之，现有关于现代民族国家的解释多以西方的国家建构之历史经验为依据，即人民对民族国家的高度认同，民族国家是主权国家，国家归人民而非君主所有。但是，中国近现代史实际上对这种“帝国—民族国家”

① 施展：《枢纽——3000 年的中国》，广西师范大学出版社 2018 年版，导言第 293 页。

② 李怀印：《现代中国的形成》，广西师范大学出版社 2022 年版，序言第 3—7 页。

或“传统—现代”二分法提出了挑战。

实际上，“中国从1640年代至1940年代长达三个世纪的国家转型过程，产生了这样一个政治实体，它不仅地域辽阔，而且就权力结构而言也很坚固，既大且强，亦即越大规模的领土与人口，与一个高度强势的政府体制之间独一无二的结合，乃是今日中国作为一个现代国家的最大特征”①。正是这样一个以克服非集中化和追求政治统一为中心内容的过程及其历史遗产，塑造了延续至今的现代中国国家的政治实体。

其四，中国式现代化理论中的本土派在某种意义上是曾经兴盛于南美洲的反西方现代化依附论的曲折反映与创造性挪用。如果说西方现代化理论是着力思考如何去克服不发达问题的，那么，作为其最有力的反对派，“（反）依附论者”则是批判性反思西方现代化如何造成不发达的。与前者突出历时性差异的“传统—现代”二分法相比，后者则是以突出共时性对抗为特征的“中心—边缘”二分法。

从“反依附理论”和社会主义的资本积累论视野来看，中国经济发展的独特道路历程并不能完全用西方经济现代化发展的逻辑来解释。尤其是中国内在地发生的城市与乡村关系的经济道路，对于中国自身的现代化发展以及在经济上参与世界经济都有重要的阐释意义。②

在人类历史上，气候与自然环境差异决定了全球化之前人类文明及制度的内生性与多元性，也决定了近代以来不同现代化的原始积累在东西方的差异途径所形成的不同制度与体系结构。但这种东西方地理与文明传统的空间差异，以及传统与现代社会间的阶段性差别，却由于资本主义全球殖民化发展及其主导的世界体系这种抽象空间生产畸变为核心国家与边缘国家的“南北式”等级结构。核心国家不断通

---

① 李怀印：《现代中国的形成》，广西师范大学出版社2022年版，第8页。

② 温铁军：《解构现代化：温铁军演讲录》，东方出版社2020年版，第10—11页。

过对外转嫁制度成本而获得收益，得以完成资本积累、实现产业资本扩张与向金融资本的跃升，发展中国家及底层民众则不断地被迫承受成本转嫁而陷入低水平陷阱难以自拔。这种中心—边缘世界体系及其空间生产导致发展中国家对发达资本主义国家的高度依赖性，而中国式现代化却能够最大限度地摆脱这种依附性发展的厄运。社会主义现代化发展道路有效地保障了中国成为人口大国中唯一完成工业化的国家，它可以通过吸引外资自我消化，按照自我要求进行再生产，而不是顺从国际资本主义发展方式。

但中国式现代化的独特优势不仅在于其社会主义制度安排与价值选择，而且在于中国有着几千年的内部化地处理“负外部性”的村社基础。新中国成立 70 多年来，城乡的发展多呈城市牺牲乡村的不平衡模式。但是，村社理性与政府理性构成中国的两大比较制度优势，乡村的发展也必须同时进行，以达到城乡关系的平衡，城乡不平衡的发展最终必须落实为城乡平衡发展、城乡一体化发展。然而历史地看，不平衡的城乡发展也是必要的，是平衡发展的必经道路。中国的工业化以城市工业化区域的发展为主，还不具备城市均衡一体化发展的条件，这就决定了从各方面平衡和统一中国城乡发展、平衡人民利益结构是中国式现代化持续发展的出路，必须走城乡二元格局化的农业可持续发展道路。中国的现代化并不是单纯的城市化、全球化，而是基于广大农村发展回旋的一场持久战，利用中国幅员辽阔、区域差异显著以及吸纳投资空间大的地域性条件，以内源性发展来对抗资本主义全球化一次次的外部转移所导致的依附性困境。①

总的来说，“以中国为主体和本位”的“本土派”坚持了结合中国实际的本土视野，同时也非常具体地展开了地理空间的分析，研究了

① 温铁军等：《八次危机：中国的真实经验（1949—2009）》，东方出版社 2013 年版，第 33 页。

中国现代化发展的历史问题及其与世界现代化发展的历史地理关系问题，突出了中国式现代化的重大历史和地理意义。但是，恰恰由于他们太想将中国的现代化历程的独特性显现于世界现代化的影响之外，从而或多或少地弱化和忽视了中国式现代化的世界历史影响力和地理影响力及其普遍性意义，因此迷失在以中国疆域为中心的封闭的空间观当中。

首先，本土派从国际地缘政治学角度强调中国现代化的核心问题是如何实现从传统内陆发展型国家转变为现代世界体系中的国家，如何使中国摆脱近代以来在世界政治经济地理中被边缘化与孤立化的位置，如何正确处理陆路交往发展与海路沟通发展的关系，但往往迷惑于中国地理疆域的庞大规模与相对固态化的国际地缘关系视野，而没有注意到中国社会变革的重大作用以及资本主义国际政治经济分工体系的根本作用。马克思主义就是要祛除世界政治结构中的似自然或超历史现象。历史唯物主义就是要致力于“对被高度物化与自然化的世界政治结构进行无情批判”，“历史唯物主义不仅关注解释世界政治的本来面目，而且还要从根本上改造它”①。

其次，从“长时段”历史发展的地理疆域轨迹来看中国社会的现代化，虽然有益于从历史阐释学意义上突破西方中心主义的现代化历史话语，突出完全以中国为主体的现代化理论逻辑，固然不缺乏历史自信，但忽视了中国现代化过程独特的变革和复杂的动态性，忽视了中国社会结构的自我革命性。

再次，从中国经济与中国地理的关系分析和理解中国自身的现代化道路，无疑是最为具体的和最为贴合中国“乡土社会”实际的阐释话语。但是，摆脱对于全球化资本主义现代化发展的依附性困境，并

① ［美］亚历山大·阿涅瓦斯编：《马克思主义与世界政治》，李滨等译，上海人民出版社 2023 年版，第 3—4 页。

不能仅仅靠城乡二元关系作为支撑。乡土现代化派的迷惑在于它为了摆脱依附理论而只聚焦于中国乡土。实际上，全面建设社会主义现代化国家，促进农业农村现代化是最艰巨最繁荣的任务，其根本途径就是坚持农业农村优先发展、城乡融合发展，促进区域协调发展，实施区域重大战略、主体功能战略、新型城镇化战略，“构建优势互补、高质量发展的区域经济布局和国土空间体系”①。中国特色社会主义的空间生产是一个不断自我革新的内含城乡空间辩证发展的差异性的空间，它在不断地发挥自我乡土和农村优势的同时，利用和驾驭以资本为核心的市场经济充实和发展自身。因此，城乡均衡发展实际上是一个动态的历史性过程，而非一个静止的共时性结构概念。

五、“空间的生产”视野中的中国式现代化及其世界历史地理意义

中国式现代化既是一个社会历史发展问题，也是一个社会空间重构问题。近代以来，中国社会现代化的探索历经了复杂曲折的过程。它既是一部对外部国际资本主义空间钳制的“经历—脱离”历险史，也是一个对内在发展空间的重建创新过程。它先后经历资本主义现代化殖民化浪潮冲击，进而突破资本主义抽象空间生产宰制，谋求生存、建设、发展和创新这样一个由被动裹挟到主动作为的过程。从空间生产的角度来说，中国式现代化的道路成功地开辟出属于中国社会自身的社会主义发展空间，它既是世界现代化普遍发展规律在中国的具体历史地理呈现，也是中国式现代化由特殊的民族国家历史地理意义转变上升为具有世界历史性现代化普遍发展意义的表现。

① 《习近平著作选读》第一卷，人民出版社2023年版，第25—26页。

（一）空间生产的历史地理辩证法

中国式现代化发展的成功实践呼唤着中国化马克思主义哲学的科学总结与表达，历史唯物主义的空间化理论可为中国式现代化历史逻辑提供空间辩证法解释。“历史唯物主义视野中的‘空间’问题与概念从来都不是静止与透明的几何学与地理学概念，也不是神秘与主观的文化心理形式与抽象封闭的符号结构，而是社会秩序实践性建构过程，即它是一种动态的历史关系，故‘空间化’或‘空间的生产’一词更能体现历史唯物主义对空间的独特深刻理解。”① 广义而论，空间生产代表了一种社会形态的存在方式或载体，体现社会结构和功能的空间属性和作用；从狭义上讲，空间生产是伴随资本主义生产方式而产生的蔓延并统治全球的抽象生产方式，资本主义得益于列斐伏尔所说的“抽象的空间生产”方式而实现了20世纪60年代末期以来的幸存。②有鉴于此，他才强调“社会主义必须生产出自己的空间，否则就是一种空想”③。他认为，从空间生产角度来看社会主义有两条可能的前进道路。苏联模式完全依赖大型企业和大城市的实力，所有其他的相对于生产中心、财富中心和决策中心的地方则处于被动的边缘化状态。而中国式道路则是立足于小型与中型企业，立足于与其实力相匹配的城镇，它致力于推动全部区域与全部人口共同进步，在这个过程中不致使增长与发展相脱节。这条道路“可以将这个过程构想为一个多维度的过程，它不仅包括财富生产与经济增长，也包括社会关系的丰富与发展——表现为既在空间中生产各种各样的商品，也生产作为一个

① 刘怀玉：《中国道路自信中的历史空间辩证法》，《武汉大学学报》（哲学社会科学版）2018年第6期。

② Henri Lefebvre, *The Survival of Capitalism: Reproduction of the Relations of Production*. London: Allison and Busby, 1976. p. 21.

③ ［法］亨利·列斐伏尔：《空间的生产》，刘怀玉等译，商务印书馆2022年版，第80—81页。

整体的空间，空间生产甚至可以更加有效地取用”。社会必不可少的城市化将不会以牺牲全体人民利益为代价，也不会在发展与增长过程中进一步加剧不平衡；相反，不平衡发展将会消失，或者至少趋向消失。它会成功地超越城乡对立，取而代之的是降低城乡差别程度，并反过来使它们融为一体。[①] 这就是中国式道路的新文明空间生产经验，而这才是真正意义上的社会主义空间生产。

当然，以上观点是列斐伏尔在20世纪70年代的看法，显然有其时代局限性。从新中国成立70多年来的丰富历史经验来看，中国式现代化的发展道路及其所承载运行的社会形态之空间生产方式可以从三个基本尺度加以理解，分别是城市化、国家—区域化和全球化发展。

从城乡关系结构及其空间生产尺度来看，中国现代化探索的社会革命之所以能够取得成功，原因之一是中国共产党领导的中国革命的城乡空间策略或地方尺度战略取得了改天换地的伟大胜利。在新民主主义革命与社会主义革命阶段，以毛泽东为主要代表的中国共产党根据对中国近代社会矛盾分析，运用马克思主义理论，成功地探索了一条从“重点进攻城市”到“农村包围城市”[②] 的革命空间创造之路。新中国成立以后，根据半殖民地半封建社会留下的严重落后局面与不平衡发展的实际，形成了“重点建设城市”、以城市为主导的现代化空间建设之路。但是，建设工业生产型城市主导的经济现代化，由于生产力基础的薄弱，为了保证城市人口生活供给而实施的粮食统购统销和户籍管理制度，使得城乡二元化割裂问题严重。改革开放以后，对城乡进行新布局，家庭联产承包责任制和户籍制度的改革大大促进了城乡一体化，并在20世纪末期亚洲金融危机以后着重提出城市反哺农村的政策，更加促进了城乡协调发展。进入新时代，则在城乡区域协

① ［法］亨利·列斐伏尔：《空间的生产》，刘怀玉等译，商务印书馆2022年版，第620—621页。

② 《毛泽东选集》第一卷，人民出版社1991年版，第102—103页。

调发展的基础之上形成了“城乡融合发展”的高质量发展的新空间格局。

从国家—区域的空间尺度来看，中国式现代化道路是沿海与内陆格局辩证发展的空间生产，并取得了天翻地覆的成就。1840年以后，近代中国被迫卷入资本主义海外扩张的现代性浪潮，在沦为半殖民地半封建社会的境况下被迫寻求中国现代化的出路。在新民主主义革命时期，中国共产党领导人民推翻三座大山建立了新中国，实现了国家主权与空间的高度独立统一。在新中国建设初期，国家发展的区域规划方针以“均衡发展”为主，也就是马克思所说的社会主义现代化空间生产旨在使“大工业在全国的尽可能均衡的分布”①。同时，为防范美苏争霸可能会危及沿海地区，新中国工业布局采取尽可能海陆均衡的战略。但是区域均衡并不能充分发挥个别区域空间优势。改革开放以后，为了实现生产力的发展，“非均衡的区域发展”战略成为社会主义现代化经济发展的空间蓝图。“两个大局”即允许与鼓励沿海地区优先开放发展“先富起来”，到一定时候沿海又帮助内陆发展富裕起来，这种从“先后”到“总体”的空间逻辑促进了生产力发展。进入新时代以后，中国区域经济的空间生产在区域非均衡性发展的基础上，形成了以经济轴带建设大循环为主体、内陆与沿海双向循环相互促进的空间格局，也就是以“三群两带”② 和“一带一路”为引领的空间生产新实践。

中国式现代化的空间生产既需要全球化的空间尺度视野，同时也在深刻影响着全球化的空间布局与发展格局。它不仅摆脱了最初任人宰割的历史空间命运，且最终找到了新的历史空间发展之路。近代中国为了寻求生存独立的现代化道路，经历了艰苦卓绝的革命武装斗争，

① 《马克思恩格斯选集》第三卷，人民出版社2012年版，第684页。

② 即京津冀协同发展、长三角一体化、粤港澳大湾区“三群”建设和长江经济带、黄河生态带“两带”开发。

从而实现了在世界殖民变局中的突破，获得了独立。在新中国成立初期，世界“两极化”分立，中国依托于苏联主导的社会主义阵营发展工业化。随着苏联霸权逐渐危及中国，毛泽东果断提出“三个世界”论，中国由此自觉站在“第三世界”一边，反对美苏霸权并立志探索自身道路，获得了“站起来”的建设空间。改革开放以后，邓小平提出了“和平”与“经济发展”的两个世界主题，社会主义的现代化建设开始以开放包容的空间姿态面向世界，赢得了“富起来”的发展空间。随着苏联解体以及新世纪逐渐形成的以美国主导的“一超多强”世界格局的形成，中国迅速成长并站在世界正义的一边，成为维护世界和平与多极化平等发展的中坚力量。进入新时代，中国在“强起来”的道路上积极推进构建新文明发展空间，建设海洋强国。当然，社会主义的现代化发展道路从根本上区别于资本主义的海洋殖民本性，“人类命运共同体”① 的提出就是要打破资本主义按照资本积累逻辑构型之旧空间，创造和重构新型的差异空间。“一带一路”就是因此而展开的构建世界经济全球化新秩序的新实践与人类新文明的发展道路。

总的来说，中国式现代化是一个历史与地理辩证发展的螺旋式上升过程。从“站起来”到“富起来”再到“强起来”的空间化历程，包含了城市化尺度、国家—区域尺度和全球化尺度的空间生产。可以说，中国现代化发展道路也是中国社会自身在不断地进行变革和重组的总体空间生产过程，并开拓出适应中国自身社会主义发展的广阔空间。它不仅是对资本主义空间生产的逻辑和事实批判，而且正在建构的与资本主义空间生产差异化的空间生产道路，即以“人民为中心”的社会现代化，也是自我空间革命、社会空间结构优化重组的世界成功典范。

---

① 《习近平谈治国理政》第一卷，外文出版社 2018 年版，第 272 页。

（二）中国式现代化发展新空间的需要

中国式现代化的空间生产研究视野，不仅从各个空间层次上历史地反思了中国现代化发展的空间探索和建构过程及其成就，也辩证地阐释了中国在现代化道路进程中发展的属于中国特色社会主义现代化建设自身的空间哲学意义。当然，我国仍然处于社会主义的初级阶段，为了实现社会主义的现代化、实现把我国建成社会主义强国的目标，空间生产的历史还在继续。着眼于新时代中国发展的国情，站在世界“百年未有之大变局”与中国发展战略机遇期的时代交汇点上观察，中国特色社会主义现代化建设的新空间生产还将面临诸多新任务新课题。

其一，开辟新发展空间。经济转型发展的新布局、以开放的最大优势谋求更大发展空间的新格局，以及谋求高质量发展，是习近平经济思想的重要内涵。[①] 习近平新时代中国特色社会主义现代化经济发展的空间需要，必须在坚持对内改革和对外开放的历史性持续以及坚持对外开放发展海洋空间的同时，也必须激发内陆空间的经济活力，推进更加灵活、多维、立体的经济发展架构创新，促进高质量发展，构建以国内大循环为主体、国内国际双循环良性互动的新发展格局。“中国经济新常态需要以经济空间的开拓和生产为前提，社会生产的重心从物质生产向空间生产转移，充分发挥社会主义制度的优越性，通过空间生产来消除资本扩张悖论。”[②] 即社会主义现代化寻求经济发展的空间生产，要在“以人民为中心”的原则和诉求下进行，提高对资本的驾驭能力。

其二，掌握新技术空间。当今世界，人类进入高度技术化的发展时代。高新技术的创造力在世界经济体中占据重要地位，为世界各国

① 顾海良：《习近平经济思想全新内涵》，《人民论坛》2015 年第 1 期。

② 鲁品越：《空间生产：开拓中国经济未来前景之路》，《创新》2015 年第 3 期。

打开了日新月异的发展空间。习近平新时代中国特色社会主义现代化的发展与世界接轨，同样离不开技术空间的生产和创造。回顾中国社会现代化历程中所遭受的技术封锁和科技壁垒，持续不断地提高高新科技的创新，推进和鼓励以自主创新为主导的科技园区、自主性发展的科技阵地，增加数字与科技研究力度，使数字科技的发展目的和发展前景更好地为满足人民的幸福生活而服务，这是立足当今世界也是实现现代化所必需的一条社会主义空间生产道路。

其三，建设新制度空间。世界上不存在完全相同的、适用于一切国家的政治制度。中国特色社会主义制度与国家治理体系作为上层建筑，具有深厚的中国社会土壤、经济社会发展基础、优秀传统文化根基和鲜明的实践性，特别是拥有广大人民支持的民心基础，它是“长期发展、渐进改进、内生性深化的结果”①。新时代背景下，对于全面建成社会主义现代化强国来说，需要不断地发展社会主义的制度空间，发挥社会主义的制度优势，促进国家治理体系和治理能力的现代化。“构建系统完备、科学规范、运行有效的制度体系，充分发挥我国社会主义制度优越性”②，其空间化具体化表现就是采取“最广泛、最真实、最管用”的“全过程人民民主”这种社会主义民主形式与制度安排。它既有完整的制度程序，又有完整的参与实践，形成了“全面、广泛、有机衔接的人民当家作主制度体系，构建了多样、畅通、有序的民主渠道……是全链条、全方位、全覆盖的民主”③。

其四，创造新文明空间。构想和创造着眼于全人类全世界的社会新文明，是科学社会主义先进本质的根本精神体现，也是中华优秀传统文化“旧邦”之“新命”。资本主义的空间生产自从工业化时代开始就采取高度集中化、抽象化的剩余价值生产与剥削形式，并在推动这

① 《习近平著作选读》第一卷，人民出版社2023年版，第262—263页。

② 《习近平著作选读》第二卷，人民出版社2023年版，第18页。

③ 同上书，第531—532页。

种私有制市场化生产关系的再生产过程中实现了对全球的掠夺与统治。社会主义的革命及其现代化发展，始终站在创造公平正义、消灭剥削等级的远大理想一边，致力于创造与维护人类多样性文明平等发展的世界经济秩序与政治空间，倡导以人民为中心的发展理念，反对资本主义空间生产，推动人类社会新文明空间建构发展。可以说，人类命运共同体思想继承了人类社会追求大同理想的传统，并赋予其全新的时代内涵，向世界庄严地表达了中国的天下胸怀，指明了人类新的前进方向，打开了新文明空间。

其五，培育新生态空间。把自然环境、生态资源等人类共同拥有的自然产物加以私有化掠夺，并纳入总的生产过程以赢得超额剩余价值回报，这是资本主义空间生产的基本特质之一，尤其是今天的资本主义发展已经将整个人类的自然财富甚至整个人类的未来生命纳入消费和金融领域，自然生态的私人占有及其价值榨取导致生产的生态破坏和不可逆转的自然环境灾难。而科学社会主义先进本质体现就在于，它追求全体人类幸福的、实现社会和谐以及人与自然和谐的社会化大生产，摆脱私人占有和利用空间以实现资本积累的狭隘的现代化发展归宿。进入新时代，我国自然生态和社会生产、人民生活逐渐走向和谐共存、良性互动的健康发展轨道。“统筹生产、生活、生态三大布局”，“把握好生产空间、生活空间、生态空间的内在联系，实现生产空间集约高效，生活空间宜居适度、生态空间山清水秀”。[①] 这既符合中国式现代化的社会主义性质，属于社会主义空间生产的过程，也能满足人民群众对于美好生活向往的需求。

（三）“道路自信”：从特殊到普遍的世界地理历史意义

一个国家究竟走什么道路，取决于它所具有的历史特点、所选的

① 《习近平著作选读》第一卷，人民出版社 2023 年版，第 419 页。

社会制度以及所处的时代背景，需要高度自觉自信。中国历经百多年艰辛探索所走的是中国特色社会主义现代化之路。这是一个由生存问题向发展问题、由被动式向主动式、由地方民族国家历史向世界历史转换的多重空间重构提升过程。“中国式现代化，是中国共产党领导的社会主义现代化，既有各国现代化的共同特征，更有基于自己国情的中国特色”①，道路自信充分体现了现代化道路特殊性和普遍性的辩证关系内涵。

回眸百余年中国共产党党史与70多年的新中国成长史，中国式现代化已经从自身特殊的现代化道路探索中走出了一条具有普遍性意义的道路。也就是说，中国式现代化的内涵之一就是中国式现代化特殊实践经验中内在地包含新的普遍性规定。这在一定意义上体现了康德所说的从“规定性判断力”到“反思性判断力”的转换过程。“规定性判断力”是知性认识中从普遍概念出发规定特殊对象的判断力，而“反思性判断力”则是从给予的特殊性出发去寻找其可能的普遍性原则。② 用黑格尔的话来说，“真正的具体展开……不能听任内在直观的武断主张，或使用一种基于外在反思的推理……这不是指把一个给定的特殊东西归摄到普遍性……在精神作出规定和消除规定的同时，特殊东西已经对自身作出规定”③。

中国式现代化实践首先是把世界现代化发展之“一般”规律用于中国之“具体”的过程。它不是关于“一般”自身的分析、演绎或推理活动，而是使之“具体化，使之在其每一表现中带着必须有的中国的特性，即是说，按照中国的特点去应用它”④。中国式现代化之“特殊”，在同世界现代化普遍逻辑相结合的进程中也将自身提升为有着更

① 《习近平著作选读》第一卷，人民出版社2023年版，第18页。

② ［德］康德：《判断力批判》，邓晓芒译，人民出版社2002年版，第13—14页。

③ 《黑格尔著作集》第5卷，先刚译，人民出版社2019年版，第6页。

④ 《毛泽东选集》第二卷，人民出版社1991年版，第534页。

高历史阶段意义的“一般”。中国式现代化道路的实践是对西方现代化普适主义历史逻辑的抗拒与解构，但这一拒绝与解构并不单单是对特殊性的确认，而是“重构普遍性”，最终“通过对中国历史独特性的讨论重构一种能够容纳这一独特性的普遍性”①。有学者甚至主张中国可以用天下观念取代西方霸权式的世界历史概念，认为“天下体系，这是一个来自中国传统与特殊经验但可以上升为世界普遍性的概念”②。总之，从既定的支配性的普遍性话语所规定下的中国特殊性道路探索，到怀疑这种普遍性的虚幻性，再突破这种普遍性的局限性，寻找新的可能的自主性普遍性话语来规定与解释中国式现代化的过程，这既是一个历史辩证法反思问题，也是一个空间辩证法建构问题。从历史角度看，这是一个从以先进的政治革命带动落后的社会实现现代转型的过程，一个以经济现代化引领社会现代化的不平衡发展过程，一个以解决人民群众不断增长的物质文化生活需要与经济社会不平衡不充分的发展之间矛盾为己任、实现社会系统全面协调的高质量发展过程；而从空间辩证法角度来看，可谓一幅从“革命地理学”到“发展地理学”再到“新文明空间”的动态变奏图景。③ 这是马克思主义和世界现代化一般理论同中国现代化特殊的历史空间发展实践以及中国文化实践相结合的过程，“‘结合’的结果是相互成就，造就了一个有机统一的新的文化生命体，让马克思主义成为中国的，中华优秀传统文化成为现代的，让经由‘结合’而形成的新文化成为中国式现代化的文化形态”④。

总之，从世界历史角度而言，中国式现代化道路在中国共产党的

---

① 汪晖：《世纪的诞生》，生活·读书·新知三联书店 2020 年版，第 128—129 页。

② 赵汀阳：《天下的当代性：世界秩序的实践与想象》，中信出版社 2016 年版，第 1 页。

③ 刘怀玉：《中国道路自信中的历史空间辩证法》，《武汉大学学报》（哲学社会科学版）2018 年第 6 期。

④ 习近平：《担负起新的文化使命　努力建设中华民族现代文明》，《人民日报》2023 年 6 月 3 日。

领导下从“站起来”到“富起来”再到“强起来”的发展史，是社会主义的空间生产—构型的普遍性价值的深刻的实践体现。从世界地缘政治而言，中国共产党领导的中国式现代化道路是经过曲折历史空间辩证法探索才取得成功的。由于国家地理区位和社会地域状况的不同，中国式现代化的社会主义发展道路可能难以复制，但依然能为世界上各个社会历史地理状况不同的发展中国家提供一种行之有效的社会主义空间生产方式与新文明发展愿景。

（刘怀玉，哲学博士，南京大学马克思主义社会理论研究中心暨哲学系教授、博士生导师；张一方，哲学博士，云南大学哲学系讲师）

第五篇

中国式现代化的历史进程、理论蕴涵与世界意义

◎吴爱军

中国式现代化是构建中国特色话语体系和中国自主知识体系的重要概念，其意义不仅在于全面而又深刻地概括了中国特色社会主义“五位一体”的现代化实践，而且在于集中表达了当代中国社会变革和历史进步的人类文明特性。深入研究和揭示中国式现代化形成发展的历史进程、理论与实践的创新意义及人类文明形态的特征属性，对于全面开创习近平新时代中国特色社会主义建设的新局面、实现党和人民的第二个百年奋斗目标，都具有重要意义。

一、中国式现代化的发展历程：从“四个现代化”到“五位一体”

现代化，是国际社会的通用概念，用来表示工业革命以来生产力发展引发的生产生活方式变革、经济增长程度，以及社会适应性变化和整体性变迁的过程。现代化建设实践，也是人类社会历史前进和文

明进步的必然历程。近代以来，任何一个国家要突破和超越传统社会状态，推动经济社会持续发展，融入世界发展潮流，都必须走上现代化道路。新中国成立后，我们党和国家就把实现现代化的中国社会发展作为奋斗目标，开启了艰辛探索和卓越实践。

（一）中国式现代化的初步探索：以工业化为主体内容的“四个现代化”

基于国际社会的通常理解，我们党和国家早期对“现代化”的认识，主要是指国家经济生产的工业化。新中国成立伊始，我国把尽快实现工业化、成为先进的工业国作为经济建设和社会发展的基本目标，用工业化标定新中国的现代化方向。1953 年，经过三年的国民经济恢复，在抗美援朝战争取得胜利后，我国采取制订和实施国民经济发展五年计划的方式，安排工业建设项目和工农业生产指标，布局和推进新中国的现代化进程。“一五”计划（1953—1957 年）的基本任务是：“五年中将新建一批规模巨大、技术先进的新兴工业部门，同时要用现代先进技术扩大和改造原有的工业部门；要合理利用和改建东北、上海和其他沿海地区城市已有的工业基础，同时要开始在内地建设一批新的工业基地。”① 1954 年 9 月，毛泽东在第一届全国人大第一次会议上宣布，要在几个五年计划之内，将我们现在这样一个经济上、文化上落后的国家，建设成为一个工业化的具有高度现代文化程度的伟大的国家。② 同时，周恩来也在《政府工作报告》中首次提出我国实现“四个现代化”的建设目标：使我国的国民经济沿着社会主义的道路得到有计划的迅速的发展，建设起强大的现代化的工业、现代化的农业、

① 中共中央党史研究室：《中国共产党历史》第二卷（1949—1978）上册，中共党史出版社 2011 年版，第 204 页。

② 《毛泽东文集》第六卷，人民出版社 1999 年版，第 350 页。

现代化的交通运输业和现代化的国防。[1] 这是我国最初的现代化实践和擘画，是立足工业化的“四个现代化”。

20 世纪五六十年代，我国实施以工业化为主体内容的“四个现代化”，既有中国社会工业基础十分薄弱、仍处于落后的农业社会这一基本国情的原因，也有国际社会发达国家都是实现了经济生产工业化的国家这一国际背景。当时，社会主义政权虽然已在众多国家建立，但社会主义现代化建设还属于全新的事业，除苏联模式外，我国没有其他方案可资借鉴。苏联模式是公有制和计划经济基础上的工业现代化和农业集体化，虽然取得了快速建成世界工业强国的巨大成就，但存在片面追求重工业优先发展、长期忽视轻工业和农业、不注重社会事业协调发展等问题。我国的“一五”计划是在苏联专家的指导下编制的，主要建设项目也是在苏联援助下展开的，因而是以工业化为引领的现代化建设计划。在“一五”计划取得建设成就的基础上，“二五”计划（1958—1962 年）更加突出工业化特别是重工业建设，片面追求钢铁产量等工业指标，使得国民经济严重失调，经济社会发展中的诸多矛盾问题愈发凸显。在这一阶段实践中，毛泽东、周恩来等党和国家领导人逐渐认识到苏联模式的弊端，开始反思我国经济社会发展暴露的种种问题，努力纠正“以钢为纲”的现代化建设思路，明确指出要立足中国实际走适合本国国情的现代化道路。[2] 1956 年 4 月 25 日，毛泽东在中共中央政治局扩大会议上发表著名的《论十大关系》讲话，对重工业和轻工业、农业的关系，沿海工业和内地工业的关系等关乎国民经济与社会发展全局的十大关系做出深透阐析，形成了社会主义现代化建设的若干新思路。经过“一五”计划和“二五”计划，特别

---

① 中共中央党史研究室：《中国共产党历史》第二卷（1949—1978）上册，中共党史出版社 2011 年版，第 250 页。

② 纪亚光、崔亿久：《中国式现代化道路创新发展的历史逻辑》，《思想理论战线》2023 年第 1 期。

是经历了“大跃进”运动的挫折，党和国家重新认识现代化建设的目标任务，对单纯工业化指向的“四个现代化”内容做出重大调整。

1963年8月，周恩来在中共中央《关于工业发展问题》起草委员会会议上指出：“国民经济体系不仅包括工业，而且包括农业、商业、科学技术、文化教育、国防各个方面。工业国的提法不完全，提建立独立的国民经济体系比只提建立独立的工业体系更完整。”[①] 在第三届全国人大第一次会议《政府工作报告》中，周恩来完整宣布了“四个现代化”新构想，将农业现代化置于首位并明确提出了“两步走”战略安排：“第一步，经过三个五年计划的时期，建立一个独立的、比较完整的工业体系和国民经济体系；第二步，全面实现农业、工业、国防、科学技术的现代化，使中国经济走在世界前列。”[②] 经过实践探索和反复权衡的“四个现代化”新构想，是推进国民经济全面发展的战略性目标。“三五”计划（1966—1970年）把大力发展农业、基本解决人民吃穿用问题作为发展国民经济的首要任务，史称“吃穿用计划”。然而，由于美国对越南北方的战争逐步升级、台湾敌特武装窜犯东南沿海、苏联在中苏边境布阵重兵等不利局势，我国的国家安全面临严重威胁，应对战争危险的战备建设成为经济建设的重要任务。种种因素使得“吃穿用计划”并未得到全面的执行。

从新中国成立到党的十一届三中全会召开，尽管我国的现代化建设经历了曲折，但是依然取得了独创性理论成果和巨大成就。我们党领导人民在旧中国遗留下来的“一穷二白”的基础上，建立了独立的比较完整的工业体系和国民经济体系。总体上看，这一时期，党和国家从单纯实现工业化到“四个现代化”战略构想的实践探索，为改革

---

① 中共中央文献研究室编：《周恩来年谱（一九四九——一九七六）》中卷，中央文献出版社1997年版，第575页。

② 中共中央党史研究室：《中国共产党历史》第二卷（1949—1978）下册，中共党史出版社2011年版，第676页。

开放以来我国的社会主义现代化建设奠定了根本政治前提、经济基础和思想文化基础，并提供了宝贵的历史经验。

（二）中国式现代化的全面展开：从“四个现代化”到经济社会发展的“新四化”

在“中国式现代化”概念提出前，已经存在一个概括“四个现代化”构想、表明现代化的社会属性并沿用至今的重要概念——社会主义现代化。1977 年 8 月，党的十一大延续“四个现代化”的社会主义国家建设构想，在大会报告中明确提出“在本世纪把我国建设成为伟大的社会主义的现代化强国”目标。① 但是，这次会议并没有对这一目标做出进一步阐述。1978 年底，党的十一届三中全会决定全党工作的着重点要从 1979 年伊始迅速转移到社会主义现代化建设上来。此后，“社会主义现代化”开始逐步替代“四个现代化”，成为统领我国经济社会发展的战略目标。相比于“四个现代化”，“社会主义现代化”拥有更加广延的内涵，除了工业、农业、国防、科学技术现代化外，还包括政治、文化等上层建筑设施的现代化。当前正在推进的国家治理体系和治理能力现代化、发展社会主义民主政治就属于政治现代化的范畴，而建设社会主义先进文化则属于文化现代化的范畴。可以说，社会主义现代化以其科学性获得了长远指导意义。党的十八大把“实现社会主义现代化和中华民族伟大复兴”作为坚持和发展中国特色社会主义的总任务②，而这一论断正是习近平新时代中国特色社会主义思想的核心内容。从理论和实践两方面都可以清晰看出，“四个现代化”

① 中共中央党史研究室：《中国共产党历史》第二卷（1949—1978）下册，中共党史出版社 2011 年版，第 1004 页。

② 胡锦涛：《坚定不移沿着中国特色社会主义道路前进　为全面建成小康社会而奋斗——在中国共产党第十八次全国代表大会上的报告》，人民出版社 2012 年版，第 13 页。

是与“社会主义现代化”并存的概念，“社会主义现代化”是“四个现代化”的本质规定性。

党的十一届三中全会确立了我国以经济建设为中心、实行改革开放、加快“四个现代化”建设的总方针，党和国家在总结“四个现代化”建设的经验教训时，党内特别是社会上出现了不同的思考和认识。为了探索中国的社会主义现代化新路，邓小平在强调“四个现代化”的社会主义性质时，提出并逐步明确了“中国式的现代化”概念。1979 年 3 月，他在会见英国代表团成员时谈道：“我们定的目标是在本世纪末实现四个现代化。我们的概念与西方不同，我姑且用个新说法，叫做中国式的四个现代化。”① 随后，他在论述实现“四个现代化”的路径选择时说：“过去搞民主革命，要适合中国情况，走毛泽东同志开辟的农村包围城市的道路。现在搞建设，也要适合中国情况，走出一条中国式的现代化道路。”②

以“中国式的现代化”新提法概括“四个现代化”战略构想，可谓社会主义现代化建设实践探索和理论认知的一个重大进步。“中国式的现代化”不仅明确了现代化建设的方位路径，而且实现了现代化的目标任务由内容变为价值的逻辑转换。“四个现代化”作为内容性概念，是沿着工业化的思维向度、从现代社会发展的主要内容方面提出的概念，强调的是现代化社会的建设内容，而非现代化社会的整体面貌。当然，这一评说并不否定“四个现代化”构想和实践对于构建合理的国民经济体系、实现强国富民的社会发展目标发挥出的开创性和基础性历史作用。“中国式的现代化”作为价值性概念，是指向现代化建设的终极目标，从经济社会整体发展的路径提出的开放性、包容性、生成性概念，强调现代化建设的社会性质、道路选择、实践品质和整

---

① 中共中央文献研究室编：《邓小平年谱（一九七五——一九九七）》（上），中央文献出版社 2007 年版，第 496 页。

② 《邓小平文选》第二卷，人民出版社 1994 年版，第 163 页。

体面貌，集现代化发展的内容体系与目标任务于一体，是“四个现代化”的理论提升和“中国式现代化”科学概念的发端。[①]

党的十八大在全面推进“四个现代化”建设实践的基础上，适应国际社会新一轮科技革命和产业变革的新形势新特点，着眼21世纪中国经济社会的发展进步，进一步提出了“新四化”的发展构想和战略安排，即“坚持走中国特色新型工业化、信息化、城镇化、农业现代化道路，推动信息化和工业化深度融合、工业化和城镇化良性互动、城镇化和农业现代化相互协调，促进工业化、信息化、城镇化、农业现代化同步发展”[②]。从“四个现代化”到“新四化”的内涵变化表明，尽管随着时代的发展，现代化的重点任务会发生变化，但是现代化的总目标是一以贯之的，现代化建设的基本规律始终发挥着重要作用。现代化，首先是经济生产、社会发展的现代化，是人们的生产方式、生活方式的现代化。实现新型工业化，仍然是推进经济生产工业化；实现信息化，主要依赖于科学技术进步，为此必须加速推进科学技术现代化；实现城镇化，即推进社会城市化、社会生活现代化；实现农业现代化，仍然是推进农业生产方式的现代化，积极利用工业化成果提高农业的现代化水平。“新四化”虽然主要是在经济生产和社会领域突出和强调的概念，却是整个社会现代化进程的主要推动力量。

至此，在关于现代化的话语体系中，出现“社会主义现代化”和“四个现代化”“中国式的现代化”“新四化”相继并存的情况。社会主义现代化是统领我国经济社会发展全局的总体目标任务，无论是“四个现代化”还是“新四化”，都是内含于这个目标任务中的关键目标任务，两者相结合，既要全面推进，又要扭住关键。从“四个现代化”“社会主义现代化”到“中国式的现代化”，进而再到“新四化”

① 李昆明：《中国式现代化的科学社会主义逻辑》，《思想理论战线》2023年第4期。

② 胡锦涛：《坚定不移沿着中国特色社会主义道路前进　为全面建成小康社会而奋斗——在中国共产党第十八次全国代表大会上的报告》，人民出版社2012年版，第20页。

概念内涵的转换和延展，表明了党和国家对社会主义现代化建设规律的认识不断深化，对社会主义现代化建设目标的坚守始终如一。正是基于此，在改革开放和社会主义现代化建设新时期，中国共产党领导全国各族人民锐意改革创新，使我国逐步建立起社会主义的市场经济体制以及经济社会协调发展、人与社会全面发展的良好机制，改变了生产力相对落后的贫穷状况，经济总量跃居世界第二，人民生活水平也实现了总体小康，为中国式现代化积累了快速发展的社会财富和基础条件。

（三）中国式现代化的推进拓展：新时代“五位一体”的社会主义现代化强国建设

“中国式现代化”的确立和阐述，是2022年党的二十大的重大创新。习近平总书记在党的二十大报告中指出：“在新中国成立特别是改革开放以来长期探索和实践基础上，经过十八大以来在理论和实践上的创新突破，我们党成功推进和拓展了中国式现代化。”他同时强调“全面建成社会主义现代化强国”“以中国式现代化全面推进中华民族伟大复兴”，是新时代党的中心任务。①

改革开放以来，随着社会主义现代化建设事业不断推进，党和国家不断深化现代化实践的认识，不断丰富现代化建设的基本内容和目标任务，逐步推进和拓展了中国式现代化。早在1987年党的十三大上，党鉴于经济建设单向度发展出现或可能出现的问题，坚持邓小平提出的“两个文明一起抓”的基本方略，确定了把我国建设成为富强、民主、文明的社会主义现代化国家的目标任务。这是物质文明、精神文明“二位一体”的任务确立。在2002年党的十六大上，党把政治文明

---

① 习近平：《高举中国特色社会主义伟大旗帜　为全面建设社会主义现代化国家而团结奋斗——在中国共产党第二十次全国代表大会上的报告》，人民出版社2022年版，第22、21页。

这一现代化指标独立出来，提出了社会主义物质文明、政治文明和精神文明协调发展的“三位一体”总体布局。2007年党的十七大确立经济建设、政治建设、文化建设、社会建设“四位一体”的基本目标，提出发展社会主义市场经济、民主政治、先进文化、和谐社会，建设富强民主文明和谐的社会主义现代化国家。2017年党的十九大把生态文明与物质文明、政治文明、精神文明、社会文明并列，确立了把我国建成富强民主文明和谐美丽的社会主义现代化强国“五位一体”新布局。至此，形成了中国式现代化的完整内容体系。2021年7月1日，习近平总书记在庆祝建党100周年的大会上鲜明指出：“我们坚持和发展中国特色社会主义，推动物质文明、政治文明、精神文明、社会文明、生态文明协调发展，创造了中国式现代化新道路，创造了人类文明新形态。”[①] 这是从发展道路、发展模式的视野对中国式现代化的认识和规定。2022年10月，习近平总书记在党的二十大报告中系统概括了中国式现代化的五个中国特色、九个本质要求和五个重大原则。[②] 2023年2月7日，习近平总书记在学习贯彻党的二十大精神研讨班开班式上，深刻阐述了中国式现代化的历史形成、理论特征、实践要求等理论和实践问题，使得中国式现代化的概念表达更加鲜明、内涵特征更为清晰、结构框架更趋科学，增强了贯彻实施的感知力、行动力。

进入新时代，“五位一体”的社会主义现代化全面展开、全面推进，经济社会全面发展、全面进步。在经济建设上，我国以新发展理念引领高质量发展、深化供给侧结构性改革、推进高水平科技自立自强，国家综合国力持续增强，经济实力实现历史性跃升，国内生产总值突破百万亿元大关，人均国内生产总值超过8万元，经济总量稳居世

① 《习近平著作选读》第二卷，人民出版社2023年版，第483页。

② 习近平：《高举中国特色社会主义伟大旗帜　为全面建设社会主义现代化国家而团结奋斗——在中国共产党第二十次全国代表大会上的报告》，人民出版社2022年版，第22—27页。

界第二位；[①] 在政治建设上，社会主义民主政治制度化、规范化、程序化得以全面推进，全过程人民民主深入发展，中国特色社会主义政治制度的优越性得到充分展现；在文化建设上，社会主义意识形态的凝聚力和引领力持续提升，社会主义核心价值观深入人心，中华优秀传统文化得到创造性转化、创新性发展，全党全国各族人民文化自信显著增强；在社会建设上，建成了世界上规模最大的教育体系、社会保障体系、医疗卫生体系，人民生活全方位改善，民生福祉全面增进，续写了社会长期稳定的奇迹；在生态文明建设上，全党全国大力推动绿色发展，统筹推进经济社会发展和生态环境保护，美丽中国建设步伐坚实。新时代以来，当代中国文明进步的各项事业都取得了历史性成就，消除了长期困扰社会发展的绝对贫困问题，如期实现全面建成小康社会奋斗目标，富强民主文明和谐美丽的社会主义现代化强国建设行稳致远，中国式现代化拥有了更为坚实的制度和物质基础。

二、中国式现代化的理论蕴涵：马克思主义中国化时代化的最新成果

中国式现代化既是实践又是理论，具有理论和实践双重品格。它是在新中国成立后社会主义全面建设，特别是改革开放后中国特色社会主义建设实践中形成和确立的，是把一个落后的农业大国建设成为走在世界前列的社会主义现代化国家的实践探索的结晶。它的实践品格是：坚持科学社会主义的经济社会发展方向，把社会主义中国的发展同人类文明的时代趋向和国际社会的现代化进程结合起来，在信息

① 习近平：《高举中国特色社会主义伟大旗帜　为全面建设社会主义现代化国家而团结奋斗——在中国共产党第二十次全国代表大会上的报告》，人民出版社 2022 年版，第 8 页。

技术革命和经济全球化逆变的国际环境中守正创新，既不走苏联模式的现代化建设之路，更不走欧美资本主义国家现代化发展的老路，积极探索、勇于实践，在实践中探索、在实践中创新，开辟出了自己的新路。它的理论品格是：坚持科学社会主义基本原则，把马克思主义基本原理同中国具体实际、同中华优秀传统文化相结合，回应当代中国现代化建设的实践之问和人类现代化事业的时代之问，总结现代化实践的中国经验，提出现代化理论的中国话语，在创新实践中实现科学社会主义的理论创新，形成了马克思主义中国化时代化的最新成果。作为理论成果，中国式现代化具有丰厚的马克思主义理论蕴涵。

（一）中国式现代化是遵循马克思主义人类社会发展规律的现代化

从社会生产力发展和生产方式变革的历史进程中揭示出人类社会发展规律，是马克思主义最鲜明的理论特征和最伟大的理论贡献。马克思恩格斯把物质生产作为全部社会生活的前提，强调社会生产力的发展是推动社会历史进步的根本动力——生产力和生产关系、经济基础和上层建筑支配着整个社会发展进程，“人们所达到的生产力的总和决定着社会状况”①。马克思恩格斯在《共产党宣言》中把18世纪蒸汽机广泛运用催生的机器大工业生产与现代社会的历史进步联系在一起，指出资本主义的机器大工业生产“把一切民族甚至最野蛮的民族都卷到文明中来了”②，并且“按照自己的面貌为自己创造出一个世界”③，开启了人类社会由野蛮愚昧走向现代文明的进程。然而，如同现代资本主义生产方式取代封建社会生产方式一样，随着机器大工业的发展，

① 《马克思恩格斯选集》第一卷，人民出版社2012年版，第160页。

② 这里指采用资本主义的生产方式、实行资产阶级的经济统治和政治统治。

③ 《马克思恩格斯选集》第一卷，人民出版社2012年版，第404页。

资本主义的生产方式成为生产力的社会化发展的桎梏，“不再同社会相容了”①，社会主义的生产方式必然代替资本主义的生产方式。这一历史唯物主义的人类社会历史进程，决定了社会主义的现代化建设发展是不同于并且是必然超越资本主义的现代化形态。中国式现代化坚持生产力发展的根本标准，坚持以经济建设为中心发展生产力，以满足现代生产力发展要求来改革和调整生产关系，在生产力充分发展和高度发达的基础上实现社会全面发展。这是20世纪末以来，中国社会历史进步的根本原因。进入21世纪，随着网络信息技术的飞速发展，国际社会的生产力发展和生产方式运行出现了时代性变革，主要体现为：虚拟经济地位上升、金融资本国际垄断、生产关系发生新变动、经济霸权主义盛行、金融危机频频出现等等。这些特点有些是全球化和经济社会发展使然，有些却反映出逆潮流而动、违背经济社会发展规律的现象。中国式现代化紧紧围绕信息化、智能化时代经济社会发展的需求，致力于以新技术、新能源、新产业发展社会生产力，立足人口规模巨大、人均资源相对有限的现实国情，全面深化改革、不断解放和发展社会生产力，大力提升科技创新综合能力和水平，持续提升劳动生产率，以新发展理念引领高质量发展，走新型工业化、信息网络化、城乡一体化和农业现代化发展道路。中国式现代化坚守生产力发展的历史唯物主义原则，鲜明体现了人类社会发展规律的内在要求。

（二）中国式现代化是坚守马克思主义人民立场、推进共同富裕的现代化

人民立场是马克思主义的根本立场，共同富裕是社会主义社会的基本特征。恩格斯在《社会主义从空想到科学的发展》中论述道：在

---

① 《马克思恩格斯选集》第一卷，人民出版社2012年版，第412页。

社会主义制度下，社会化生产资料回归整个社会变为公共财产，生产资料的社会性质“有充分的自由得以实现”①，资本主义生产资料私人占有与社会化生产的内在矛盾得以破解，现代生产力获得不断加速发展，“不仅可能保证一切社会成员有富足的和一天比一天充裕的物质生活，而且还可能保证他们的体力和智力获得充分的自由的发展和运用”②，“人终于成为自己的社会结合的主人，从而也就成为自然界的主人，成为自身的主人——自由的人”③。恩格斯把生产力的极大发展、全体社会成员的共同富裕与自由人联合体的理想社会终极目标联系起来，赋予了人类社会发展的最终社会形态特征和现代化建设的根本价值意义。正因如此，中国式现代化从历史探索到当今实践，贯穿其中的主题主线是以人民为中心的生产力发展、全体人民的共同富裕，始终坚持人民至上的根本价值取向。从 20 世纪 60 年代起，我国就把农业现代化摆到“四个现代化”的首位，“三五”计划最初的设想就是致力于解决民生问题的“吃穿用计划”。改革开放后，我国把建设小康社会、让全体人民摆脱贫困而共同富裕起来作为现代化建设的近期目标。进入 21 世纪的第二个十年，我国已经实现了全面建成小康社会的目标。党的二十大基于经济社会发展不充分、不平衡的新矛盾新问题，提出用 30 年时间、分两步走把我国全面建设成为社会主义现代化强国的目标任务。到那时，整个社会实现了更广泛、更充分、更彻底的共同富裕，社会主义社会的美好生活将得到充分展现。中国式现代化坚守马克思主义的人民立场，坚持人民至上的价值追求，让“社会成员有富足的和一天比一天充裕的物质生活”，鲜明体现了以人民为中心、共同富裕的社会主义现代化本质属性。

---

① 《马克思恩格斯文集》第三卷，人民出版社 2009 年版，第 566 页。

② 同上书，第 563—564 页。

③ 同上书，第 566 页。

（三）中国式现代化是实现马克思主义人与社会全面发展、人与自然和谐共生的现代化

现代化是工业革命的产物，更是欧洲文艺复兴和启蒙运动的产物。早期的现代化运动是摆脱中世纪黑暗统治，理性主义和科学精神得以舒展的社会变革运动。对于现代化的理解，西方许多学者是从资本主义社会组织结构和思想文化形成的视野来认识，把现代化理解为资本主义化的社会运动。马克思恩格斯从资本主义生产方式的形成、世界市场和民族国家的建立来认识现代化运动的特点规律和历史走向，强调现代化是人类文明进步运动而不是资本主宰下的经济生产运动，是物质财富极大增长、思想文化充分发展、人最终成为社会和自然的主人的运动。因而，现代化的本质是人的现代化，是人与社会全面发展、人与自然和谐共生的现代化，这是科学社会主义的一条重要原则。遵循这一原则，中国式现代化的实践展开始终重视经济社会的协调发展和人与自然的和谐发展，积极防止和纠正片面强调工业发展、单纯以经济指标衡量发展的倾向。改革开放后，随着经济社会的发展和现代化建设的推进，我国不断延伸和拓展社会主义现代化的建设布局。从“两个文明一起抓”到社会主义物质文明、政治文明和精神文明“三位一体”的协调发展，从发展社会主义市场经济、民主政治、先进文化、和谐社会，到建设物质文明、政治文明、精神文明、社会文明、生态文明“五位一体”的社会主义现代化强国，中国式现代化致力于人民物质富足、精神富有、社会和谐、生态文明的幸福美好生活，必将促进人与社会全面发展、人与自然的和谐共生更高品质地实现。

（四）中国式现代化是走和平发展道路、彰显马克思主义世界历史思想的现代化

实现现代化的不同路径选择，既反映人类文明理念的差异，也反

映现代化理论的品质。中国式现代化与西方式现代化在发展道路上的不同选择，从根本上看是不同世界观、价值观、文明观的较量。中国式现代化，是走和平发展道路的现代化，是马克思主义关于世界历史的思想在当代中国实践的必然选择。马克思恩格斯早就指出："各民族的原始封闭状态由于日益完善的生产方式、交往以及因交往而自然形成的不同民族之间的分工消灭得越是彻底，历史也就越是成为世界历史。"① 现代世界市场的形成和经济全球化的进程，决定了现代化是国际社会的共同发展、共同进步，而不能是经济垄断、政治霸权的现代化。西方发达国家的现代化过程充满侵略性、奴役性罪恶，包括中国在内的世界后发展国家都曾饱受西方现代化之苦。因此，中华民族深知必须走维护世界和平、促进共同发展的正路，决不能走西方依靠战争、掠夺、殖民等方式实现现代化的老路。当今时代，世界多极化、经济全球化、社会信息化、文化多样化加速演进，没有一个国家能够独立于世界之外，没有一个国家能够关起门来谋发展。习近平总书记指出："今天，人类交往的世界性比过去任何时候都更深入、更广泛，各国相互联系和彼此依存比过去任何时候都更频繁、更紧密。一体化的世界就在那儿，谁拒绝这个世界，这个世界也会拒绝他。"② 因而，世界各国理应坚持合作共赢、交流互鉴、共同繁荣。当代中国秉承崇尚和平、追求和谐的传统文化基因，坚持"强不执弱""富不侮贫"的和平发展，主张"亲仁善邻""协和万邦"的共同发展。在与资本主义长期共存背景下，中国式现代化选择和平发展道路，在坚定维护世界和平、促进国际社会共同发展中推动构建人类命运共同体，积极为全人类的文明进步贡献中国力量。中国式现代化坚持和平发展的道路选择，实现了对马克思主义关于世界历史思想的创造性转化和创新性发展。

---

① 《马克思恩格斯选集》第一卷，人民出版社 2012 年版，第 168 页。

② 中共中央党史和文献研究院：《十九大以来重要文献选编》（上），中央文献出版社 2019 年版，第 432 页。

三、中国式现代化的世界意义：创造人类文明新形态

人类文明是人类实践在物质和精神方面所创造的积极成果的总和，标志着人类社会发展进步的水平。历史唯物主义考察人类文明进步过程，按照生产方式构成的社会形态演进和文明进步程度，把文明形态区分为原始社会文明、奴隶社会文明、封建社会文明、资本主义文明和社会主义文明。从人类文明的大视野可以看出，现代化是现代社会人类文明的呈现方式，而创造更高水平、更高文明程度的文明形态是现代化的基本价值追求。

（一）中国式现代化创造的人类文明新形态，展示了中华文明的现代形态

中华民族创造了五千年绵延不绝的伟大中华文明。中华文明虽然经历了漫长的历史变迁，但始终一脉相承，传承着中华优秀传统文化基因和中华民族最深层的精神密码，为中华民族生生不息、自强发展提供了丰厚的精神文化滋养。中华文明自古追求“矜、寡、孤、独、废疾者皆有所养”的大同理想，历来把人的精神生活纳入人生和社会理想之中，追求物质生活充实无忧、道德境界充分升华的和谐之境；素以道法自然、天人合一等哲学理念指导生产生活，反对竭泽而渔、焚林而猎，主张善待自然、取用有节；始终崇尚和平、大同，协和万邦、和睦相处、美美与共的追求深深植根于中华民族的精神世界之中。实现中华民族伟大复兴，必然要求中华优秀传统文化的勃兴，但这种复兴绝非复古，而是要在汲取世界各国优秀文明成果的开放视野中，以“两个结合”激活中华文明发展的内在动力，不断推动中华文明走向现代化。中国式现代化创造的人类文明新形态，赓续了中华文明的精神特质，在消化吸纳西方现代化成果的基础上推动中华文明创新性

发展。

（二）中国式现代化创造的人类文明新形态，展示了社会主义现代化文明的中国形态

中国式现代化是中国特色社会主义的现代化，其所创造的文明形态自然是科学社会主义的文明形态，而不可能是别的什么文明形态。中国式现代化是中国特色社会主义理论的实践转化和中国特色社会主义道路的现代化表达，体现了科学社会主义基本原则与中国现代化实践相结合的创新成果。纵观中国特色社会主义的建设历程，党领导人民坚持和完善社会主义基本经济制度，发展社会主义市场经济，推进了物质生活领域的文明进步，创造了优越的社会主义物质文明；坚持和完善社会主义根本政治制度和基本政治制度，充分保障人民当家作主，创造了先进的社会主义政治文明；确立和坚持马克思主义在意识形态领域的指导地位，用科学理论武装人、用先进文化培养人，使社会主义核心价值观深入人心，不断满足人民日益增长的精神文化需求，创造了丰富的社会主义精神文明；坚持以人民为中心，在推动社会发展中保障和改善民生，在着力解决人民群众急难愁盼问题上持续用力，创造了独特的社会主义社会文明；坚持绿水青山就是金山银山的理念，促进人与自然的和谐共生，创造了良性的社会主义生态文明。马克思主义经典作家从来没有把未来理想社会视为一种固化的模式，而是强调科学社会主义是实践的理论、是“对包含着一连串互相衔接的阶段的发展过程的阐明”①。中国式现代化创造出的人类文明崭新形态，具有诸多科学社会主义的文明内涵和特征，展现了社会主义现代化文明的中国形态。

---

① 《马克思恩格斯文集》第十卷，人民出版社2009年版，第560页。

（三）中国式现代化创造的人类文明新形态，展示了人类文明的先进形态

世界现代化进程是从西方资本主义国家开始的，当今世界的发达国家也主要是率先进入现代化的欧美国家以及深受西方文明影响的资本主义国家。人们对于现代化的认知长期受资本主义道路的模式化束缚，容易形成“现代化=西方化”的错觉和“西方文明=现代文明”的迷思。[①] 这一片面认识又会强化西方中心论、西方优越论者的“傲慢与偏见”。20世纪末，弗朗西斯·福山（Francis Fukuyama）提出“历史终结论”，认为人类文明发展将终结于现代西方资本主义文明。然而，几年之后，福山不得不自我否定，承认“历史并未终结”，其所谓“历史终结论”随着中国的崛起有待进一步“推敲”和“完善”。西方模式的现代化实质上是资本主义现代化，西方文明是建立在资本剥削制度基础上的资本主义文明，无论怎样演变和包装，都无法克服生产资料私有制和社会化大生产之间的矛盾，无法改变资本至上、弱肉强食、两极分化、霸道强权的本性，从而无法逃避周期性爆发的经济危机和政治社会危机，无法实现自由人联合体的人类文明理想。中国式现代化把实现人民对美好生活的向往作为建设发展的出发点和落脚点，汲取人类一切优秀文明成果，克服了生产资料私有制和社会化生产之间的矛盾，坚持人民至上、济贫扶弱、共同富裕、和合共生，获得了永续发展的制度条件和政治社会条件，具有资本主义文明无法比拟的先进性，对世界现代理论与实践作了重大创新，昭示了通往人类理想社会的文明形态——共产主义文明的光明前景。中国式现代化创造的人类文明新形态，实现了中华文明的创新性发展和社会主义文明的创

① 本书编写组：《习近平新时代中国特色社会主义思想概论》，高等教育出版社、人民出版社2023年版，第48页。

造性发展，展示了人类文明的先进形态。

结　语

一个国家和民族的文明，是一个国家和民族的集体记忆。① 人类文明由古代到现代、再由现代向未来理想社会的发展，犹如江河奔流一定能走向自己的远方。中国式现代化创造出的人类文明崭新形态，展现了人类理想社会的光明前景，其秉承的文明本性、体现的文明内涵、传承的文明精髓，是人类走向高度文明的理想社会的现代化。中国式现代化彰显科学社会主义的理论本质，深深根植于中华优秀传统文化之中，具有鲜明的实践特色和理论蕴涵。中国式现代化坚持以人民为中心，致力于经济发展、共同富裕，把实现人民对美好生活的向往作为建设发展的着眼点和落脚点，超越一味追求物质财富的现代化迷途，不断促进社会全面发展、大自然生态平衡、国际社会共同繁荣发展，与西方式现代化存在本质区别。中国式现代化坚守人类社会文明进步的远大理想，把生产力高度发达、人类文明高度发展作为建设目标，以实现人的现代化为终极目标，经过几十年时间的追赶成为世界第二大经济体，全面消除绝对贫困、全面建成小康社会、持续推进全过程人民民主，社会生活有序、思想文化繁荣、科学技术昌明，不断满足人民对美好生活向往，是实现理想社会文明形态的现代化。中国式现代化在人类文明发展史上、世界社会主义发展史上具有里程碑意义，必将对世界历史进程产生极其深远的影响，必将为人类文明进步作出重大贡献。

（吴爱军，军事学博士，国防大学政治学院教授）

① 《习近平著作选读》第一卷，人民出版社 2023 年版，第 228 页。

第六篇 通往解放的道路：中国式现代化的人类解放意蕴

◎刘伟兵

党的二十大报告指出："中国共产党的中心任务就是团结带领全国各族人民全面建成社会主义现代化强国、实现第二个百年奋斗目标，以中国式现代化全面推进中华民族伟大复兴。"报告明确规定了中国式现代化的内涵，即"中国式现代化，是中国共产党领导的社会主义现代化，既有各国现代化的共同特征，更有基于自己国情的中国特色"；还指出了中国式现代化五个方面的中国特色，即中国式现代化是人口规模巨大的现代化，是全体人民共同富裕的现代化，是物质文明和精神文明相协调的现代化，是人与自然和谐共生的现代化，是走和平发展道路的现代化。这一把握，在事实上明确了中国式现代化是中国共产党领导下的一场自觉的历史进程，是具有社会主义性质的现代化模式。随着中国式现代化的不断推进，其双重本质规定将愈加明晰，即"它是现代化与马克思主义中国化相统一的历史性进程"①。中国式现代

① 吴晓明：《世界历史与中国道路的百年探索》，《中国社会科学》2021 年第 6 期。

化具有各国现代化的共同特征，是因为它是世界历史进程的一部分，在社会主义现代化建设过程中也呈现出普遍的现代性规律、特征和问题。但中国式现代化是在世界历史进程中以马克思主义中国化的新定向所开启的新的现代化道路，它不仅是现代化的过程，更开启了在吸收现代文明积极成果基础上创造一种新的文明形态的可能。这是因为作为中国式现代化指导思想的马克思主义本身就是资本主义现代文明批判的产物，它不仅指出了资本主义必然灭亡的趋势，还指向了人类解放的必然结果。

于是，中国式现代化的文明意义就得到了彰显，即随着中国式现代化的发展，越来越表现出创造一种人类文明新形态的趋势，而正是在这种趋势里愈加彰显出人类解放的可能。因此，立足中国式现代化的逻辑、实践，深刻把握中国式现代化对人类解放的创新性贡献，将成为学界相关研究的重要生长点。

一、马克思主义人类解放的三重逻辑

人类解放是贯穿马克思主义始终的一条主轴，“马克思主义博大精深，归根到底就是一句话，为人类求解放”①。马克思正是在追寻为人类求解放的过程中，从最初的理性主义出发，在物质利益难题面前先是转换至人本主义的批判，再通过对实践的再次“发现”揭示了历史唯物主义的普遍规律，并在对生产的把握中逐渐破解了现代文明的资本密码。马克思论证人类解放，是从宗教解放讨论起，进而关注政治解放、社会解放，再深入到劳动解放，直至人的自由全面发展，是建立在历史唯物主义和剩余价值规律基础上人对人的依赖、对物的依赖状态的扬弃。马克思人类解放思想脉络深处的逻辑，表现为个体与社

① 习近平：《在纪念马克思诞辰200周年大会上的讲话》，《人民日报》2018年5月4日。

会的交往逻辑、劳动与休闲的辩证逻辑、自由与全面的美学逻辑等三个方面。

马克思认为，人类解放不仅是人作为个体的解放，也是作为类的社会解放。这一个体与社会的交往逻辑，贯穿马克思人类解放思想的始终。在他看来，人类解放的第一个前提是要明确何为人，也就是回答人的本质是什么。马克思认为，人的本质是一切社会关系的总和。因此，人类解放的个体视野无非“任何解放都是使人的世界即各种关系回归于人自身”①。在此，马克思事实上明确以往思想家和现实社会对人的把握是一种抽象把握，而没有真正把握到现实的个人，“在国家中，即在人被看做是类存在物的地方，人是想象的主权中虚构的成员；在这里，他被剥夺了自己现实的个人生活，却充满了非现实的普遍性”②。所以，人的各种关系回归于人自身就揭示了人类解放的第一个命题，即个体与社会的关系问题。

当马克思第一次把人类解放明确为各种关系回归于人自身的命题时，在事实上是将解放看作人的本质的复归，是个体从与社会对立关系中的解放。马克思在理性主义视域下关注到了国家里的人与社会里的人的矛盾现象，并认识到在宗教解放、政治解放之后还要完成社会解放。“解放是为了消解强加于人的种种外部力量，如宗教力量、政治力量和经济力量等，促使人回归‘日常生活世界’，成为真正自由的人。”③ 那么，这种人的各种关系又是如何从人自身被“抽离”出来而出现异化现象，以及各种关系又如何回归到人自身的呢？对这些问题，只有在马克思形成历史唯物主义后才能得到解答。

马克思从生产的视角，通过分工的方式回答了人的关系之所以被

---

① 《马克思恩格斯文集》第一卷，人民出版社 2009 年版，第 46 页。

② 同上书，第 31 页。

③ 刘同舫：《论“各种关系回归于人自身”对“人的解放”主题的开解》，《马克思主义与现实》2022 年第 4 期。

“抽离”出自身而出现异化现象。在他看来，正因为非自愿分工的存在，使得人本身的活动成为一种异化劳动，从而使得“这种力量压迫着人，而不是人驾驭着这种力量”①。这是因为人们在分工制度内迫于对生产资料的需要，而受制于分工强加的特殊范围，不得不服从于这一职业，“个人就是受分工支配的，分工使他变成片面的人，使他畸形发展，使他受到限制”②。伴随着非自愿分工的还有不平等的分配，因此，非自愿分工与私有制是一体两面的关系，“一个是就活动而言，另一个是就活动的产品而言”③。如此一来，非自愿分工造成的特殊利益与普遍利益的矛盾就随着私有制的确立而不断扩大。最终，普遍利益作为矛盾不可调和的产物以国家的形式脱离了出来，并制约着个人的特殊利益。于是，人们在分工中将关系给“抛离”了出去。

这一认识，在事实上揭示了人与社会的交往逻辑。人与人之间的交往形式除了在物质上的分工等形式以外，还生成了生产关系以及政治、文化等精神交往形式，并生成了整个社会。“社会不是由个人构成，而是表示这些个人彼此发生的那些联系和关系的总和。”④ 同时，一个完全异己的国家与社会的产生，也会在与个体的交往活动中对个体产生影响。所以，人的本质是一切关系的总和，在个体与社会的交往逻辑中就可以把握个体的主体化，即人之为人的过程是个体与社会的交往过程。个体正是在社会的政治、经济、文化等活动中实现了自身的主体化。紧接着，马克思把握住了个体与社会的交往逻辑图景，那就是个体与社会的交往活动既异化了个体，使人成为“非人”，又主体化了个体，使人得到了规定和丰富。所以，只要个体与社会的交往不是一种交往异化，也不是片面的发展，而是普遍的交往，那么片面

① 《马克思恩格斯文集》第一卷，人民出版社 2009 年版，第 5378 页。
② 《马克思恩格斯全集》第三卷，人民出版社 1960 年版，第 514 页。
③ 《马克思恩格斯文集》第一卷，人民出版社 2009 年版，第 536 页。
④ 《马克思恩格斯全集》第三十卷，人民出版社 1995 年版，第 221 页。

的和单向度的个体就会被普遍的、具有世界历史意义的个体所取代，人的自由全面发展意义上的解放就具有了实现的可能，“地域性的个人为世界历史性的、经验上普遍的个人所代替”①。马克思正是在此意义上把普遍交往的确立与生产力的普遍发展当作是人类解放的两个历史前提，“以生产力的普遍发展和与此相联系的世界交往为前提的”②。于是，马克思在人与社会的交往逻辑上把握住了人类解放的可能，“‘解放’是一种历史活动，不是思想活动，‘解放’是由历史的关系，是由工业状况、商业状况、农业状况、交往状况促成的”③。

但为何个体与社会的交往并不都是使人全面发展的普遍交往呢？为何会出现交往异化的现象呢？这是生产力落后和生产资料私有制所导致的。生产力落后情况下，人与社会的交往只是区域性、民族性、片面性的交往，不能使人获得全面的各种关系，“只有随着生产力的这种普遍发展，人们的普遍交往才能建立起来”④。而生产关系的私有制存在会使得人与社会的交往产生维护特殊利益的虚假共同体，从而出现一部分人的发展是建立在剥削其他人的基础上的现象，“一些人靠另一些人来满足自己的需要，因而一些人（少数）得到了发展的垄断权”⑤。因此，马克思根据个体与社会的交往逻辑，面对交往异化和普遍交往的张力，通过政治经济学的研究范式，在劳动与休闲的辩证逻辑中进一步探析人类解放。

劳动是交往的表现形式之一。马克思认为，劳动是人的生命活动，是自由自觉的活动。在他看来，劳动是人产生各种社会关系的重要路径。在此意义上，劳动可以看作是人的类本质，“一个种的整体特性、

① 《马克思恩格斯文集》第一卷，人民出版社 2009 年版，第 538 页。
② 同上书，第 539 页。
③ 同上书，第 527 页。
④ 同上书，第 538 页。
⑤ 《马克思恩格斯全集》第三卷，人民出版社 1960 年版，第 507 页。

种的类特性就在于生命活动的性质，而自由的有意识的活动恰恰就是人的类特性”①。但生产力落后和私有制的存在，使得原应是人本质发展的劳动变为仅仅是一种谋生的手段，并出现异化劳动的现象，“异化劳动把这种关系颠倒过来，以致人正因为是有意识的存在物，才把自己的生命活动，自己的本质变成仅仅维持自己生存的手段”②。

马克思通过劳动价值理论和剩余价值理论的发现，在对资本的批判中阐明了异化劳动现象的历史性，并以时间的尺度在劳动和休闲的辩证逻辑中把握了人类解放的科学路径。时间是劳动作为生命活动的尺度，也是价值的尺度，“劳动时间，或劳动量，就是价值的尺度”③。马克思认识到资本通过价值形式的方式异化了劳动者的生命活动，将自由自觉的活动异化为增殖的“活劳动”，并以价值形式制造劳动时间与自由时间的对抗。人们的劳动在时间尺度上就被分割为用于生产的劳动时间和与之对立的剩余劳动时间，而资本增殖就是通过占有生产资料的方式让劳动者在剩余劳动时间里继续劳动，创造剩余价值。因为剩余价值就是“剩余劳动时间的凝结，只是对象化的剩余劳动”④，所以资本增殖在时间尺度上就表现为对劳动者剩余劳动时间的窃取。如果剩余劳动时间没有被资本窃取，那么就会转化为人们用来自由全面发展的自由时间。自由时间是“不被生活资料的直接生产所占去的、可供支配的时间”⑤，因此，人类解放在时间尺度上就可以表达为“节约劳动时间等于增加自由时间，即增加使个人得到充分发展的时间”⑥。于是，马克思通过劳动价值论的发现，不仅破解了资本的密码，更把握住了人类解放的时间向度。“时间实际上是人的积极存在，它不仅是

① 《马克思恩格斯文集》第一卷，人民出版社 2009 年版，第 162 页。
② 同上。
③ 《马克思恩格斯全集》第三十卷，人民出版社 1995 年版，第 617 页。
④ 《马克思恩格斯文集》第五卷，人民出版社 2009 年版，第 251 页。
⑤ 《马克思恩格斯全集》第三十二卷，人民出版社 1998 年版，第 216 页。
⑥ 《马克思恩格斯文集》第八卷，人民出版社 2009 年版，第 203 页。

人的生命的尺度，而且是人的发展的空间”[①]，所以，“整个人类的发展，就其超出人的自然存在所直接需要的发展来说，无非是对这种自由时间的运用，并且整个人类发展的前提就是把这种自由时间作为必要的基础”[②]。至此，马克思揭示出了人类解放的劳动与休闲的辩证逻辑。“一切人的自由和解放都存在于且只能存在于劳动和休闲之间，都是劳动和休闲合理配置的产物。”[③] 只要资本还存在，那么劳动时间就成为异己的增殖活动，而自由时间才是用来自由全面发展的时间。因此，人类解放就建立在自由时间的生产和利用之上。

与此同时，马克思劳动与休闲的辩证逻辑也切中了人类解放的美学逻辑。异化劳动、物化、拜物教等现象使人的本质关系狭隘化，在对人的依赖、对物的依赖状态中表现为诸多“丑陋”的现象。因此，人类解放不仅是一项合乎规律的历史必然进程，也不只是合乎目的的正义进程，更是一个实现美的历史进程。什么是美？美是自由的，也是自然的。这种自由和自然的统一表现为四个方面：美既是无目的的，“美是一对象的合目的性的形式，在它不具有一个目的的表象而在对象身上被知觉时”[④]；美也是无功利的，“美是无一切利害关系的愉快的对象”[⑤]；美还是无概念的，“美是那不凭借概念而普遍令人愉快的”[⑥] 美感；美更是鉴赏的愉快，“美是不依赖概念而被当作一种必然的愉快的对象”[⑦]。

那么美是如何实现自由和自然的统一呢？康德将其看作是先验的状态，而马克思则是将美把握为实践的历史生成，“他批判地继承了德

① 《马克思恩格斯全集》第三十七卷，人民出版社 2019 年版，第 161 页。
② 《马克思恩格斯全集》第三十二卷，人民出版社 1998 年版，第 215 页。
③ 王德军：《中国现代化进程中的人与文化》，人民出版社 2007 年版，第 118 页。
④ 康德：《判断力批判》上卷，宗白华译，商务印书馆 1963 年版，第 75 页。
⑤ 同上书，第 48 页。
⑥ 同上书，第 57 页。
⑦ 同上书，第 79 页。

国古典哲学与美学的成果，并通过对政治经济学的广泛深入的研究，创立了他的实践的、历史的唯物主义，把由康德提出的‘自由’与‘自然’（必然）的统一放到了人类物质生产实践（劳动）的基础之上，从而打开了美学史的全新的一页”①。把美放置于实践的维度中去把握，事实上就是把握了美的主体性，也就是说，美既是自然的，也是自由的，是在人的维度上去把握的。于是，马克思将美与人的本质建立了联系。

“美是存在本身的至上的完美性。”② 换言之，人作为存在者，其本质的自由全面发展就是一种至上的完美性。而人的异化就是对这种完美的社会关系的片面化，对异化的“丑陋”揭示，事实上也是指出这种异化现象是一种“不完美”。至此，建立在人的自由全面发展基础上的人类解放，就可以理解为一场自由而又全面的“完美”的历史过程。

人类解放的美的自由是指劳动的自由自觉，是自由与自然的统一，是人的劳动在符合生产力和个人意愿基础上真正为己的劳动，是发展的劳动。所以，马克思才直言在共产主义时期人们可以自由地根据自己的意愿，上午捕鱼，下午打猎，傍晚从事畜牧，晚上进行批判。同样，人类解放的美还是全面的，这是由人本质的全面性所决定的。因此，将人类解放理解为人的自由与全面的发展，本身就是对人类解放的内在美学逻辑的彰显。

二、中国式现代化对马克思主义人类解放的践行

党的二十大报告明确指出，中国式现代化是中国共产党领导的社会主义现代化。这明确了中国式现代化的双重性质：一是中国共产党

---

① 刘纲纪：《美学与哲学》，武汉大学出版社 2006 年版，“序”第 2 页。

② 张盾、刘睿：《论美学的存在论基础》，《吉林大学社会科学学报》2017 年第 3 期。

领导的现代化，而不是近代以来其他阶级或政党领导的现代化探索；二是社会主义现代化，而不是其他社会性质的现代化探索。而马克思主义人类解放理论及其内在逻辑，成为中国式现代化的内在哲学定向，并在与现代化的普遍规律结合过程中，通过实践的方式，塑造了中国式现代化的中国特色与超越性。

首先，中国式现代化通过践行个体与社会的交往逻辑，更为全面地促进了人的解放。马克思主义人类解放理论构成了中国式现代化的哲学定向，其中重要的表现之一就是个体与社会的交往成为中国式现代化的自觉实践。

一方面，中国式现代化通过践行和丰富人的各种交往形式，促进人从各种异化、受到约束的关系中解放出来。其一，中国式现代化实现了人们在当前生产力水平下最为彻底的政治解放。现代政治文明的发展包括全过程人民民主、全面依法治国的推进，人们的平等、自由、民主等权利得到了真正保障，男女平等、取消阶级特权、取消人身依附关系等得到了真正实现。其二，中国式现代化解放和发展了生产力，促进人们从落后生产力的约束中解放出来。生产力落后是制约人的发展的重要原因。而中国式现代化是由中国共产党领导的社会主义现代化，是不断践行和彰显社会主义解放和发展生产力本质的现代化进程。这就意味着中国式现代化对生产力的发展及其对人的发展的促进作用是一场历史自觉进程，表现为经济强国、科技强国的建设过程。其三，中国式现代化丰富和发展了人的社会关系，推进了人的社会解放。中国式现代化不仅促进了人的政治解放、生产力解放，更促进了人的思想解放，促进了人的交往方式的多样性和社会关系的丰富性。中国式现代化关键在科技现代化，在解放和发展生产力的过程中，科学技术的发展具有重要作用。而伴随着新的科技产生，新的生产生活方式发生变革，人与人、人与社会的交往愈加多样和密切，促进了文化和教育变革，表现为文化强国、教育强国的建设与实现。另一方面，中国式现代化通过坚持和扩大开放，拓展了人的自由全面发展的交往关系。马克思指出："每一个单个人的解放的程度是与历史完全转变为世界历史的程度一致的。"① 随着世界市场的拓展和深入，地域性等狭隘关系瓦解，自给自足生产方式越来越行不通。中国式现代化随着改革开放的全面深入，主动对接和融入世界市场，并在现代化推进的过程中成为世界工厂，成为世界自由贸易的稳定力量。在此意义上，中国式现代化越来越具有世界性维度，具有文明交流、文化交流的世界历史特征，人们也在开放性中获得了交往的全面性和关系的丰富性。

其次，中国式现代化通过践行劳动与休闲的辩证逻辑，更为有效地促进了人的解放。中国式现代化通过建立社会主义基本经济制度，在驾驭资本逻辑并保证公平与效率的情况下，能确保最大多数人在劳动之余获得最大限度的自由时间。社会主义基本经济制度形成了"三位一体"的格局，包括公有制为主体、多种所有制并存的所有制结构，按劳分配为主体、多种分配方式并存的分配方式和社会主义市场经济体制。以公有制为主体的所有制结构抑制了资本窃取劳动者剩余劳动时间的私有制前提，"社会主义公有制及其资本形态从生产关系这一中介入手，驾驭传统的资本逻辑，既激活'资本的文明面'，又克服资本的生产性矛盾，同时避免陷入资本形而上学"②。公有制企业管理者并不掌握生产资料，也就不具备占有劳动者剩余劳动时间的法权与动力，所以人们在公有制企业里能够最大限度地获得自由时间。

按劳分配为主体的分配方式，是现有生产力水平下能最大限度实现劳动与休闲统一的分配方式。每个人的劳动能力有差别，但由此带来的收入差距要远小于资本等其他要素参与的分配。因此，虽然完成相同的工作的劳动时间有差异，但劳动者基本上都能保障剩余劳动时

---

① 《马克思恩格斯文集》第一卷，人民出版社 2009 年版，第 541 页。

② 周丹：《社会主义市场经济条件下的资本价值》，《中国社会科学》2021 年第 4 期。

间的获得，而不是在剩余劳动时间里仍然需要继续从事劳动生产剩余价值。社会主义市场经济体制的宏观调控，为劳动与休闲的统一提供了重要保障。社会主义市场经济在完善市场经济体制解放和发展生产力的同时，还充分发挥宏观调控功能促进劳动与休闲的统一。社会主义初级阶段还需要借助市场来解放和发展生产力，这就需要一种强有力的权力能够驾驭资本逻辑，从而减少资本带来的弊病。马克思指出："要避免所有这些弊病，权利就不应当是平等的，而应当是不平等的。"① 社会主义市场经济体制的宏观调控就是在坚持党的领导下驾驭资本逻辑，通过资本治理阻止资本的无序扩张，减少资本对人们剩余劳动时间的占有。

再次，中国式现代化通过践行自由与全面的美学逻辑，更为完美地促进了人的解放。中国式现代化在马克思主义中国化的内在规定下，具有了超越资本现代性悖论、扬弃异化的可能。这是因为马克思主义本身就是现代文明内在对抗性的产物。马克思主义深刻地批判和揭示了资本以价值形式制造的劳动时间与自由时间的对抗，以及建立在资本增殖逻辑上一系列的资本悖论。同时，中华优秀传统文化作为前现代的智慧、文化、价值、哲学，对资本的现代性同样具有否定性。正是对资本现代性的否定性的统一，马克思主义中国化规定下开展的中国式现代化实践具有了批判和超越资本现代性悖论的可能。

中国式现代化的特点和本质要求都是实现全体人民共同富裕，为人的自由全面发展提供了历史必需的条件。而异化的背后是人与资本的关系，是少部分人的发展建立在多数人不发展的基础上，其生成机制是资产阶级借助生产资料无偿占有劳动者的价值。所以，资本主义现代化出现了许多越劳动越贫穷、收入很高但是不敢消费、时间越来越不够用的悖论现象。中国式现代化则是推进共同富裕的建设，实现

① 《马克思恩格斯文集》第三卷，人民出版社 2009 年版，第 435 页。

了人的物质富裕、精神富裕、自由时间富裕的统一，是真正通往人自由全面发展的共同富裕。其中，自由时间的富裕是中国式现代化彰显自身自由与全面美学逻辑的体现。在私有制还是必需的历史前提下，劳动时间与自由时间必然还是一种对抗性存在状态。资本主义现代化之所以会出现现代性悖论，其根源就在于不仅使人的劳动时间成为一种异己的时间，而且连自身能支配的自由时间也都被纳入资本增殖的逻辑中。中国式现代化通过社会主义基本经济制度的建构驾驭了资本逻辑，一定程度上使劳动时间复归自由自觉，在时间维度上实现了对人异化的扬弃与解放。

同时，中国式现代化最大限度地保证了人们自由时间的获得与扩大。一方面通过实现高质量发展的方式，最大限度地生产出剩余劳动时间，“高质量发展是全面建设社会主义现代化国家的首要任务”①；另一方面，中国式现代化在马克思主义中国化的逻辑驱动下驾驭了资本逻辑，并没有把剩余劳动时间都转换成剩余价值，而是为剩余劳动时间转化为自由全面发展的自由时间提供了空间。于是，人们在中国式现代化的稳步推进中不仅可以最大限度地获得剩余劳动，还可以在剩余劳动时间里自由全面发展，并将其转化为自由时间，而不是将剩余劳动时间继续纳入资本增殖的闭环逻辑里，在生产、分配、交换、流通、消费的全过程中为资本增殖服务。因此，人们在中国式现代化中具有最大限度获得自由全面发展的可能。

三、中国式现代化对马克思主义人类解放的发展

中国式现代化在践行马克思主义人类解放理论的同时，又以中国

① 习近平：《高举中国特色社会主义伟大旗帜　为全面建设社会主义现代化国家而团结奋斗——在中国共产党第二十次全国代表大会上的报告》，人民出版社2022年版，第28页。

特色和本质要求在具体化的定向中推进了马克思主义人类解放理论的发展。中国式现代化对马克思主义人类解放的发展，是建立在对个体与社会的交往逻辑、劳动与休闲的辩证逻辑、自由与全面的美学逻辑整体性把握基础上，创新发展了驾驭资本逻辑促进解放的道路、以人民为中心的全域性解放的道路和在党的领导下以自我革命推进社会革命的自觉解放道路。

在推进人类解放过程中，不论是个体与社会的交往逻辑，还是劳动与休闲的辩证逻辑，抑或自由与全面的美学逻辑，都面临着一个最基本的现代性问题，即资本。资本在整体性推进了人的解放同时，又在这三个逻辑方面造成了新的异化。在个体与社会的交往逻辑中，资本使人从对人依赖的社会阶段解放了出来，但是又陷入了对物依赖的窠臼之中。资本完成了宗教解放、政治解放的历史使命后，又使得商品拜物教、货币拜物教、资本拜物教等异化现象重构了个体与社会的交往形式，其本质是资本逻辑对个体与社会关系的渗透与重塑。在劳动与休闲的辩证逻辑中，资本在私有制的历史前提下制造了劳动时间与剩余劳动时间的对立。这一方式虽然相较于以往的生产方式让劳动者获得一定程度的剩余劳动时间而具有解放意义，甚至资本增殖不自觉地以一种历史必然方式促进了剩余劳动时间的大量生产，但是资本增殖的逻辑始终存在着“窃取”劳动者剩余劳动时间的趋势，并且出现了自由时间与剩余价值的对立现象。而自由时间是劳动者进行自由全面发展的时间，这就造成了自由时间既依赖于资本生产又受资本窃取的时间悖论现象。在自由与全面的美学逻辑中，资本虽然能够通过生产出更多自由时间以及确保自由贸易、自由劳动的方式保证人的自由性，并通过大量生产、大量消费的方式制造出更多人的需要，并在满足人的需要过程促进人的全面发展，但是这种自由是资本的自由，这种全面是满足资本增殖的全面。因此，资本推进美学向度的人类解放，是建立在资本“丑陋”基础上的图景；资本增殖所开启的现代化进程，是既“解放”人类又异化人类的悖论。

面对现代化的资本课题，中国式现代化在把握资本特性和规律基础上走出了一条驾驭资本逻辑的解放道路。这意味着中国式现代化摒弃并超越了西方以资本为中心的现代化道路，是通过驾驭资本逻辑的方式在个体与社会的交往逻辑、劳动与休闲的辩证逻辑、自由与全面的美学逻辑的把握基础上整体性推进人的解放。

中国式现代化对资本逻辑的驾驭表现为利用资本、消灭资本的历史进程。中国式现代化也有资本，也存在资本的规律和资本增殖的逻辑。但资本不是中国式现代化的主体，而只是手段，是解放、发展生产力的手段。驾驭资本逻辑并不是倒退至蒲鲁东的“辩证法”水平，而必须认识到资本既是现代生产方式，也是一种“劳资关系”，其所彰显的资本文明面与资本的剥削是一个硬币的两面，是现代悖论的内在关系结构。因此，驾驭资本逻辑就要立足于对资本规律把握基础上治理资本，既充分发挥资本的文明面，又抑制资本的悖论。

中国式现代化驾驭资本逻辑表现为从要素层面把握作为“普照的光”的资本。中国式现代化区分了资本与资本要素：资本是一种历史的生产关系，是作为普遍社会规律的现代生产方式；“但是，资本在其具体形态上，它表现为生产过程的要素，表现为具体的劳动资料和劳动对象”①，这是因为资本的生产是劳动与增殖统一的过程。重农学派之所以被马克思称为现代经济学的鼻祖，就是在资本的劳动与增殖统一的过程中把劳动资料、劳动对象这些劳动过程中的要素形式“当作资本来理解”②，看作是“物质规律”③。换言之，资本是通过劳动过程中的资本要素的物质规律实现自我增殖。因此，资本要素构成了驾

① 张旭：《正确认识资本的特性与发挥资本要素的积极作用》，《当代经济研究》2022年第5期。

② 《马克思恩格斯全集》第三十三卷，人民出版社2004年版，第15页。

③ 同上。

驭资本逻辑的“阿基米德支点”，是社会主义利用资本消灭资本的关键。

如果说区分资本与资本要素是对驾驭资本逻辑的微观层面把握，那么将资本把握为生产要素则是对总体生产环节里“普照的光”的再建构。这是因为“在一切社会形式中都有一种一定的生产决定其他一切生产的地位和影响，因而它的关系也决定其他一切关系的地位和影响。这是一种普照的光，它掩盖了一切其他色彩，改变着它们的特点。这是一种特殊的以太，它决定着它里面显露出来的一切存在的比重”①。资本是资本主义“普照的光”，但是到了社会主义社会，“社会主义公有制成为这一经济关系总体的‘普照的光’”②。社会主义公有制为主体，决定了资本在总体生产环节中的比重和色彩。如此一来，对资本的驾驭就可以表述为在生产环节里充分发挥资本的作用，而在其他环节里要受社会主义公有制的控制，进行适当比重的调整。正是由于对资本的创新性调整与把握，使得中国式现代化中个体与社会的交往逻辑、劳动与休闲的辩证逻辑、自由与全面的美学逻辑能够在积极占有资本文明面作用的同时，还能消解资本带来的现代性悖论，在利用资本的同时还能治理资本，在生产大量剩余劳动时间的同时也能最大限度确保剩余劳动时间转化为自由全面发展的自由时间，在普遍交往的同时减少资本带来的异化悖论，从而推进人的解放。

中国式现代化还创造性地走出了一条以人民为中心的全域性发展道路。资本主义现代化以资本为主体，围绕资本增殖进行现代化建设，创造的是现代的资本文明。而中国式现代化开创了一条以人民为中心进行全域性发展的现代化道路，创造了现代的人类文明新形态。资本

① 《马克思恩格斯选集》第二卷，人民出版社 1995 年版，第 24 页。

② 顾海良：《马克思对资本特性和过程的政治经济学分析及当代意义——马克思〈1857—1858 年经济学手稿〉再研究》，《经济学家》2022 年第 8 期。

主义现代化虽然在资本自行增殖的历史进程中不自觉地推进了人的发展和解放，但这一切只是资本自我增殖为主体的副产品。中国式现代化则明确了人民是现代化发展的主体，不仅发展是为了人民，而且发展要依靠人民，发展成果由人民共享，满足人民的美好生活需要，这些构成了中国式现代化发展的标准与目的。因此，是满足人民的美好生活需要还是资本增殖，成了中西方现代化区别的标志。

资本增殖具有生产出更多需要的必然趋势，这是因为“提高和发展生产力为基础来生产剩余价值，要求生产出新的消费”①。资本具有通过发现和创造新的使用价值来制造新的需要的趋势和动能，这种趋势虽能通过制造需要的方式促进人的发展，但存在着虚假需要，还呈现为一种螺旋形发展。资本制造出更多的需要是为了增殖，而不是为了满足人的需要。作为人的需要的生产却吊诡地由资本来决定，这不可避免地出现虚假需要的现代性问题。人们消费这些虚假需要、完成资本增殖的同时也使得自己贬值，出现诸多异化现象。此外，资本主义现代化在生产与再生产更多需要的过程中建构了一个螺旋形的文明形态，“资本划了一个圆圈，作为圆圈的主体而扩大了，它就是这样划着不断扩大的圆圈，形成螺旋形”②。这是因为资本主义现代化意在发展能实现资本增殖的领域，而不会发展对人的解放有益却无法实现资本增殖的领域。这就使得发展的愈发展，滞后的愈滞后，呈现为一种悖论性的文明。

中国式现代化从现实的人出发，坚持人民至上的立场，以问题导向和系统观念来发展和满足人的需要。中国式现代化虽然也是通过生产和满足需要来推进个体与社会的交往，但这里的需要不是资本增殖的需要，而是人的发展需要；资本是生产需要的手段，而不是目的。

① 《马克思恩格斯全集》第三十卷，人民出版社 1995 年版，第 388 页。

② 《马克思恩格斯全集》第三十一卷，人民出版社 1998 年版，第 146 页。

相比较资本主义现代化而言，中国式现代化更具有扬弃虚假需要现代性悖论的可能。而且中国式现代化对于人的需要的生产与再生产，除了资本自发生产路径以外还蕴含着问题为导向的自觉路径。伴随着人的普遍交往，人的全面发展必然会不断面临新的现象和问题。“问题是时代的声音”①，这些新的问题是中国式现代化建设要致力于解决的。这就是说，人民的美好生活需要构成了衡量需要的标准。当人的发展与资本增殖相矛盾时，中国式现代化必然放弃资本的增殖，也要满足人的美好生活需要。

另一方面，中国式现代化践行系统观念，推进以人民为中心的全域性发展。以人民为中心的全域性发展并不是同步发展，也不是平均发展，而是在全局和局部、当前和长远、主要矛盾和次要矛盾、特殊和一般的统一中实现对社会的全域性发展和对人自由全面发展的整体性推进。所以，中国式现代化建设相比较资本主义现代化的自发性而言，存在着自觉规划行为与安排。正是如此，人的自由全面发展在中国式现代化的进程中能够得到更大限度的保障，人的解放也能获得更为全面的推进。

无论是走一条驾驭资本逻辑的解放道路，还是以人民为中心全域性发展的解放道路，其根本都是因为找到了一条坚持党的领导下以自我革命推进社会革命的自觉解放道路。不了解中国共产党，就无法把握中国式现代化，这是因为中国式现代化是中国共产党领导下的社会主义现代化。正是由于中国共产党的领导，中国式现代化才能够驾驭资本逻辑，才能坚持以人民为中心推进全域性发展，才能始终推进中华民族伟大复兴和朝向共产主义，才能体现历史自觉的进程。

而在中国式现代化过程中，人的自由全面发展的解放路径是通过

① 习近平：《高举中国特色社会主义伟大旗帜　为全面建设社会主义现代化国家而团结奋斗——在中国共产党第二十次全国代表大会上的报告》，人民出版社 2022 年版，第 20 页。

中国共产党的治国理政体现出来的。中国共产党在马克思主义中国化时代化理论成果的指导下，通过把握现代化的普遍规律，发挥历史主动，自觉推进了中国式现代化进程，推进了在现代化建设中的人的自由全面发展。中国共产党对于人的自由全面发展解放路径的自觉推进，是通过自我革命引领社会革命的方式实现的。自我革命是中国共产党区别于其他现代性政党的标志，这是因为中国共产党是一个无产阶级政党、马克思主义政党，中国共产党的政党属性决定了中国共产党“只有在革命中才能抛掉自己身上的一切陈旧的肮脏东西，才能胜任重建社会的工作”①。这是因为无产阶级面临着社会的普遍不公正，没有自己的特殊利益。无产阶级只有实现所有人的解放才能实现自身的解放，这种彻底性就是无产阶级政党的纯洁性。同时，无产阶级要肩负人类解放的历史使命，就必须消灭作为一种历史规律和历史生产关系而存在的资本，这就需要无产阶级从自在阶级走向自为阶级，需要形成自觉的阶级意识，需要马克思主义的科学指导，这种科学的自觉性就是无产阶级政党的先进性。所以，中国共产党必然与其他政党不同，不断通过自我革命的方式，加快推进包括政治建设、思想建设、组织建设、作风建设、制度建设、纪律建设在内的党的建设新的伟大工程，保持中国共产党的纯洁性和先进性。

中国共产党正是以先进性和纯洁性，通过自我革命引领社会革命，这种引领是通过精神层面的历史主动精神和实践层面的国家治理体系和治理能力现代化实现的。历史主动精神是指中国共产党带领中国人民进行社会主义现代化建设的强大精神动力，是中国式现代化在历史实践中上层建筑的精神体现。换言之，中国式现代化将为人类求解放的取向化为上层建筑的精神动力，具体表现为解放的理论自觉、价值自觉和道路自觉。为人类求解放还通过融入国家治理体系和治理能力

① 《马克思恩格斯文集》第一卷，人民出版社 2009 年版，第 543 页。

现代化实现一种通往解放的现代化制度建设，进而实现社会革命。总之，中国式现代化以自身的马克思主义中国化的本质规定，在社会主义现代化道路上，践行并发展了马克思主义人类解放理论，开创了一种通往人类解放的文明新形态。

（刘伟兵，法学博士，复旦大学马克思主义研究院讲师）

中国式现代化蕴含的独特"六观"

第七篇　中国式现代化蕴含的独特世界观

◎田鹏颖　张小鹏

习近平总书记指出："中国式现代化蕴含的独特世界观、价值观、历史观、文明观、民主观、生态观等及其伟大实践，是对世界现代化理论和实践的重大创新。"① 在中国式现代化"六观"中，世界观居于首要位置，规定着其他"五观"的一般性质，起着"统领"的作用，是我们在思维行程中把握中国式现代化的世界历史视野、人类文明革新意义所必须直面的重大命题。各国现代化的理论与实践，是在世界历史行轨上铺陈与开显的，包含着对总体世界的观照与想象，形成了丰富的现代化的世界观。作为现代化世界观的一种独特之典型，中国式现代化世界观体现了关于世界现代化之问的中国叙事方式，具有多重关系向度，以其之"新"彰显了自身对人类现代化发展的启示意义。

① 《正确理解和大力推进中国式现代化》，《人民日报》2023 年 2 月 8 日。

一、中国式现代化世界观的时代叙事

世界观是观世界主体对世界的总的看法，现代化世界观是指从特定现代化活动中折射出来的对世界（世界现代化）的总的看法。世界观，尤其是现代化世界观，本身是历史的，总是要通过特定的时代叙事方式予以呈现。15世纪以来，伴随着世界历史时代的日渐到来，全球“地理世界”的面目日渐清晰，宗教“彼岸世界”的神祇也日渐消逝，但世界历史时代的任务——确立此岸世界的真理①——仍未终结，在时代中观世界（确定世界观的特定时代叙事）的任务也仍未终结。作为世界历史时代人类社会发展的基本主题，现代化的进程本身也承载着建构时代化世界观的使命。

中国式现代化的伟大创造，是一个基本的世界历史事实，其创造的过程，同时也是现代化世界观形塑的过程，由此开显出体现独特性的世界观。这里的独特性，首先意味着这一世界观区别于其他现代化世界观。其次，在更深层意义上，意味着这一世界观是特别契合现实需要的、积极面向当今世界（世界现代化）的，具有深刻的现实导向性质。因而，中国式现代化世界观不仅是回答“怎么看”的现代化世界观，而且是回答“怎么办”的现代化世界观，超出一般的现代化世界观及其定义。尤其是在人类社会现代化进程又抵近新的十字路口的历史背景下，中国式现代化蕴含的独特世界观本身反映了对世界现代化之问的总的看法和总的办法，是对当今世界现代化之问（围绕走什么样的现代化道路以及怎样实现现代化而展开的一系列世界之问）的时代应答，蕴含其中的鲜明时代叙事，彰显着中国式现代化世界观的基本内涵，为人类现代化建设供给了深邃厚重的中国智慧、中国理念、

① 《马克思恩格斯文集》第一卷，人民出版社2009年版，第4页。

中国价值。

（一）叙说坚守人民至上理念

按照中国式现代化的世界观理解，现代化应该成为人民的事业，现代化方向应当突出“人民性”。当中世纪的俗语“没有无领主的土地”被现代社会的俗语“金钱没有主人”所代替时，实际上已经昭示，在资本主义现代化境遇中，死的资本具有对活的人的统治地位。资本的太阳光照整个资本主义世界，却把人放置到了阴影当中。“死的资本总是迈着同样的步子，并且对现实的个人活动漠不关心。总之，应当看到，工人和资本家同样苦恼，工人是为他的生存而苦恼，资本家则是为他的死钱财的赢利而苦恼。”① 而中国式现代化则自觉把人民作为现代化建设的坚实根基与深厚力量，以人民至上理念为现代化建设的基本价值取向。在领导中国人民从求而不得到成功创造、从落后挨打到自信自强的现代化征程中，中国共产党始终秉持鲜明人民立场，尊重人民主体地位，坚持走群众路线，把现代化追求、党的事业和群众的幸福同向谋划、一体统筹，科学实践了共产党“没有任何同整个无产阶级的利益不同的利益”② 这一社会主义现代化建设的基本原则。在新时代中国共产党的治国理政实践中，习近平总书记从马克思主义价值立场出发，凝结中国共产党“坚持人民至上”的历史经验，以“以人民为中心”确定了中国式现代化的根本立场。坚守人民至上理念，在世界观意义上澄明了现代化道路能否走得通、行得稳、走得正，根本就在于是否坚持以人民为中心。

（二）叙说秉持独立自主原则

在世界现代化史上，后发现代化国家主动或被动走上照抄照搬西

---

① 《马克思恩格斯文集》第一卷，人民出版社 2009 年版，第 119 页。
② 《马克思恩格斯文集》第二卷，人民出版社 2009 年版，第 44 页。

方现代化模式的道路并不鲜见，这样的模仿往往让渡独立求发展，却终因没有独立而失发展，历史的结局往往是悲剧性的。实际上，现代化不是唯西方化的“单项选择”，更不是少数国家的“垄断产品”。英美等西方国家作为现代化的先发国，为探索现代化的一般规律作出了历史性贡献，但并没有也不可能提供放之四海而皆准的现代化标准。现代化是普遍与特殊的统一，是抽象与具体的同在。各国历史环境的复杂性、具体国情的特殊性、文化传统的历史性，决定了各国走向现代化的经历注定不同。中国式现代化是独立自主的道路，是饱含中国特色的道路，其世界观畅言了要探索现代化道路的“多样性”。中国式现代化既遵循着现代化发展的普遍规律，又使之成为“体现着特殊的、个体的、个别的东西的丰富性的这种普遍”①。比如，现代化在经济上的市场化普遍内涵，在中国具体转化为“发展社会主义市场经济”；在政治上的民主化普遍内涵，在中国具体转化为“发展全过程人民民主”；在文化上的理性化普遍内涵，在中国具体转化为“坚持马克思主义在意识形态领域的指导地位”。总体上看，中国式现代化成功将后发外生型现代化转化为独立内生型现代化，事实上打破了发展中国家追求发展与让渡独立性之间的悖论，真切地革除了落后国家对西方模式的迷思，作为现代化发展的中国方案呈现在世界一切想发展、要发展的国家面前。

（三）叙说树立守正创新意识

马克思主义承认“变”的创新意蕴，但马克思主义所谓的“变”，又蕴含着“自己改变自己”“自己把握自己”的守正定力。正如列宁所指出的，“辩证逻辑要求从事物的发展、‘自己运动’（像黑格尔有时所

---

① 《列宁全集》第五十五卷，人民出版社2017年版，第83页。

说的)、变化中来考察事物”[1]。因而，科学的“变”，是包括守正与创新的变。中国式现代化的创造过程，体现着准确识变、科学应变、主动求变的守正创新自觉。守正创新是中国式现代化得以持续创造、持续拓宽、持续发展的根本之所在。中国式现代化因其守正而固本，因其创新而开源，既不走“改旗易帜”的邪路，也不走“因循守旧”的歪路。中国式现代化世界观的独特叙事理论及其实践，既守马克思主义基本原理之正，又创马克思主义中国化时代化之新；既守党的全面领导之正，又创领导方式之新；既守党的百年奋斗经验之正，又面向新问题新情况新挑战创时代之新；既守中华优秀传统文化、中国特色社会主义之正，又创人类文明形态之新。中国式现代化所凸显的守正创新世界观，申言了保持现代化进程持续性的方法论要求。“走向现代化”是世界各国的基本发展共识，这既是全人类业已确定的历史伟业，又是一项未竟的宏阔事业，要以守正创新意识保证事业的接续性，同时要不断创新现代化理论与实践，不断培育人类社会现代化发展的土壤，不断优化人类社会现代化的存在形式与发展形态。

（四）叙说弘扬立己达人精神

在世界现代化的历史图景中，特别是在资本主义现代化模式大行其道的历史阶段，利己主义原则被视为现代社会的永恒秩序。在这样的现代化进程中诞生的所谓“文明国家”，极力追求排他性利益，为此不惜撕掉文明的伪装，代之以更加野蛮的行径。正如马克思在评论中英鸦片战争时所指出的，“半野蛮人坚持道德原则，而文明人却以自私自利的原则与之对抗……在这场决斗中，陈腐世界的代表是激于道义，而最现代的社会的代表却是为了获得贱买贵卖的特权——这真是任何

① 《列宁专题文集·论辩证唯物主义和历史唯物主义》，人民出版社2009年版，第314页。

诗人想也不敢想的一种奇异的对联式悲歌”①。如果说，西方现代化先发国家也曾许诺全人类共享现代化荣光，那么，这样的许诺并不具有多少实际的历史内容。中国式现代化的世界观立场不是复述了利己主义原则，而是与之形成根本分殊，高扬着立己达人精神，倡导增强现代化成果的普惠性。中国式现代化的创造过程，不是谋一国之私、逐一国之利的过程，而是以构建人类命运共同体的知与行重建人类的联系过程，是做大人类现代化成果“大蛋糕”的过程，是使人类现代化成果更好惠及全人类的过程。在中国式现代化创造的文明形态景观中，文明交流、文明交融、文明共存不仅是可能的，而且是现实的。中国式现代化的立己达人世界观及其实践，深刻彰显“任何国家追求现代化，都应该秉持团结合作、共同发展的理念，走共建共享共赢之路。走在前面的国家应该真心帮助其他国家发展。吹灭别人的灯，并不会让自己更加光明；阻挡别人的路，也不会让自己行得更远”②。

（五）叙说保持奋发有为姿态

现代化是世界历史时代的浩荡大势，任何民族国家都不可阻遏。但这并不意味着现代化是唾手可得的。从人类现代化的具体实践来看，各国现代化的探索、创造都是道阻且长的。西方发达国家的现代化成就，大多经历了数百年的历史建设周期，饱尝了现代发展的无尽艰辛。正如有论者在复盘英国这一唯一现代化原型国家的发展历程时所揭示的，英国现代国家政治机制的确立耗费了470余年的时间；现代经济体系（工业化体制）的建构经历了4个世纪，且使无数人付出倾家荡产、产业重置的代价。③ 而中国仅用数十年的时间，就创造了西方发达国家

① 《马克思恩格斯文集》第二卷，人民出版社2009年版，第632页。

② 《携手同行现代化之路》，《人民日报》2023年3月16日。

③ 任剑涛：《从现代化的规范含义理解“中国式现代化”》，《江汉论坛》2023年第1期。

数百年方才取得的发展成就，相对缩短和减轻了现代化的“分娩痛苦”。质言之，中国式现代化使西方现代化的历时性成就共时性化了。其中根本的原因就在于，中国式现代化的创造过程，是中国共产党本质力量和领导能力的对象化过程。近代以来，在中国现代化探索进程中，孙中山曾借鉴苏俄政党制度经验，提出“以党领军、以党建国”设想，但唯当中国共产党诞生、壮大并担负起现代化的领导责任时，中国的现代化事业才被牵引走上正轨，也才走出了中国式现代化道路。中国共产党是把国家组织起来的领导党，这既表现为领导新民主主义革命阶段的救亡图存，还表现在新中国成立后的领导治国理政，又表现为通过不断锤炼自身、自我革命以提高领导能力上，体现了中国共产党领导人民创造现代化伟业的强烈历史主动精神。在这样的意义上，中国式现代化世界观揭示了要保证现代化领导的坚定性。

二、中国式现代化世界观的基本关系向度

列宁指出：“马克思一方面能够吸收并进一步发展同中世纪封建势力和僧侣势力斗争的‘18 世纪的精神’，另一方面又能吸收并进一步发展 19 世纪初那些哲学家和历史学家的经济主义和历史主义（以及辩证法），这就证明马克思主义的深刻性和它的力量，证明把马克思主义看做是科学上最新成就的见解是完全正确的。”① 与之相似的是，中国式现代化蕴含的独特世界观本身是人类文明发展大道上的产物，其之所以具有“深刻性和力量”，以及成为“最新的世界现代化见解”，就在于这一现代化的独特世界观实现了对“马中西”世界观资源的集成再创造，具有多重关系向度。

① 《列宁全集》第二十五卷，人民出版社 2017 年版，第 51 页。

（一）对马克思主义新世界观的守正创新

恩格斯曾作出这样一个经典论断，即马克思主义“已经根本不再是哲学，而只是世界观，这种世界观不应当在某种特殊的科学的科学中，而应当在各种现实的科学中得到证实和表现出来”①。按照一般的理解，哲学即是系统化、理论化的世界观。而马克思主义之所以“不再是”这样形态的哲学世界观，“而只是世界观”，原因就在于，马克思主义实现了“哲学的革命”（世界观的革命），导引着哲学从解释世界的理论升华为改变世界的理论，在现实世界中实证和表现自身。就这样的意义而言，马克思主义本身成为“新世界观”，辩证唯物主义和历史唯物主义是这一新世界观的主要内容。中国式现代化是以马克思主义为指导的现代化，体现了科学社会主义的先进本质，其所蕴含的世界观以辩证唯物主义和历史唯物主义为理论本色。以上所论证的这一独特世界观的时代叙事，本身都是马克思主义新世界观的中国叙事，这甚至不需要过多例证。在中国式现代化的道路上，中国共产党人深谙，“如果头脑里没有辩证唯物主义、历史唯物主义的世界观，就不可能以正确的立场和科学的态度来认识纷繁复杂的客观事物，把握事物发展的规律”②，辩证唯物主义和历史唯物主义是中国共产党在现代化奋进征途中一以贯之、始终坚持的世界观。

但中国式现代化蕴含的独特世界观不是对马克思主义新世界观的简单重现，而是后者的中国化时代化守正创新形态。作为新世界观的马克思主义，绝不是凝固的、恒定的、一成不变的，而是始终处在动态发展中。从马克思思想著作来看，《关于费尔巴哈的提纲》是马克思主义新世界观的“天才的萌芽”，而《哲学的贫困》和《共产党宣言》

① 《马克思恩格斯文集》第九卷，人民出版社 2009 年版，第 146 页。

② 习近平：《辩证唯物主义是中国共产党人的世界观和方法论》，《求是》2019 年第 1 期。

则标志着这一全新世界观的“正式问世”，而《资本论》的发表则意味着这一世界观得到了更具连贯性、系统性、整全性、科学性的阐述。马克思主义新世界观科学抽象地整理概括了人类历史发展的最一般结果，但“绝不提供可以适用于各个历史时代的药方或公式。相反，只是在人们着手考察和整理资料——不管是有关过去时代的还是有关当代的资料——的时候，在实际阐述资料的时候，困难才开始出现”①。走出中国式现代化道路的历程，是不断战胜迎面而来或者突如其来的“中国问题”的历程。这条道路，并不是马克思理论所设想的，更不是马克思所直接实践的，在其中生成的独特世界观，只能从中国人自己的具体现代化实践中产生，从中国人自己的头脑中产生，以中国人自己的思维语言创造性表述出来。正如，中国式现代化世界观所叙说的立己达人精神，本身直面着两种制度长期并存与较量的特殊历史背景，畅言着构建人类命运共同体的中国智慧。这根本有别于马克思主义新世界观诞生时的原发历史语境，也不是马克思真正共同体思想的直接表述。概言之，中国式现代化蕴含的独特世界观以马克思主义新世界观为“理论原型”，同时又结合中国现代化发展的具体实际、客观要求、历史条件、文化传统，不断赋予其以鲜明的中国化时代化内涵。

（二）对中华优秀传统文化经典世界观的转化发展

在西方现代化理论当中，传统与现代彼此对立，传统就等同于落后，告别传统（传统世界观），似乎是人类现代化的“当然使命”。至于现代世界中传统的某些存续现象，则被认为是现代化不彻底的明证或者本身标明了现代化的革新使命。② “从18世纪后期开始，工业革命逐步扩大了欧洲与中国之间的物质差距，同时欧洲人开始把‘文化’

---

① 《马克思恩格斯文集》第一卷，人民出版社2009年版，第526页。

② 田鹏颖、张小鹏：《论中国与中国式现代化》，《当代中国与世界》2023年第2期。

等同于高度的物质文明，因此中国这个一度技术昌盛，物产丰富，为西方所称羡的国家，却被视为落后的社会。”[①] 尤其是，当近代中国遭遇了西方列强侵略后，“中国及其文化传统是落后的”这一印象又牢固地在国人心中扎下根来。因而，在中国走向现代化进程中，其社会内部包含着强烈的传统落后认知与强劲的文化反省力量，中华文化传统连同其世界观经历了反复的历史冲击。马克思指出：“对人类生活形式的思索，从而对这些形式的科学分析，总是采取同实际发展相反的道路。这种思索是从事后开始的，就是说，是从发展过程的完成的结果开始的。”[②] 当中国式现代化道路业已走出，当中国式现代化理论业已体系化，我们再来思索中国现代化事业的“厚重事实基础”时，一个比较清晰的认知是：中华优秀传统文化经典世界观在同马克思主义新世界观的“两相结合”中，以潜移默化、润物无声、独具特色的形式内容渗入中国式现代化的伟大创造中，真切成为中国式现代化蕴含的独特世界观的有机构成。这样的认识在人类现代化进程中并不鲜见。譬如，欧洲正是通过文艺复兴这一回溯古希腊、古罗马文化的运动而孕育和开创了西方现代世界。

“天下”是中华优秀传统文化中最具世界观表达意义的范畴，天下观可以被理解为中国人的传统经典世界观。《老子》言曰：“故以身观身，以家观家，以乡观乡，以邦观邦，以天下观天下。吾何以知天下之然哉？以此。”[③] 这是中华文明传统世界观的经典表达。这一表达意味确立了“世界内部化”原则。“世界内部化就是使世界成为容纳一切的（All-inclusive）天下，也就是‘无外’的天下，从而使世界只有内部性而不再有无法克服的外部性，不再把他者识别为无法共同生活的

① 柯文：《在中国发现历史：中国中心观在美国的兴起》，林同奇译，社会科学文献出版社 2017 年版，第 170—171 页。

② 《马克思恩格斯文集》第五卷，人民出版社 2009 年版，第 93 页。

③ 《老子》，汤漳平、王朝华评注，商务印书馆 2020 年版，第 218 页。

异己，不再把不同的价值观定义为不可接受的异教（paganism）。”① 也正是基于这样的“天下”（世界）理解，中华优秀传统文化中又孕育出天下为公、天下属民、天下大同、天人合一、天地无私、自强不息、厚德载物等等理念，显示出中华文明重人事、崇和合、尚奋斗等文化自觉，天下主义是中华民族绵延久远的核心人文精神。中国式现代化蕴含的世界观，之所以是独特的，一个重要的原因就在于，中国式现代化的世界观内含着中华民族对天地、天人、天地人等关系的独特理解，高扬着建设中华民族现代文明的历史自觉，着力使中华文明以转化发展的现代形态同时代照面。中国式现代化虽然以“中国式”定义自身，但却在现代世界的宏阔境遇中言说着中华文化传统天下观，践行着“世界内部化”原则，即中国式现代化并不拒斥人类社会现代化探索的丰富性、多样性、多元性，而是把自己视为人类现代化图景的有机构成，旨在繁荣世界文明百花园，这构成了理解中国式现代化之独特世界观的一条基本逻辑线索。

（三）对西方资本主义现代化世界观的革新超越

从人类现代化的历史来看，近代西方的现代化运动具有开端意义。沿着这样的历史开端，真实创造了资本主义现代化。但在资本主义意识形态话语遮蔽下，资本主义生产方式被“神秘化”了，资本主义现代化的理论与实践被宣布为具有历史必然性。但正如马克思所指出的，当物质的生产关系同其历史社会规定形态（资本主义生产关系）的“直接融合已经完成”时，实际上创造了“一个着了魔的、颠倒的、倒立着的世界。在这个世界里，资本先生和土地太太，作为社会的人物，同时又直接作为单纯的物，在兴妖作怪”②。资本成为资本主义现代世

---

① 赵汀阳：《天下的当代性：世界秩序的实践与想象》，中信出版社 2016 年版，第 25 页。
② 《马克思恩格斯文集》第七卷，人民出版社 2009 年版，第 940 页。

界的“普照的光”“特殊的以太”，是支配一切的“经济权力”，这意味着以资本（资本逻辑）观世界成为西方资本主义社会的现代世界观照方式。然而，在资本主义现代化的世界图景当中，两极分化严重致使社会矛盾丛生的事实有之，物质主义膨胀造成精神世界萎靡的事实有之，人与自然对立造成严重生态危机的事实有之，对外扩张掠夺造成战争伤痕的事实有之，特别是经济危机的周期性发生，充分显示了资本主义现代化及其世界观的历史局限性。

曾几何时，按照西方现代化世界观的理解，仿佛诸如市场、民主等现代性要素本身独属于资本主义现代化。实际上，当市场、民主甚至是资本摆脱了狭隘的资本主义形式后，本身就会生产出人的全面性、社会的全面性。就如马克思所指出的，“如果抛掉狭隘的资产阶级形式，那么，财富不就是在普遍交换中产生的个人的需要、才能、享用、生产力等等的普遍性吗？……不就是人的创造天赋的绝对发挥吗？这种发挥，除了先前的历史发展之外没有任何其他前提，而先前的历史发展使这种全面的发展，即不以旧有的尺度来衡量的人类全部力量的全面发展成为目的本身。在这里，人不是在某一种规定性上再生产自己，而是生产出他的全面性”①。

中国式现代化蕴含的独特世界观反映了马克思这一真理洞见。在创造中国式现代化的路上，我们并没有简单排斥西方资本主义文明，特别是对寓于其中的市场、民主、资本等等概念范畴没有一律弃置，而是辩证省察之、把握之、吸收之，去除其资本主义的狭隘性，赋予饱含中国特色的社会主义形式内容，从而实现了对资本主义现代化世界观的革新超越。譬如，在关于政治民主化的认识与实践上，我们卓有见地地批判了资产阶级民主的历史局限性，特别是反思了西式以选举为中心的程序民主及其新自由主义民主观，走出了发展全过程人民

① 《马克思恩格斯全集》第三十卷，人民出版社 1995 年版，第 479—480 页。

民主的社会主义政治现代化道路。又如，在关于资本的认识与实践上，我们扭正了改革开放前“去资本化”“去金融化”倾向，逐步深化认识资本与社会主义的关系问题，在社会主义市场经济语境中积极规范和引导资本发展，制驭资本逻辑以更好地服务于社会主义现代化建设。总之，在中国式现代化的世界观理解中，现代化道路要坚持汲取人类文明优秀成果，具有鲜明自我性。

三、中国式现代化世界观对人类现代化的发展启示

中国式现代化蕴含的独特世界观既是伟大的中国创造，又是全球公共产品，在强国建设、民族复兴路上，在世界现代化进程中生发、光大，开拓出对人类现代化的全新观照方式，是考察人类现代化文明的世界观新范式，为把握人类现代化提供了新尺度、新思维、新视野。

（一）为评价人类现代化提供了新尺度

在关于现代化的评价上，一个简单公式：“现代化=西方化”，曾禁锢着人们的头脑。其原因在于，从历史上看，现代化奠基于西欧自14世纪以来所实现的文明突破，直接起势于18世纪中后期发生的英国工业革命与法国政治革命，而后表现为逐步从西欧向世界的蔓延过程。在这一过程中，由西方主导的现代化浪潮使世界上绝大部分地区都受到了现代化影响、冲击，从而主动或被动开启了现代化进程，由此所构筑的世界历史格局，凸显出“现代化成为一切民族之普遍的历史性命运”①。从现实上看，当今世界的现代化国家无一例外都是采取西方资本主义现代化发展模式而成为发达国家的。② 这样的现代化历史与现

① 吴晓明：《世界历史与中国道路的百年探索》，《中国社会科学》2021年第6期。
② 朱丽颖、张小鹏：《中国式现代化新道路的世界历史定向》，《理论探讨》2022年第2期。

实，使得西方现代化道路被鼓吹为人类社会发展的“普遍性图式”，也制造了“现代化=西方化”的迷思。

在这一迷思背后，实际上蛰伏着“西方中心论”的现代化哲学世界观立场。按照西方中心论的理解，西方现代化理论与实践，是人类现代化的“唯一典范”，是世界各国通往现代化的“唯一正确道路”，现代化不啻是“西方化的工程”；西方现代性文明具有绝对优越性，有别于西方的其他一切文明都属于“非中心文明”或者“劣势他者文明”。近代工业革命以来，伴随着西方实力地位的增强，“西方中心论”大行其道。在非西方国家的现代化探索问题上，西方世界往往倚势自重，表现出“教师爷”般的颐指气使，甚至不惜动用武力加以“规训”。实际上，西方现代化并不是尽善尽美的，资本逻辑的弊病、两极分化的痼疾、精神世界的疲敝、人与自然的对立等等问题在西方国家中长久地存在着。在当今时代，用以支撑西方中心论的“现实地基”呈现越来越松动的困窘态势。

一个基本的事实是，中国式现代化及其世界观是根本有别于西方现代化模式的。近代以来，中国的现代化探索也曾积极“向西方学习”，而“先生总是欺负学生”的事实极大教育了国人。正是通过坚定不移把马克思主义基本原理同中国具体实际相结合、同中华优秀传统文化相结合，从而厚植了“走自己的路”的历史自信、文化自信，中国的现代化事业才“历尽劫波成大道”。中国式现代化不是西方现代化模式的中国复制，其中蕴含的世界观也不是“西方中心论”合理性、科学性的中国印证。恰恰相反，中国式现代化及其世界观具有鲜明的中国特色，体现出卓越的中国智慧，彰显了中国人对人类现代化的独特理解，是对人类现代化理论和实践的重大创新，为人类评价现代化提供了有别于西方的新标尺。习近平总书记指出：“中国式现代化，打破了‘现代化=西方化’的迷思，展现了现代化的另一幅图景，拓展了发展中国家走向现代化的路径选择，为人类对更好社会制度的探索提供了中国方案。”① 在西方先发现代化国家党争频仍、民生罔顾、迷信霸权、鼓吹战争、固守己见的当代历史背景下，中国式现代化蕴含的独特世界观的历史道义性、合理性愈发凸显。需要澄明的是，中国式现代化蕴含的独特世界观，不是主张以“中国中心论”取代“西方中心论”，而是申言了各国现代化探索道路的多样性、多选择性，旨在推动“各具特色”的现代化事业汇聚成壮阔的时代潮流，这恰恰表现了对一切歧视他者的“中心论”的根本拒斥。

（二）为人类现代化建设提供了新思维

作为哲学形态的世界观，在其本质上反映为独特的思维方式。世界观总是要通过革新人们认识世界、改造世界的思维方式来发挥作用。按照马克思主义哲学的理解，思维与存在具有同一性。在思维中正确把握存在世界，不仅可能而且可行，这是马克思主义的根本认识论立场。但思维与存在的关系又不是直接的、无矛盾的统一。特别是，现实存在的变动不居，总是要求不断以新思维方式（新世界观）抵近客观现实的“深层本质”。人类现代化建设，是一项不可能一蹴而就、一劳永逸的宏图伟业，在不同历史阶段面临着不同的历史实际，因而也不断呼唤着世界观新思维。

当前的人类现代化建设面临着种种思维困境。就大的方面而言，主要表现为西方思维定式之困。西方现代化建设在其思维立意上，主要是高扬了包括资本至上思维、霸权思维、战争思维等等在内的西方思维。这一系列的西方思维，曾极大地推动了西方现代化发展。比如，资本本质的逐利性推动着生产的社会化，驱使整个资产阶级在世界各地奔走，忙于到处开疆拓土、建立联系，使西方现代化显示出前所未有的巨大生产能力。又如，丛林法则或者霸权思维构成西方现代化得

① 《正确理解和大力推进中国式现代化》，《人民日报》2023 年 2 月 8 日。

以建构的基本秩序，在这样的秩序结构内，弱肉强食、赢者通吃现象是平常且自然的。再如，回看近代以来的世界历史动向，西方现代化先发国家大都选择通过战争为自己的现代化发展赢得主动，真实地开辟出对外扩张侵略的现代化“老路”。战争是西方资本主义世界秩序内的例行原则，① 直到今天，一些西方现代化先发国家仍然不断通过鼓动战争甚至是直接进行战争（代理人战争）来为自己谋利。然而，在当前的人类现代化建设实际中，诸如上述的西方思维不仅是缺乏实践效力的，而且被广泛认为是“非正义”的，甚至于仍然奉行之的西方强国，也无力为此作辩护，在国际舞台上只能“顾左右而言他”。质言之，现代化的西方思维已然不得不陷入历史性的失落当中，不得不成为“旧思维”。

马克思指出：“整体，当它在头脑中作为思想整体而出现时，是思维着的头脑的产物，这个头脑用它所专有的方式掌握世界，而这种方式是不同于对于世界的艺术精神的，宗教精神的，实践精神的掌握的。”② 中国式现代化蕴含的独特世界观自觉把现代世界把握为“思想整体”，本身孕生着掌握人类现代化的基本方式。这一现代化的独特世界观不是以零星的形式内容克服西方思维，而是以整全的系统的形式内容扬弃了西方思维，整体显出根本区别于西方旧思维的新思维。在中国式现代化的独特世界观理解中，人类现代化具有属人性，人不是资本增殖的工具，而是目的。资本发展的出发点和落脚点都在于实现人的发展，不顾人、漠视人、凌驾于人之上的发展是无意义的。殖民主义、霸权主义的现代化是非正义的现代化，既给被殖民、被霸权的国家带来了严重历史灾难，也是那些西方国家无法抹除的历史罪孽。和平是全世界正义力量的共同呼唤，和平发展、合作共赢是世界现代

---

① 田鹏颖：《当代中国马克思主义在 21 世纪的文明境界》，《世界社会主义研究》2022 年第 5 期。

② 《马克思恩格斯文集》第八卷，人民出版社 2009 年版，第 25 页。

化建设的人间正道。中国式现代化的伟大实践，真正开拓出了其所蕴含的独特世界观的可靠“实证基地”。

（三）为人类现代化未来提供了新视野

中国式现代化世界观本质上体现了对人类现代化的具体认识。但这种具体认识，不是把现代化视为“表象中的具体”，而是通过抽象的综合，在思维行程中导致具体的再现。这时的具体之所以具体，是因为它是许多规定的综合，因而是多样性的统一。也就是说，中国式现代化蕴含的独特世界观内含着马克思主义“从具体到抽象再到具体”的思维方法——“科学上正确的方法”①，从而形成了对人类现代化正确的、具体的理解，超越了西方现代化世界观对现代化的抽象理解，开拓出对人类现代化未来的辩证新理解。

其一，现代化是共性和个性的统一，个性可以向共性转变。在中国式现代化的世界观理解中，作为世界各国的共同事业，现代化体现出普遍性，也必然有其共性特征（要求）。比如，现代化发展包含生产方式变革、科技产业革命引领、人与自然物质变换、融入世界历史等等共性要素。共性贯穿于各国现代化建设的始终。否认了现代化的共性特征，就是否定了现代化这一人类共识。但现代化的共性寓于现代化的个性当中，没有现代化的个性，就没有现代化的共性。中国式现代化的中国特色，本质上是现代化共性的个性呈现。尤其是，中国式现代化世界观澄明，各国具体形态的现代化之建构，不是现代化的共性转个性的单向过程，而是共性和个性的双向转化过程。近代以来的一段时间里，中国的现代化探索主要表现为“现代化在中国”，这就反映了现代化共性赋值个性的过程。中国式现代化的创造及其世界历史意义的进一步凸显，则丰富了人类对现代化的一般理解，一定意义上

① 《马克思恩格斯文集》第八卷，人民出版社 2009 年版，第 24—25 页。

使寓于中国的现代化个性质变为现代化共性。

其二，现代化是世界性与民族性的统一，民族性可以向世界性转变。在中国式现代化的世界观语境中，现代化是在民族史转向世界史的过程中形成并拓展的。民族史转向世界史的过程，不是民族的消亡史，而是民族史的世界历史意义凸显史。因而，现代化要兼具世界性与民族性，现代化的意义证明要在民族与世界的双重向度上得到确证，现代化的民族性有可能转向世界性。中国式现代化是在中华民族伟大复兴求索的历史背景下创造的。但中华民族伟大复兴的历史重任，既是在世界历史的中国拓展中提出，又必然要在世界历史的涌动向前中实现。实现中华民族伟大复兴，既关乎中华民族发展，又关乎人类社会演进，体现着从民族意义向世界意义跃迁的过程。作为民族复兴的世界观和方法论，中国式现代化的开拓与建构，本身内含且现实地实现着推动现代化从民族性转向世界性的要求。中国式现代化在现代民族国家与"世界之中国"的双向一体建构中生成，其民族内涵与世界意义交融互动，是既有益于民族又有益于世界的现代化。

总之，中国式现代化蕴含的独特世界观，孕生于中国式现代化的伟大实践之中，是当代中国马克思主义、21 世纪马克思主义视野中的重大命题，体现了中国共产党和中华民族独到的观世界（世界现代化）方式。同时，世界观决定方法论。只有从中国式现代化的独特世界观理解出发，我们才能把握继续推进和拓展中国式现代化的方法论，才能真正肩负起以中国式现代化全面推进中华民族伟大复兴的历史使命，也才能在大千世界中诠释好中国式现代化的万千气象。

（田鹏颖，哲学博士，东北大学马克思主义学院教授、博士生导师，教育部"长江学者"特聘教授；张小鹏，东北大学马克思主义学院博士研究生）

第八篇

中国式现代化独特价值观的三重诠释

◎童　萍

现代化作为近代以来人类社会发展的世界性潮流和普遍性趋势，既包含着推动经济发展和社会转型的事实维度，又内蕴着“为什么要实现现代化、实现何种现代化”的价值维度。中国式现代化价值观是在中国社会历史土壤和中国式现代化实践中形成的，是对中国式现代化“主张什么、反对什么”“应该做什么、不该做什么”等价值问题的根本回答，是当代中国共产党人价值立场、价值取向和价值情怀的有机统一。作为一种全新的人类文明价值形态，中国式现代化价值观体现了对于“世界现代化之问”的“中国式回答”，对于人类现代化的推进具有深远的世界历史意义。

一、价值立场：以中国为中心

“以中国为中心”是毛泽东在谈到研究中国共产党历史应秉持何种方法时提出的。1942 年，毛泽东在《如何研究中共党史》的报告中提出了“古今中外法”。“古今”就是历史的发展，“中外”就是中国和外国，就是己方和彼方。① 而研究中共党史，“应该以中国做中心，把屁股坐在中国身上”②。他严厉批评了以王明为代表的“左”倾教条主义唯共产国际马首是瞻，“我们有些同志有一个毛病，就是一切以外国为中心，作留声机，机械地生吞活剥地把外国的东西搬到中国来，不研究中国的特点”③。他主张要从中国实际出发，把马恩列斯的方法用到中国来，在中国得出一些新的结论。显然，毛泽东的这个概括标示了中国共产党的身份定位和价值立场——以中国为中心的历史主体性，即以中国实际为中心来解决中国问题，以中国实际为中心来发展马克思主义。

“以中国为中心”作为中国共产党历史主体精神的集中体现，不仅适用于研究中共党史，也适用于推进中国式现代化。现代化是个世界性问题，实现现代化已经成为人类社会的根本走向和文明进步的标识。西方国家凭借其率先实现现代化的先发优势，垄断了现代化的定义权和话语权，致使非西方国家的现代化呈现出被动、模仿和被裹挟的特征。因此，中国式现代化价值观首先要回答的就是“自主性”和“依附性”、“内生性”和“外生性”的关系。“以中国为中心”标定了中国式现代化的价值立场，即中国式现代化是以马克思主义为指导、以社会主义为定向、以中国正在做的事情为中心、以中华优秀传统文化为根基的现代化。

（一）马克思的现代化思想为中国走自主性的现代化道路提供了理论上的可能

现代化是对近代以来人类历史发展和转型过程的描述，表征着人

① 《毛泽东文集》第二卷，人民出版社 1993 年版，第 400 页。

② 同上书，第 407 页。

③ 同上。

类从传统农业社会向现代工业社会转变过程中引发的社会生产方式、制度建构、文化精神等各方面大规模大跨度的整体性变迁。“现代化是人类历史上最剧烈、最深远并且显然是无可避免的一场社会变革。”① 现代化发源于西方，和资本主义有着亲缘关系。在文艺复兴和启蒙运动的洗礼下，西欧国家开启了经济上的工业革命和政治上的资产阶级民主革命，促进了社会生产力的巨大发展，实现了社会生产方式的跃迁和社会经济形态的根本变革。马克思对于西方现代化进程给予了高度评价，认为现代化就是从“资本主义以前的各种形式”进入“现代资产阶级的生产方式”的过程，人类社会进入现代的标志就是以资本为核心的生产方式的确立。“家长制的，古代的（以及封建的）状态随着商业、奢侈、货币、交换价值的发展而没落下去，现代社会则随着这些东西同步发展起来。”② 在马克思看来，现代化的过程与“现代的”“资产阶级的生产方式”有着本质的关联，在《资本论》及其手稿中，他多次用“现代社会”来指称“资本主义社会”，并指出其“最终目的就是揭示现代社会的经济运动规律”③。马克思更是把西方现代化发展的规律表述为“铁的必然性”：“问题在于这些规律本身，在于这些以铁的必然性发生作用并且正在实现的趋势。工业较发达的国家向工业较不发达的国家所显示的，只是后者未来的景象。”④ 但这并不意味着马克思把现代化等同于西方化。19 世纪 70 年代中期后，马克思通过对东方社会的研究进一步拓展了其现代化思想。1877 年，在给《祖国纪事》杂志编辑部的信里，马克思明确将资本主义现代化发展逻辑限定在西欧国家，认为“关于西欧资本主义起源的历史概述”不是

---

① ［美］吉尔伯特·罗兹曼主编：《中国的现代化》，国家社会科学基金“比较现代化”课题组译，江苏人民出版社 1995 年版，第 4—5 页。

② 《马克思恩格斯文集》第八卷，人民出版社 2009 年版，第 52 页。

③ 《马克思恩格斯文集》第五卷，人民出版社 2009 年版，第 10 页。

④ 同上书，第 8 页。

“一般发展道路的历史哲学理论”。1881 年，在给查苏利奇的信中，马克思否定了“世界各国由于历史的必然性都应经过资本主义生产各阶段”，并且认为俄国农村公社和资本主义是世界历史条件下的共时态存在，因而“有可能不通过资本主义制度的卡夫丁峡谷，而占有资本主义制度所创造的一切积极的成果”①。综合考察马克思《资本论》时期的表述和晚年关于俄国公社发展道路的设想，其所描述的历史发展规律是普遍性和实现方式特殊性的统一，这就意味着任何一个国家和民族选择现代化道路都应该基于这个民族身处其中的特定“社会条件”和“历史环境”。②

（二）中华民族探索现代化的历史实践证明中国式现代化只能坚持“以中国为中心”的价值立场

近代以来，中国探索现代化的过程经历了从“现代化在中国”到“中国式现代化”的转变。“现代化在中国”指的是中国对西方现代化发展模式和价值观念的简单移植和模仿，缺乏主体性和原创性。鸦片战争以后中国在“落后挨打”的现实境况下被迫卷入世界现代化的浪潮，开启了后发外源型现代化的进程。为了拯救民族和国家，无数仁人志士不断地进行探索现代化的尝试。从洋务运动追求器物现代化，到维新变法追求制度现代化，再到新文化运动聚焦思想观念现代化，现代化探索逐步推进。但由于这一阶段的探索是在西方坚船利炮下被迫开启的，因而不可避免地具有“被动性”“片面性”和“依赖性”的特征。虽然各种理论和探索“你方唱罢我登场”，但都没有找到现代化的发展道路。历史证明，“现代化在中国”这条路行不通。在中华民族陷入迷茫的历史时刻，“十月革命一声炮响，给我们送来了马克思列宁主义，十月革命帮助了全世界的也帮助了中国的先进分子，用无产

① 《马克思恩格斯文集》第三卷，人民出版社 2009 年版，第 703 页。

② 同上书，第 579—581 页。

阶级的宇宙观作为观察国家命运的工具，重新考虑自己的问题。走俄国人的路——这就是结论”①。而这也意味着中国式现代化不能照搬西方的上层建筑来适应半殖民地半封建国家的经济基础，反而要以改变半殖民地半封建国家的经济基础来彻底改变“东方从属于西方”的历史境遇作为主要方向。从当时中国的社会现实来看，这种彻底改变不可能是资本主义改良，而只能通过社会主义革命。正如罗荣渠先生所说，“在中国的历史条件下，革命化……是中国现代化的一种特殊表现形式”②。1921 年，在马克思主义思想孕育下诞生了中国共产党，标志着中国的现代化事业开始“由被动转入主动”③。此后，在中国共产党的带领下，中国取得了新民主主义革命的成功，为中国的现代化建设创造“根本社会条件”。新中国成立后，中国共产党通过生产关系的社会主义改造确立了社会主义基本制度，为中国的现代化建设“奠定了根本政治前提和制度基础”。改革开放后，在学习西方文明成果的同时，中国共产党继续坚持“中国的事情要按照中国的情况来办，要依靠中国人自己的力量来办”④，明确提出了“中国式的现代化”的重要论断。党的十八大以来，以习近平同志为核心的党中央从大历史观出发，在审视世界现代化历史特别是中华民族探索现代化历程的基础上，明确指出贯穿其中的“以中国为中心”的立场自觉：“中国式现代化，是中国共产党领导的社会主义现代化，既有各国现代化的共同特征，更有基于自己国情的中国特色。”⑤

---

① 《毛泽东选集》第四卷，人民出版社 1991 年版，第 1471 页。

② 罗荣渠：《现代化新论——世界与中国的现代化进程》，商务印书馆 2009 年版，第 504—505 页。

③ 《毛泽东选集》第四卷，人民出版社 1991 年版，第 1471、1516 页。

④ 中共中央文献研究室编：《邓小平思想年谱（一九七五——一九九七）》，中央文献出版社 1998 年版，第 231 页。

⑤ 习近平：《高举中国特色社会主义伟大旗帜　为全面建设社会主义现代化国家而团结奋斗——在中国共产党第二十次全国代表大会上的报告》，人民出版社 2022 年版，第 22 页。

（三）中国式现代化始终坚持“以中国为中心”的价值自觉，还因为它“深深植根于中华优秀传统文化”①，具有鲜明的民族精神气质

历史和实践证明，中国式现代化之所以独树一帜，不仅在于坚持马克思主义这一“魂脉”，还在于始终坚守中华优秀传统文化这一“根脉”。中华优秀传统文化凝聚着中华民族独特的思维方式、价值观念、审美情趣和心理特征，是中华民族普通百姓的伦常日用和精神居所，也为中国式现代化注入精神动力、提供丰厚滋养。如果说社会主义是从生产力和生产关系、经济基础和上层建筑及其内在关系的角度标明中国式现代化的社会形态属性的话，那么中华优秀传统文化则是从思维方式、价值观念、行为模式上凸显了中国式现代化的民族特色。中国式现代化之所以是“中国式”，正是因为其发展始终扎根于中国历史文化的深厚土壤之中并具有鲜明的民族特色。党的二十大报告指出，中国式现代化具有五个鲜明特色，即人口规模巨大、全体人民共同富裕、物质文明和精神文明相协调、人与自然和谐共生、走和平发展道路，② 这些特色都有深厚的传统文化底蕴。传统文化强调“民为邦本”“政在养民”，为我们凝聚民心民意，实现人口规模巨大的现代化提供文化借鉴；传统文化具有重民本、崇正义的价值追求，主张“富民厚生”“裕民”“利民”，为建设全体人民共同富裕的现代化提供了文化支撑；传统文化具有讲仁爱、守诚信的内在品质，主张“仓廪实而知礼节，衣食足而知荣辱”“富润屋，德润身”，为建设物质文明和精神文明相协调的现代化提供了文化底蕴；传统文化强调“道法自然”“天

① 习近平：《正确理解和大力推进中国式现代化》，《人民日报》2023 年 2 月 8 日。

② 习近平：《高举中国特色社会主义伟大旗帜　为全面建设社会主义现代化国家而团结奋斗——在中国共产党第二十次全国代表大会上的报告》，人民出版社 2022 年版，第 22—23 页。

人合一”“仁民爱物”“民胞物与”的生态智慧和生态情怀，为建设人与自然和谐共生的现代化提供了文化启迪；传统文化弘扬和合、倡导王道仁政，强调“亲仁善邻”“协和万邦”，为走和平发展的现代化提供了文化基础。可以说，中华优秀传统文化内在塑造了中国式现代化的中国特色，中国式现代化也激活了中华优秀传统文化的精神基因，并赋予其现代力量，“中国式现代化赋予中华文明以现代力量，中华文明赋予中国式现代化以深厚底蕴”①。

二、价值取向：以人民为根本

马克思主义认为，人是历史的主体、认识的主体，也是价值的主体。中国式现代化作为中国共产党领导的社会主义现代化，是科学社会主义价值观在中国式现代化实践中的现实展开。中国式现代化的价值主体是人民，以人民为中心还是以资本为中心，体现了中国式现代化和西方现代化在价值观层面的根本区别。习近平总书记指出：“只有坚持以人民为中心的发展思想，坚持发展为了人民、发展依靠人民、发展成果由人民共享，才会有正确的发展观、现代化观。”② 这是对中国式现代化价值取向本质的凝练。

（一）以人民为根本是对科学社会主义价值观的坚守

科学社会主义价值观是科学社会主义基本原则在价值观上的体现。在科学社会主义看来：

第一，人是历史的前提和出发点。“我们开始要谈的前提……是一些现实的个人，是他们的活动和他们的物质生活条件，包括他们已有

① 习近平：《在文化传承发展座谈会上的讲话》，《求是》2023 年第 17 期。
② 《习近平谈治国理政》第四卷，外文出版社 2022 年版，第 171 页。

的和由他们自己的活动创造出来的物质生活条件。”① 但“现实的个人”不是与“抽象的个人”相对应的抽象概念，而是特定经济关系和阶级关系的承担者，在资本主义社会其主体体现为无产阶级。

第二，人民是推动历史发展的动力。在马克思主义看来，人类社会历史发展是合规律性和合目的性的统一。社会规律和自然规律的不同在于社会规律不可能自发实现，而要通过人的有意识、有目的的活动才能体现出来。换言之，人才是历史的主体，“历史活动是群众的活动，随着历史活动的深入，必将是群众队伍的扩大”②。历史进步的内生力量不是某种“精神”或“自我意识”，而是人民群众的实践活动。正是由于人民群众的实践创造，才涌现出分工的发展、技术的进步和社会财富的集聚；正是由于人民群众的现实推动，历史才得以朝着正义的方向发展和演变。

第三，人的自由和解放是社会发展的最终价值目标。马克思主义认为，社会发展和人的发展是内在统一的，人的发展程度是衡量社会进步的根本标尺。根据人的发展程度和水平，可以把社会分为“三大形态”。第一个是前资本主义社会，即“人的依赖性的社会”。第二个是资本主义社会，即“以物的依赖性为基础的人的独立性”的社会。它以“人的独立性”逐渐取代了“人的依赖性”，使经济关系和利益关系成为整个社会最具有根本性的关系，为人的自由和解放创造了条件。但资本主义社会仍然是“虚幻的共同体”“冒充的共同体”，这里个人之间全面的相互依赖性使物化的社会关系成为外在于每一个个人的异己的力量，从而带来的是“社会财富的越来越巨大的部分作为异己的和统治的权力同劳动相对立”③，引发了急剧的贫富分化和普遍的自我

---

① ［德］马克思、恩格斯：《德意志意识形态》（节选本），人民出版社 2003 年版，第 10—11页。

② 《马克思恩格斯文集》第一卷，人民出版社 2009 年版，第 287 页。

③ 《马克思恩格斯文集》第八卷，人民出版社 2009 年版，第 207 页。

异化。第三个是共产主义社会。只有扬弃资本主义的共产主义才是“真正的共同体”，这里“各个人在自己的联合中并通过这种联合获得自己的自由”①，真正实现“自由个性”②。

（二）以人民为根本是对西方“资本正义”现代化的镜鉴

列宁曾经指出：“既然马克思以前的所有经济学家都谈论一般社会，为什么马克思却说‘现代（modern）’社会呢？他在什么意义上使用‘现代’一词，按什么标志来特别划出这个现代社会呢？”③ 事实上，马克思是以资本作为划界传统和现代的标尺，“资本一出现，就标志着社会生产过程的一个新时代”④。西方现代化就是资本逻辑的展开过程，“资本正义”就是西方现代化的核心价值准则。在资本正义的价值观主导下，一切自然力和科学技术都被纳入资本价值增殖的逻辑之中，这在客观上极大地推动了生产力的发展和财富的创造，为人的发展奠定了现实基础。但是，资本逻辑并不是一个同一性的无矛盾的自洽系统，而是“一个活生生的矛盾”⑤，资本在为人的发展创造条件的同时也带来了人的发展中的“悖论”。

第一，人的主体权利的落空。黑格尔认为：“主体性乃是现代的原则。”⑥ 西方现代化的过程就是人的主体性不断生成的过程。然而，在资本逻辑主宰下的现代人只是抽象意义上的主体，自由平等的权利也不过是商品经济条件下等价交换双方契约自由的观念体现，它们服务并且遮蔽了资本统治这一社会实质。生产资料资本主义私人占有制决定了主体权利只是抽象的法权意义上的权利，不可能真正实现。

---

① ［德］马克思、恩格斯：《德意志意识形态》（节选本），人民出版社 2018 年版，第 63 页。
② 《马克思恩格斯全集》第三十卷，人民出版社 1995 年版，第 107—108 页。
③ 《列宁专题文集——论辩证唯物主义和历史唯物主义》，人民出版社 2009 年版，第 156 页。
④ 《马克思恩格斯文集》第五卷，人民出版社 2009 年版，第 198 页。
⑤ 《马克思恩格斯全集》第三十卷，人民出版社 1995 年版，第 405 页。
⑥ ［德］于尔根·哈贝马斯：《现代性的哲学话语》，译林出版社 2004 年版，第 19 页。

第二，人被物化。在西方现代化过程中，由于资本是“普照的光”和“特殊的以太”，人的主体性被资本所取代，作为主体的人则被物化为资本生产的条件和工具，“不是工人使用劳动条件，相反地，而是劳动条件使用工人”①。在现实的资本逻辑的操纵下，人虽然摆脱了传统血缘宗法关系的束缚，但又陷入一种新的资本权力的束缚之中，人的权力变成了物的权力，人的尊严变成了交换价值，“人的社会关系转化为物的社会关系；人的能力转化为物的能力”②，人彻底成为被资本宰制的对象和工具。

第三，贫富差距扩大。贫富差距问题是现代化进程中面临的普遍性难题。西方在推进现代化的过程中，由于奉行资本正义原则，出现了“资本积累”和“贫困积累”并行不悖的奇特现象。一方面，劳动者一无所有，与劳动创造价值、劳动致富相背离，出现了劳动者越劳动就越贫困的“悖论性劳动”；另一方面，非劳动者不参加劳动却拥有了一切，劳动与劳动相对立的客观财富世界的对立越来越大。法国经济学家皮凯蒂通过对工业革命以来 20 多个国家收入及财富分配历史的梳理，得出“资本导致的不平等总比劳动导致的不平等更严重，资本所有权（及资本收入）的分配总比劳动收入的分配更为集中”③ 的结论。这也证明了贫富分化在当代西方是一个客观趋势。

（三）以人民为根本从本体上规定了“人民正义”是中国式现代化的根本价值准则

与西方现代化将资本作为中心不同，中国式现代化的核心是以人民为中心，始终坚持“人民正义”这一最高价值原则。中国式现代化

① 《资本论》第一卷，人民出版社 2004 年版，第 487 页。

② 《马克思恩格斯全集》第三十卷，人民出版社 1995 年版，第 107 页。

③ ［法］托马斯·皮凯蒂：《21 世纪资本论》，巴曙松等译，中信出版社 2014 年版，第 248 页。

是与西方资本主义在空间上并存的社会主义现代化，它在利用资本文明面的同时又尽量规避资本逻辑的困境，极大程度地张扬人的主体性，是对西方现代化价值取向的颠覆性变革。

中国式现代化以制度正义从根本上保证了“人民正义”。马克思主义认为，社会正义的主题是社会的基本阶级结构，以及在其主导下的社会基本制度的正义。在中国式现代化的推进过程中，中国共产党领导人民通过新民主主义革命、社会主义革命和社会主义建设，逐步消灭了生产资料私有制，确立社会主义公有制的主体地位，把生产资料所有制的占有权还给人民，从而在根本上破除了传统社会加诸人民群众身上的各种不平等关系，使法权意义上的平等切实转化为现实中经济社会上的平等权利。改革开放以来，我们确立了以公有制为主体、多种所有制共同发展的社会主义市场经济制度，抽离了资本作为生产关系的属性，充分发挥了资本作为社会主义市场经济中重要生产要素的积极作用，探索了一条利用资本以解放和发展社会生产力之路。中国特色社会主义进入新时代以来，针对现代化进程中伴生的社会问题，我们用人民逻辑统摄资本逻辑，通过规范和引导资本健康发展，使资本更好地服务于人民共同富裕和社会主义发展。这显然构成了对西方式现代化的根本性超越。

中国式现代化以其全面性扎实推进“人民正义”。中国式现代化是总体性现代化，涉及经济、政治、文化、社会、生态这“五位一体”的社会结构，但最终归根到底是以人为中心的整体性文明。从经济领域来看，中国式现代化扎实推进经济建设，从解决温饱到全面建成小康社会再到扎实推进共同富裕，现代化的物质根基不断被筑牢，人民幸福生活和全面发展的物质条件更加充沛。从政治领域来看，中国式现代化不断健全人民当家作主的制度体系，发展全过程人民民主，不断提高全过程人民民主的制度化、规范化、程序化水平，切实保障人民权利和尊严。从社会领域来看，中国式现代化不断完善和发展民生保障和社会治理体制，积极促进社会公平正义，不断推动共同富裕。从文化领域来看，中国式现代化强调精神富有是社会主义现代化的根本要求，促进人民精神生活共同富裕是实现中国式现代化的重要特征。从生态领域来看，中国式现代化强调人与自然和谐共生，注重经济社会发展和生态环境保护协调推进，为人类更好地生存和发展提供永续动力。

中国式现代化把人民作为实现“人民正义”的主体。马克思主义认为，正义的实现不是思辨观念的自我运动过程，而只能通过人民变革现实的革命实践才能实现。人民作为推动历史发展的动力，蕴含着强大的认识世界和改造世界的“对象性的本质力量”[①]。中国共产党充分尊重这种力量，并且以解决基于人民群众需求变化的社会主要矛盾作为推进中国式现代化的内生动力。新中国成立以来，我国社会主要矛盾经历的三次重大转变，贯穿其中的都是人民群众需要的转变和历史主体创造作用的发挥。改革开放以来，中国特色社会主义事业之所以能够顺利进行，就在于充分尊重了人民这个创造历史的主体力量。正如习近平总书记在2012年12月31日下午主持十八届中共中央政治局集体学习时总结的：“改革开放在认识和实践上的每一次突破和发展，改革开放中每一个新生事物的产生和发展，改革开放每一个方面经验的创造和积累，无不来自亿万人民的实践和智慧。”[②] 可以说，中国式现代化就是围绕着生产力落后国家如何实现现代化为主题，以建构人民美好生活为目标，把国家、民族、政党和人民的利益高度统一，开创了在党的领导下实现国家建设、民族复兴以及充分发挥人民群众历史主体性有机统一的新型现代化之路。

---

① 《马克思恩格斯全集》第三卷，人民出版社2010年版，第324页。

② 《以更大的政治勇气和智慧深化改革》，《人民日报》2013年1月2日。

三、价值情怀：以天下为己任

马克思主义认为，历史向世界历史的转变是不以人的意志为转移的客观进程。在人类历史上，资本主义大工业首次开创了世界历史，因为“它消灭了各国以往自然形成的闭关自守的状态”，“使每个文明国家以及这些国家中的每一个人的需要的满足都依赖于整个世界”。[①]也就是说，世界现代化的进程和历史转变与世界历史的进程是基本一致的。这就意味着近代以来任何民族和国家的现代化进程都必须在世界历史的场域中推进，必须“站在世界历史的高度”审视世界发展趋势和面临的重大问题。[②]中国共产党是既为中国人民谋幸福、为中华民族谋复兴的党，更是为人类谋进步、为世界谋大同的党，中国共产党在带领人民接续推进现代化的探索中始终站在世界历史的高度，坚持把中华民族伟大复兴和人类前途命运相结合，努力推动构建人类命运共同体，彰显了中国共产党领导下的中国式现代化致力于为人类社会现代化发展提供中国方案、开创人类文明新形态的价值情怀。

关于中国式现代化的本质，习近平总书记指出：“中国式现代化，深深植根于中华优秀传统文化，体现科学社会主义的先进本质，借鉴吸收一切人类优秀文明成果，代表人类文明进步的发展方向，展现了不同于西方现代化模式的新图景，是一种全新的人类文明形态。”[③]这一人类文明新形态，从价值观的角度来看，既扎根于本民族历史文化传统、奠基于社会主义先进制度，又包含着全人类共同价值，必将对人类文明价值观作出重要贡献。

---

① ［德］马克思、恩格斯：《德意志意识形态》（节选本），人民出版社 2003 年版，第 58 页。

② 《习近平著作选读》第二卷，人民出版社 2023 年版，第 166 页。

③ 《正确理解和大力推进中国式现代化》，《人民日报》2023 年 2 月 8 日。

（一）中国式现代化引领了人类文明进步的价值方向

当前，世界百年未有之大变局加速演进，世界之变、时代之变、历史之变的特征更加明显，“世界又一次站在历史的十字路口”①。各个国家如何选择适合自己的现代化道路并处理好本国现代化发展和他国现代化发展的关系，这是事关人类生存和发展的重大问题，也是中国式现代化价值观必须直面的时代课题。从世界现代化的历史进程来看，西方国家走的是一条排他性的扩张型的现代化道路。不可否认，西方现代化取得了巨大的成就，“资产阶级在它的不到一百年的阶级统治中所创造的生产力，比过去一切世代创造的全部生产力还要多，还要大”②，但西方现代化的发展是建立在资本积累和殖民掠夺的基础之上的，走的是“损人利己、充满血腥罪恶的老路”③，这种现代化模式带来了全球发展不平衡、贫富差别拉大、种族歧视加剧等一系列问题，给广大发展中国家人民带来深重的灾难，与人类文明进步的方向是相背离的。

中国式现代化走的是包容性的和平型的现代化道路。它倡导和平、发展、公平、正义、民主、自由的全人类共同价值，不断推动构建人类命运共同体。正如习近平总书记所指出的：“我们要共同倡导弘扬全人类共同价值，和平、发展、公平、正义、民主、自由是各国人民的共同追求，要以宽广胸怀理解不同文明对价值内涵的认识，不将自己的价值观和模式强加于人，不搞意识形态对抗。”④ 中国式现代化始终

① 习近平：《高举中国特色社会主义伟大旗帜 为全面建设社会主义现代化国家而团结奋斗——在中国共产党第二十次全国代表大会上的报告》，人民出版社 2022 年版，第 60 页。

② 《马克思恩格斯文集》第二卷，人民出版社 2009 年版，第 36 页。

③ 习近平：《高举中国特色社会主义伟大旗帜 为全面建设社会主义现代化国家而团结奋斗——在中国共产党第二十次全国代表大会上的报告》，人民出版社 2022 年版，第 23 页。

④ 《习近平出席中国共产党与世界政党高层对话会并发表主旨讲话》，《人民日报》2023 年 3 月 16 日。

高举和平发展、合作共赢、共建共享的旗帜，既坚持独立自主走好自己的路，又注重弘扬“立己达人”的天下情怀。中国式现代化坚定维护国际公平正义，始终站在历史正义和人民正义的一边，尊重和支持各个国家和民族对现代化道路的自主选择权。中国式现代化始终把民主自由作为价值追求，努力通过社会主义制度的不断完善，推动人类社会实现从“物本”到“人本”、从“物的依赖性”向“自由个性”的积极转化。可以说，中国式现代化体现了人类文明进步的价值方向，彰显了世界人民价值共识的“最大公约数”，为实现全球正义提供了价值支撑。

（二）中国式现代化推动了人类多样文明的价值互鉴

文明是人类劳动实践的积极成果和智慧结晶，承载着人类精神的伟大追求，为人类永续生存和发展提供价值支撑和不竭动力。在人类文明体系中，每一种文明都是在特定的自然环境、历史传统和社会制度中生长起来的，体现着一个国家和民族独特的生产生活方式，凝聚着民族的非凡智慧，因而都有其独特价值。人类文明多样性是世界的基本特征，也是人类进步的源泉。

现代化作为人类文明的重要成果，同样也应该具有多样性。从现代化的历史进程来看，每个国家都是“在直接碰到的、既定的、从过去承继下来的条件下”① 进行现代化探索，因而都是以自己选择的道路和方式来推进现代化。人类走向现代化的趋势不可逆，但通往现代化的道路可以选择。然而很长一段时间以来，作为人类现代化的先行者，西方凭借其现代化先发优势，试图垄断现代化的解释权和话语权，将西方现代化的发展模式、价值观念、制度体系诠释为人类走向现代化的唯一途径，把西方文明包装成人类文明的标杆，这违背了人类文明

① 《马克思恩格斯选集》第一卷，人民出版社 2012 年版，第 669 页。

交往的规律。

中国式现代化以宽广的胸怀看待不同文明的价值内涵，它主张人类是一个命运共同体，各个国家和民族的前途命运紧密相连，不同文明价值观之间应该相互尊重、求同存异，“以文明交流超越文明隔阂，以文明互鉴超越文明冲突，以文明共存超越文明优越”①，共同促进人类文明的整体进步和持续发展。而就作为一种文明的现代化来看，也同样应该坚持在包容共存和交流互鉴中推动人类整体的现代化进程。历史和现实表明，世界范围内的现代化进程虽然是从西方资本主义国家开始的，但现代化并不是西方国家的专利，现代化的动力、能力、潜力也绝非西方国家所独有，每个国家都有探索现代化道路的权利，也都有共享现代化发展成果的权利。在历史越来越转变为世界历史的今天，后发现代化国家完全可以在充分借鉴人类一切文明成果的基础上，通过走一条适合自身发展的现代化道路迈入现代化国家行列。一个能够兼容多样现代化道路的世界，一个能够承载不同形态文明的世界，才是人类命运共同体最终追求的目标。

（三）中国式现代化开创了人类文明新形态

西方现代化是现代化的先行者，西方现代化在推进过程中展现的西方文明弊端也把人类现代化的一系列普遍性问题摆到人类面前，即：“两极分化还是共同富裕？物质至上还是物质精神协调发展？涸泽而渔还是人与自然和谐共生？零和博弈还是合作共赢？照抄照搬别国模式还是立足自身国情自主发展？”② 中国式现代化立足于以人民为中心的价值取向和对人类解放的价值追求，坚持走全体人民共同富裕的现代

① 习近平：《弘扬“上海精神” 构建人类命运共同体：在上海合作组织成员国元首理事会第十八次会议上的讲话》，《人民日报》2018 年 6 月 11 日。

② 习近平：《携手同行现代化之路——在中国共产党与世界政党高层对话会上的主旨讲话》，《人民日报》2023 年 3 月 16 日。

化、物质文明和精神文明相协调的现代化、人与自然和谐共生的现代化、和平发展的现代化之路，这一现代化道路摆脱了对西方政治制度、价值观念、发展模式的依附，打破了资本主义文明一统天下的“一元现代化模式”，开创了世界现代化的新道路，创造了人类文明新形态。

这一文明形态体现了彻底的人道主义精神。中国式现代化的本质是人的现代化，它立足于马克思所设想的“人类社会或社会的人类”，旗帜鲜明地追求扬弃私有财产和人的异化，以“人的逻辑”超越西方现代化“物的逻辑”，“使人的世界和人的关系回归于人自身”。[①] 在此过程中，中国式现代化把“人的现代化”和经济、政治、文化、社会和生态等“各个领域的现代化”结合起来，以人民、国家、政党、市场为推动合力，形成了以人为导向的“复合式”现代化方案。

这一文明形态贯穿了守正创新的精神品格。中国式现代化是社会主义现代化的中国样态，它始终坚持“中国特色社会主义是社会主义而不是其他什么主义，科学社会主义基本原则不能丢，丢了就不是社会主义”[②]。党的领导和中国特色社会主义道路构成了中国式现代化的根本属性。在守住科学社会主义基本原则之“正”的同时，中国式现代化强调对文明资源进行创造性转化和创新性发展，以实现现代化之“新”。在面对西方文化时，中国式现代化强调要在批判中吸收其积极资源；在面对传统文化时，中国式现代化强调传统文化是现代化的根基，二者不是相互否定关系，要以马克思主义激活传统文化中的优秀因子，从而为现代化注入源源不断的精神动力。

这一文明形态彰显了马克思主义的实践品格和辩证智慧。“哲学家们只是用不同的方式来解释世界，问题在于改变世界。”[③] 马克思的这句墓志铭鲜明地体现了马克思主义的实践品格。中国式现代化始终践

---

① 《马克思恩格斯全集》第三卷，人民出版社 2002 年版，第 189 页。

② 《习近平谈治国理政》第一卷，外文出版社 2018 年版，第 22 页。

③ 《马克思恩格斯选集》第一卷，人民出版社 2009 年版，第 136 页。

行马克思主义的实践品格，它克服了从抽象思辨原则出发的形而上学思维定式，着眼于现代化建设中的现实问题，坚持从中国社会实际和中国历史文化实际出发来破解人类的现代化难题。作为一项面向美好生活和美好世界的“实践性”事业，它对于现代化进程中的普遍性和特殊性、传统价值和现代价值、本土价值和世界价值等问题的实践回应，既内蕴浓厚的辩证法智慧，也包含着对世界现代化普遍性问题的解答。

结　语

中国式现代化所蕴含的独特价值观既坚守了科学社会主义价值观，又传承了中华优秀传统文化价值观，彰显了全人类共同价值，实现了对西方现代化价值观的超越。中国式现代化价值观积淀着中国式现代化的发展方向和精神追求，从深层次回答了中国式现代化的成功何以可能，展示了现代化的中国力量、中国精神和中国智慧，是对人类文明价值形态的新的创造。在中国式现代化的“六观”中，价值观具有综合性和基础性。中国式现代化蕴含的价值观，是以人民为中心的发展思想、以人民为根本的价值取向、以天下为己任的价值情怀，贯穿在中国式现代化的世界观、历史观、文明观、民主观、生态观之中，引领着中国式现代化实践。而中国式现代化的成功实践，也在客观上证明了中国式现代化价值观的科学性。

〔童萍，哲学博士，中共北京市委党校（北京行政学院）马克思主义学院院长、教授〕

第九篇 中国式现代化道路的历史经验

——基于中国共产党政治领导力的观察视角

◎王建华

从习近平总书记在庆祝中国共产党成立100周年大会上的讲话到党的二十大报告，均论及中国式现代化道路。这是中国共产党人理论与实践的创新性成果，因此也成为学界研究的热点问题。学者们从哲学、历史学、政治学与经济学等多个学科，围绕其理论渊源、历史演进、理论内涵、目标路径等进行了深入阐释，成果丰硕，[①] 但对其历史经验的总结似显不够。自中国共产党全面执政以来，中国式现代化已走过70多年历程，系统总结党领导现代化建设过程中的成功经验是迈向第二个百年奋斗目标的必然要求，也是为人类实现现代化提供中国方案的必然要求。基于此，从政治领导力的视角，总结中国式现代化道路的历史经验，揭示中国特色社会主义的独特制度优势与成功密码，无

---

① 臧峰宇：《马克思的现代性思想与中国式现代化的实践逻辑》，《中国社会科学》2022年第7期；马敏：《中国式现代化新道路的历史演进及前瞻》，《历史研究》2021年第6期；张占斌：《中国式现代化的共同富裕：内涵、理论与路径》，《当代世界与社会主义》2021年第6期；洪银兴：《论中国式现代化的经济学维度》，《管理世界》2022年第4期。

疑具有方法论的指导意义。

一、以开放的执政理念推进现代化建设

执政理念是政党执掌政权后，在价值诉求、路径选择、目标方向等方面对治国理政的政治认知。“以俄为师”的革命路径与世界反法西斯战争的胜利，使得中国共产党深切意识到中国革命与建设离不开世界。面对即将建立的新政权，毛泽东在党的七届二中全会上提出：“我们必须尽可能地首先同社会主义国家和人民民主国家做生意，同时也要同资本主义国家做生意。”① 可见，与世界各国“做生意”就是中国共产党最质朴的执政理念。

农村包围城市、武装夺取政权的革命道路，决定了夺取政权后的中国共产党缺少治国理政特别是城市管理的经验。此时，苏联共产党已经执政30多年，借鉴同为社会主义国家的苏联的经验，是新政权权衡主客观因素的逻辑必然。因此，毛泽东在《论人民民主专政》一文中指出，我们必须学会自己不懂的东西，既然苏联“已经建设起来了一个伟大的光辉灿烂的社会主义国家。苏联共产党就是我们的最好的先生，我们必须向他们学习”②。“一五”计划吸收了苏联方面的意见与建议，新中国的现代化建设得到了苏联的直接帮助。

苏共二十大以后，面对社会主义阵营意识形态的混乱，如何调动国内外一切积极因素为中国的社会主义现代化建设服务？毛泽东在《论十大关系》中充分肯定了“向外国学习”的口号，而且指出：“我们的方针是，一切民族、一切国家的长处都要学，政治、经济、科学、技术、文学、艺术的一切真正好的东西都要学。但是，必须有分析有

① 《建党以来重要文献选编（一九二一—一九四九）》第二十六册，中央文献出版社2011年版，第167页。

② 《毛泽东选集》第四卷，人民出版社1991年版，第1481页。

批判地学，不能盲目地学，不能一切照抄，机械搬运。”[①] 遗憾的是，开放的执政理念之后被“以阶级斗争为纲”的口号所替代，中国的现代化建设遭遇了严重挫折。

在挫折中成长是中国共产党革命历程的生动写照，也是认识世界与改造世界的逻辑必然。面对现代化建设遭遇的挫折，党深刻认识到，实行改革开放才是唯一出路，否则我们的现代化事业和社会主义事业就会被葬送。[②] 党的十一届三中全会后，随着现代化事业的恢复与发展，改革开放成为社会主义初级阶段基本路线的重要组成部分。接着，党把四个现代化建设、努力发展社会生产力作为压倒一切的中心任务。在这个基础上制定了一系列新的方针政策，主要是改革和开放政策；而开放是对世界所有国家开放，对各种类型的国家开放。[③] 在邓小平南方谈话的指引下，中国共产党以更加开放的胸怀拥抱世界，世界也看到了一个充满生机与活力的东方大国。

开放的执政理念推动着事业的发展。20 世纪 80 年代以来，党中央先后出台了一系列创新性政策举措。从试办出口特区到建立经济特区；从进一步开放沿海港口城市、逐步兴办经济技术开发区，到开辟沿海经济开放区，再到开放一批沿江、沿边、内陆和省会城市；从制定《外资企业法》，鼓励外商投资，实行出口退税制度，到实施跟踪研究外国高技术发展、发展我国高技术的“863 计划”等，形成了依次渐进的开放格局，推动我国现代化建设取得历史性突破。党的十三届四中全会以后，中国共产党进一步拓展了开放的执政理念，将坚持扩大对外开放和提高对外开放水平相结合，以发展全方位、多层次、宽领域的对外开放格局为抓手，推动建立社会主义市场经济体制。

---

① 《建国以来重要文献选编》第八册，中央文献出版社 1994 年版，第 262 页。

② 《中共中央关于党的百年奋斗重大成就和历史经验的决议》，人民出版社 2021 年版，第 15 页。

③ 《邓小平文选》第三卷，人民出版社 1993 年版，第 237 页。

2001年12月，中国正式加入世界贸易组织，这是我国对外开放的一座里程碑。一个开放的东方大国在全面融入世界经济体系的同时，也在为全球发展贡献着自己的智慧与力量。党的十六大以后，面对新形势，党中央提出要科学分析我国全面参与经济全球化的新机遇新挑战，推动经济全球化朝着均衡、普惠、共赢的方向发展，实施互利共赢的开放战略。[①] 把互利共赢作为对外开放的战略目标，充分体现了中华传统文化与人相处之道，更体现了社会主义中国对外交往的制度性特征。

党的十八大以来，中国共产党战略性谋划中国特色大国外交，推动建设新型国际关系，完善全方位、多层次、立体化的外交布局，大力发展全球伙伴关系，推进大国协调与合作，加强同广大发展中国家团结合作，深化同世界上500多个政党和政治组织的交流合作。在中国特色大国外交全面推进的同时，中国共产党人提出构建人类命运共同体的倡议，表明中国的现代化建设与人类社会发展紧密联系，更彰显中国共产党对人类现代化事业的责任与担当。

新时代机遇与挑战并存，随着新冠疫情肆虐全球，全球保护主义思潮上升。对此，习近平总书记指出："我们要站在历史正确的一边，坚持多边主义和国际关系民主化，以开放、合作、共赢胸怀谋划发展，坚定不移推动经济全球化朝着开放、包容、普惠、平衡、共赢的方向发展，推动建设开放型世界经济。同时，要牢固树立安全发展理念，加快完善安全发展体制机制，补齐相关短板，维护产业链、供应链安全，积极做好防范化解重大风险工作。"[②] 把对外开放与保护国家安全统一起来，体现了新时代对外开放的新特点，这是应对世界复杂局势的应变之策，也使得中国共产党的开放理念有了与时俱进的精神品质。

---

① 《科学发展观学习辅导读本》，人民出版社2013年版，第150页。

② 《习近平谈治国理政》第四卷，外文出版社2022年版，第184—185页。

回顾中国共产党推进现代化事业的历史进程，开放的执政理念还表现为开放的人才培养与使用战略。早在1949年底，毛泽东在莫斯科就专门致函斯大林，提出聘请60名苏联教授和教员到中国人民大学与南京大学任职。[①] 较之聘请苏联专家来华工作，走出去的留学生更多。据统计，仅在“一五”计划实施期间，苏联派来中国的技术专家达3000人，而我国派往苏联的留学生则超过7000人，实习生亦有5000人。[②] 正是“请进来”与“走出去”的人才培养战略，使得中国在很短的时间里完成了“两弹一星”的研制并发射成功，为中国式现代化建设提供了坚实的安全保障。

改革开放以来，党和政府先后实施了科教兴国、人才强国战略。党的十四大提出，科学技术是第一生产力。3年后，中共中央、国务院作出“关于加速科学技术进步的决定”，强调科技人才是第一生产力的开拓者，是社会主义现代化建设的骨干力量；要鼓励留居海外的科技人才回国工作，国家对他们实行来去自由、往返方便的政策，[③] 目的就是要鼓励他们以多种形式为祖国现代化建设贡献力量。进入新世纪后，面对中国加入世贸组织后的新形势，中共中央、国务院出台《2002—2005年全国人才队伍建设规划纲要》，作出了“按照充分信任、放手使用的原则，抓紧研究制定选拔优秀留学回国人员担任领导职务的具体办法”[④] 的战略部署。对科技进步与栋梁之材的渴求，彰显了一个秉持开放理念的政党想要融入全球化，赶上世界发展水平的迫切心情。

进入新时代，面对世界百年未有之大变局，习近平总书记强调：

---

① 中共中央文献研究室编：《毛泽东年谱（一九四九——一九七六）》第一卷，中央文献出版社2013年版，第107页。

② 中共中央党史研究室著、胡绳主编：《中国共产党的七十年》，中共党史出版社1991年版，第306页。

③ 《中共中央　国务院关于加速科学技术进步的决定（1995年5月6日）》，人民出版社1995年版，第20—21页。

④ 《十五大以来重要文献选编》下册，人民出版社2003年版，第2373页。

“现在，我们比历史上任何时期都更需要广开进贤之路、广纳天下英才。”① 与此同时，中央制定了创新驱动发展战略和“中国制造 2025”等国家重大发展战略，将人才强国战略确立为强国第一战略。正是因为人才是创新的根基，创新驱动实质上是人才驱动，谁拥有一流的创新人才，谁就拥有了科技创新的优势和主导权。党的二十大报告提出：加快建设世界重要人才中心和创新高地，着力形成人才国际竞争的比较优势，把各方面优秀人才集聚到党和人民事业中来。② 可以看出，正是开放的执政理念使得中国共产党可以聚天下英才而用之，而这也是中国式现代化把制度优势转化为人才优势的生动体现。

二、以目标接力把握现代化建设的主动权

梳理中国式现代化建设的历史进程，牢牢把握现代化事业发展的主动权是中国共产党执政的突出特点。这种主动权既体现为目标接力的行动方案，更表现为把马克思主义基本原理同中国具体实际相结合，立足基本国情制定切实可行的奋斗目标，来推进中国式现代化行稳致远。

早在 1949 年 3 月，毛泽东在党的七届二中全会上就提出革命胜利后中国要“由农业国转变为工业国”的目标，③ 这充分体现了使命型政党的主动作为。同年 9 月，中国人民政治协商会议通过《共同纲领》，从政权机关、经济政策、文化教育政策等方面对国家建设进行规定，

---

① 中共中央文献研究室编：《习近平关于社会主义政治建设论述摘编》，中央文献出版社 2017 年版，第 124 页。

② 习近平：《高举中国特色社会主义伟大旗帜　为全面建成社会主义现代化国家而团结奋斗——在中国共产党第二十次全国代表大会上的报告（2022 年 10 月 16 日）》，《人民日报》2022 年 10 月 26 日。

③ 中共中央文献研究室编：《毛泽东年谱（一八九三——一九四九）》下卷，人民出版社 1993 年版，第 464 页。

提出要“保护工人、农民、小资产阶级和民族资产阶级的经济利益及其私有财产，发展新民主主义的人民经济，稳步地变农业国为工业国”①。这是从国家层面规定了中国工业化建设的发展道路。

从工业现代化到“四个现代化”，这是中国共产党第一代领导集体对国家发展的规划，也是对人民过上美好生活的承诺，体现了马克思主义政党的历史主动性。因为，如果不建设起强大的现代化的工业、现代化的农业、现代化的交通运输业和现代化的国防，中国就不能摆脱落后和贫困，就不能提高人民的物质生活和文化生活水平，巩固国家的独立和安全。② 但“要在不太长的历史时期内，把我国建设成为一个具有现代农业、现代工业、现代国防和现代科学技术的社会主义强国，赶上和超过世界先进水平”③，任务的艰巨性无疑是超出想象的。如何有计划、分步骤实现这一目标，考验着中国共产党人的智慧。

对经济发展进行规划是一个政党主动作为的体现。以五年为一个发展的阶段性目标，通过目标接力来推动国民经济与现代化事业的发展，是中国共产党治国理政的重要方式。新中国成立初期，在苏联的帮助下，中国共产党制定了第一个五年计划，并于 1957 年提前完成。对于各种计划的制定，同样要把握计划的主动性。1964 年 5 月，时任国务院副总理、国家计委主任的李富春在关于第三个五年计划初步设想的说明中，引用毛泽东与刘少奇的观点，强调计划一定要留有余地，“过去讲是讲了，但没有做。这几年留了，要保持下去。财政收入，你们不要打得太满了，打满了危险”，“要记住过去几年的教训”，“留有余地，这就是掌握主动权的问题”。④ 需要强调的是，从“二五”计划到“五五”计划，五年计划为我国建立比较完整的工业体系和国民经

① 《建国以来重要文献选编》第一册，中央文献出版社 1992 年版，第 2 页。
② 《建国以来重要文献选编》第五册，中央文献出版社 1993 年版，第 584 页。
③ 《建国以来重要文献选编》第十九册，中央文献出版社 1998 年版，第 483 页。
④ 《建国以来重要文献选编》第十八册，中央文献出版社 1998 年版，第 523、524 页。

济体系作出贡献，但没能解决贫困问题。也就是说，主动权是要争取全局的主动，而不是离开全局，片面地追求一个部门、一个地区的主动。为此，中国共产党人还要深入思考，何谓现代化建设的主动权？

把握现代化建设的主动权，最根本的是要坚持实事求是的思想路线。面对赫鲁晓夫秘密报告引发的社会混乱，毛泽东指出：对苏共二十大，我们从中得到什么教益？最重要的是要独立思考，把马列主义的基本原理同中国革命和建设的具体实际相结合。民主革命时期，我们吃了大亏之后才成功地实现了这种结合，取得了新民主主义革命的胜利。现在是社会主义革命和建设时期，我们要进行第二次结合，找出在中国怎样建设社会主义的道路。现在感谢赫鲁晓夫揭开了盖子，我们应该从各方面考虑如何按照中国的情况办事，更要努力找到中国建设社会主义的具体道路。①

实践发展推动着党的领导人对主动权认识的深化。1960 年 6 月 18 日，毛泽东在上海中央政治局扩大会议上指出，总结十年的社会主义革命和建设，主动权是一个极端重要的事情。主动权就是"高屋建瓴""势如破竹"。这件事来自实事求是，"来自客观情况对于人们头脑的真实的反映，即人们对于客观外界的辩证法的认识过程"。他援引列宁的论述，强调真理不是一次完成的，"郑重的党在于重视错误，找出错误的原因，分析所以犯错误的客观原因，公开改正"；由必然王国到自由王国的飞跃，是在一个长期认识过程中逐步地完成的。②

总结新中国成立头 30 年在现代化建设上走过的弯路，最根本的原因还是理论脱离实际，不按客观规律办事。党的十一届三中全会开始全面纠正"文化大革命"中及以前的"左"倾错误，坚决批判"两个凡是"的错误方针，确定解放思想、开动脑筋、实事求是、团结一致

① 中共中央文献研究室编：《毛泽东年谱（一九四九——一九七六）》第二卷，中央文献出版社 2013 年版，第 557 页。

② 《建国以来重要文献选编》第十三册，中央文献出版社 1996 年版，第 420—421 页。

向前看的指导方针，果断地停止使用“以阶级斗争为纲”这个已不适用于社会主义社会的口号，作出了把工作重点转移到社会主义现代化建设上来的战略决策。提出了要注意解决好国民经济重大比例严重失调的要求，制定了关于加快农业发展的决定，标志着党重新确立了马克思主义的思想路线、政治路线和组织路线。[①] 从此，党掌握了拨乱反正的主动权，有步骤地解决历史遗留问题，党和国家的各项工作逐步转入正轨。

1979 年 12 月，邓小平会见日本首相大平正芳时指出：“我们要实现的四个现代化，是中国式的四个现代化。我们的四个现代化的概念，不是像你们那样的现代化的概念，而是‘小康之家’。”[②] 以“小康”指代中国的现代化，是对中国基本国情和经济社会发展状况的理性认知。与西方现代化建设成效的巨大差距，使得党认识到我国的社会主义制度还处于初级阶段。由此出发，党的十二大报告提出，从 1981 年到 20 世纪末的 20 年，我国国民经济的现代化过程将取得重大进展，“人民的物质文化生活可以达到小康水平”[③]。解决所有贫困人口的温饱问题，这是立足基本国情所作出的现代化建设的阶段性目标。

从小康到全面小康，是目标接力、逐步推进的过程。党的十六大报告提出“全面建设小康社会，加快推进社会主义现代化”；党的十八大报告提出确保到 2020 年“全面建成小康社会”的奋斗目标。从“全面建设小康社会”到“全面建成小康社会”，一字之差的背后却具有划时代的意义。目标的实现表明世界上人口最多的国家消除了绝对贫困问题，意味着中国共产党带领中国人民打赢了脱贫攻坚战，为实现共同富裕创造了良好条件，打下了坚实的基础。

回到现代化战略目标。改革开放之后，邓小平基于社会主义初级

① 《十一届三中全会以来重要文献选读》上册，人民出版社 1987 年版，第 327 页。

② 《邓小平文选》第二卷，人民出版社 1994 年版，第 237 页。

③ 《十二大以来重要文献选编》上册，人民出版社 1986 年版，第 14 页。

阶段的基本国情，将现代化目标分解为“三步走”战略。全面建成小康社会是连接邓小平“三步走”战略前两步和第三步的关键阶段，目的在于推动现代化事业在解决全体人民温饱问题和达到总体小康的基础上，向着更高水平迈进。及至新时代，以习近平同志为核心的党中央对实现第一个百年奋斗目标之后的30年规划了“两步走”的战略安排。① 党的二十大报告明确提出：“从二〇二〇年到二〇三五年基本实现社会主义现代化；从二〇三五年到本世纪中叶把我国建成富强民主文明和谐美丽的社会主义现代化强国。”② 这意味着在全面建成小康社会之后，我国现代化事业进入全面建设社会主义现代化强国、实现第二个百年奋斗目标的新征程。由此可见，中国式现代化是任务分解、目标接力、梯次推进的现代化；而正是中国共产党的长期执政地位，才保证了现代化建设方案和政策执行的主动性、连续性。

三、以党的代表大会进行现代化战略部署

会议是组织运行的动力机制。不同于西方政党会议的单一选举导向，中国特色政党制度决定了党的代表大会除了完成领导集体的新老交替以外，还有一个任务就是对国家未来发展进行战略部署。以党的代表大会进行现代化战略部署，充分体现了一党长期执政的制度优势，体现执政党对国家发展的政治领导力。它可以围绕国家发展进行战略部署，通过五年一次的代表大会，检视过去五年这一部署执行情况与存在问题，规划未来五年乃至更长一段时间内国家发展的方向。在此意义上说，党的代表大会又是工作总结与部署大会。

---

① 《十九大以来重要文献选编》上，中央文献出版社2019年版，第20页。

② 习近平：《高举中国特色社会主义伟大旗帜　为全面建设社会主义现代化国家而团结奋斗——在中国共产党第二十次全国代表大会上的报告》，《人民日报》2022年10月26日。

从全过程人民民主的角度而言，党代会报告的起草必须凝聚全党的智慧，唯有如此，才能成为指导党和国家各项事业的行动纲领。为了召开中共八大，在毛泽东的主持下，由刘少奇、陈云、邓小平、王稼祥、陆定一、胡乔木等 7 人组成政治报告起草委员会。1955 年 12 月 5 日，中共中央政治局在中南海西楼召开 120 多人参加的座谈会，布置召开中共八大的筹备事宜。接着，刘少奇、毛泽东先后连续听取了 30 多个部门负责同志的汇报。[①] 中共八大政治报告反复修改达 80 余稿[②]，才提交大会讨论通过，可以说充分体现了全党的智慧。

同样，党的二十大报告征求意见稿形成后，广泛征求了各方面意见，征求意见人数共 4700 余人。[③] 为了更广泛听取各方面意见，2022 年 8 月 31 日，中共中央在中南海召开党外人士座谈会，就中共二十大报告征求意见稿听取各民主党派中央、全国工商联负责人和无党派人士代表的意见和建议。[④] 这样，就凝聚了全党与全国人民的智慧，确保了报告的科学性与合理性，也最大限度避免了党的路线方针政策在执行过程中产生偏差与失误的可能性，彰显了党领导中国特色社会主义的制度优势。党的全国代表大会报告的核心内容都会写入党章。作为党的根本大法，党章的规定就是全体党员的行动指南。同时，相关内容也会经过法定的程序上升为国家意志，成为指导全国人民的行动指南。从党的中央组织、地方组织、基层组织再到全体党员，都要按照党章与国家法律的规定发挥应有作用。这样，党的领导作用就体现于现代化建设的全过程。

梳理新中国成立以来 70 多年的历史，凡是我们党成功召开代表大

① 邓力群：《我为少奇同志说些话》，当代中国出版社 2016 年版，第 56—58 页。

② 林克、徐涛、吴旭君：《历史的真实》，中央文献出版社 1998 年版，第 35 页。

③ 《二十大报告起草征求 4700 余人意见》，http：//cpc. people. com. cn/20th/n1/2022/1015/c448334-32545770. html。

④ 《中共中央召开党外人士座谈会　征求对中共二十大报告的意见》，《人民日报》2022 年 10 月 14 日。

会的阶段，党的事业就取得了伟大成就；反之，党的事业就会遭受挫折。为了把我国由落后的农业国变为先进的社会主义工业国，在三个五年计划或者再多一点的时间内，建成一个基本上完整的工业体系，中共八大通过关于政治报告的决议，对优先发展重工业，根据原料、资金的可能和市场的需要积极发展轻工业，用更大的力量发展农业等问题进行具体部署。① 可以说，八大的胜利召开，促进了第一个五年计划的提前完成，并为第二个五年计划作了提前部署，为中国的工业化道路指明了方向。遗憾的是，随着党内民主集中制原则遭到破坏，很长一个时期里党的全国代表大会很难正常召开，更难以发挥统领全局的积极作用。

随着党的十一届三中全会的胜利召开，党的各项工作步入正轨，这为党的十二大胜利召开，奠定了坚实的制度基础，提供了组织保障。党的十二大明确这次代表大会的使命，就是要通过对过去六年历史性胜利的总结，为进一步肃清十年内乱所遗留的消极后果，全面开创社会主义现代化建设的新局面，确定继续前进的正确道路、战略步骤和方针政策。② 至此，现代化的奋斗目标第一次写入党代会的报告。

基于现代化建设面临的新问题，党适时调整代表大会的目标任务。党的十三大报告确定大会的中心任务是加快和深化改革，以解决体制机制的问题。为此，大会对经济体制改革、政治体制改革作了具体部署，由此加快了社会主义市场体系的建立和培育。及至党的十四大报告，围绕社会主义市场经济体制的建立，加快经济改革步伐；进一步扩大对外开放，更多更好地利用国外资金、资源、技术和管理经验；积极推进政治体制改革，社会主义民主和法制建设等方面进行部署。③ 社会主义市场经济的确立，澄清了长期以来人们对社会主义本质问题

---

① 《建国以来重要文献选编》第九册，中央文献出版社 1994 年版，第 342—343 页。

② 《十二大以来重要文献选编》上，人民出版社 1986 年版，第 6—7 页。

③ 《十四大以来重要文献选编》上，人民出版社 1996 年版，第 16—34 页。

的僵化与模糊认识，社会主义现代化建设由此走上发展的快车道。

社会主义市场经济体制确立后，党的十五大报告对经济体制改革、政治体制改革、民主法制建设、有中国特色社会主义的文化建设等进行了具体部署。路线确定以后，干部就是决定一切的。报告强调团结就是大局，团结就是力量。这既包括党的团结，全党各级组织的团结，也包括党同各民主党派、各方面朋友的亲密合作，党同广大群众的紧密联系，巩固和发展全国人民的大团结。因而，动员全党和全国各族人民团结奋斗，全面推进建设有中国特色社会主义的伟大事业成为此次大会的任务。①

对于全面建设小康社会的奋斗目标，党的十六大从经济建设与经济体制改革、政治建设和政治体制改革、文化建设和文化体制改革、国防和军队建设等方面作出战略部署。② 针对实现全面建设小康社会奋斗目标的新要求，党的十七大报告对增强发展协调性，努力实现经济又好又快发展；扩大社会主义民主，更好保障人民权益和社会公平正义；加强文化建设，明显提高全民族文明素质；加快发展社会事业，全面改善人民生活；建设生态文明，基本形成节约能源资源和保护生态环境的产业结构、增长方式、消费模式等进行具体部署。③ 党的十九大为了决胜全面建成小康社会的目标任务，提出坚持党对一切工作的领导、坚持以人民为中心、坚持全面深化改革、坚持新发展理念等 14 个方面内容，构成了新时代坚持和发展中国特色社会主义的基本方略。④

为了全面建成社会主义现代化强国，党的二十大报告提出，从现在起，中国共产党的中心任务就是团结带领全国各族人民全面建成社

① 《十五大以来重要文献选编》上，人民出版社 2000 年版，第 51 页。

② 《十六大以来重要文献选编》上，中央文献出版社 2005 年版，第 16—43 页。

③ 《十七大以来重要文献选编》上，中央文献出版社 2009 年版，第 15—16 页。

④ 习近平:《决胜全面建成小康社会　夺取新时代中国特色社会主义伟大胜利——在中国共产党第十九次代表大会上的报告》，人民出版社 2017 年版，第 20—26 页。

会主义现代化强国、实现第二个百年奋斗目标，以中国式现代化全面推进中华民族伟大复兴。① 围绕这一中心任务，报告从加快构建新发展格局，着力推动高质量发展等 12 个方面，进行了战略部署。较之党的十九大报告，它把“实施科教兴国战略，强化现代化建设人才支撑”和“推进国家安全体系和能力现代化，坚决维护国家安全和社会稳定”② 作为独立的两个部分与其他方面并列，以突出新时代在面临新问题、新挑战时，如何进行有针对性的战略部署。

中国共产党是中国式现代化道路的开创者、领导者。随着党的全国代表大会制度的不断完善，党代会的报告也逐渐形成规范化的体例与内容。那就是总结过去取得的成就与存在问题，展望未来，从政治、经济、文化、社会等方面进行布局谋篇。而党代会报告的最后一个部分都是如何加强党的自身建设。这是因为，描绘现代化建设宏伟蓝图后，最终都要落脚于肩负这一重任的中国共产党人身上。党的二十大报告最后一部分，也再次提出“坚定不移全面从严治党，深入推进新时代党的建设新的伟大工程”③ 的目标任务，就是要以党的自我革命引领社会革命，推动实现中华民族伟大复兴。

四、以自我革命加强与完善党对现代化建设的全面领导

中国式现代化道路的最大特点是党的执政能力决定着现代化事业的成败。提升党的执政能力需要从党的自身建设入手。早在党的七届二中全会上，毛泽东就指出，“中国的革命是伟大的，但革命以后的路

① 习近平：《高举中国特色社会主义伟大旗帜 为全面建设社会主义现代化国家而团结奋斗——在中国共产党第二十次全国代表大会上的报告》，《人民日报》2022 年 10 月 26 日。

② 《中国共产党第二十次全国代表大会在京开幕》，《人民日报》2022 年 10 月 17 日。

③ 同上。

程更长，工作更伟大，更艰苦……务必使同志们继续地保持谦虚、谨慎、不骄、不躁的作风，务必使同志们继续地保持艰苦奋斗的作风。”[①] 而保证党不变质的思想武器就是批评和自我批评。以“两个务必”告诫全体党员的目的，就是要以组织的纯洁性来推动新中国各项事业的发展。

纯洁党的组织也是一个内外联动的过程。在中国共产党人看来，要调动一切积极力量，团结一切可能团结的人，将消极力量转化为积极力量，就必须同时改造自己。遗憾的是，由于中国共产党领导社会主义事业的经验不够多，党的一些领导对形势的分析和对国情的认识存在主观主义的偏差，“文化大革命”前就有过把阶级斗争扩大化和在经济建设上急躁冒进的错误。后来，又发生了“文化大革命”这样全局性的、长时间的严重错误。[②] 然而，中国共产党的伟大不在于不犯错误，而在于从不讳疾忌医，敢于直面问题，勇于自我革命，具有极强的自我修复能力。[③] 勇于自我革命，是中国共产党最鲜明的品格，也是最大的优势。

回顾新中国成立 70 多年的历史，以自我革命来加强与完善党的领导，就是纠正现代化进程中的各种可能偏向。这是因为，中国特色政党制度，或者说党的长期执政地位决定了党与现代化建设是融为一体的，党的自我革命就是在为现代化建设把脉问诊，以便于精准施策。而中国共产党之所以能够自我革命，这是由无产阶级政党的性质决定的。马克思、恩格斯在《共产党宣言》中指出：“过去的一切运动都是少数人，或者为少数人谋利益的运动。无产阶级的运动是绝大多数人

---

① 《毛泽东选集》第四卷，人民出版社 1991 年版，第 1438—1439 页。

② 《中国共产党中央委员会关于建国以来党的若干历史问题的决议》，人民出版社 1981 年版，第 10—11 页。

③ 习近平：《论坚持全面深化改革》，中央文献出版社 2018 年版，第 325 页。

的，为绝大多数人谋利益的独立的运动。”① 作为无产阶级先锋队的中国共产党，除了国家、民族与人民的利益，没有任何自己的特殊利益，由此决定了中国共产党人改正自身存在问题的坚决性、彻底性。

党的十一届三中全会后，随着党内政治生活的正常化，民主集中制的组织原则得以恢复与完善。② 中国共产党以全新的面貌迎接新的挑战。为把党建设成为领导社会主义现代化事业的坚强核心，党的十二大报告提出要改革领导机构和干部制度，实现干部队伍的革命化、年轻化、知识化、专业化。同时，提出党风问题是关系执政党生死存亡的问题，对党的建设提出了新的要求。为了使党风根本好转，中央决定用三年时间分期分批对党的作风和党的组织进行一次全面整顿。③ 随着社会主义市场经济体制的建立，面对执政条件和社会环境的深刻变化，加强党的执政能力建设，提高党的领导水平和执政水平，深入开展反腐败斗争，成为很长一个时期党的建设的中心任务。其后，从制度建设到反腐倡廉建设，为了解决党的执政能力同新形势新任务不完全适应问题，党的十七大报告提出，党要站在时代前列带领人民不断开创事业发展新局面，必须以改革创新精神加强自身建设。④ 可以看出，改革创新既是推动现代化事业的动力，也是党的自我革命的动力，二者的同频共振就是加强与完善党对现代化建设的全面领导。

党的十八大以来，随着全面从严治党的深入推进，党的自我革命也进入一个新阶段。从改进工作作风、密切联系群众的中央八项规定到党的群众路线教育实践活动，目的就是要保持党的先进性与纯洁性，凝聚现代化建设的强大力量。2014 年 12 月，习近平总书记在江苏调研时，首次提出了“四个全面”战略布局，这就是要把全面从严治党纳

① 《马克思恩格斯选集》第一卷，人民出版社 2012 年版，第 411 页。
② 《十一届三中全会以来重要文献选读》上册，人民出版社 1987 年版，第 166、168 页。
③ 《十二大以来重要文献选编》上册，人民出版社 1986 年版，第 50、56 页。
④ 《十七大以来重要文献选编》上册，中央文献出版社 2009 年版，第 38 页。

入国家治理体系和治理能力现代化的战略布局中。唯有全面从严治党，才能保证改革不偏离正确的方向，才能为全面推进依法治国提供组织保障，才能在全面建成小康社会的基础上全面建成社会主义现代化强国。自我革命就是要提升应对中国式现代化进程中各种风险挑战的能力。进入新时代以来，面对错综复杂的国内外形势，唯有勇于自我革命、不断超越自我的政党才能应对各种风险与挑战。如习近平总书记所言，在这种情况下，有没有强烈的自我革命精神，有没有自我净化的过硬特质，能不能坚持不懈同自身存在的问题和错误作斗争，就成为决定党兴衰成败的关键因素，① 成为决定中国式现代化道路成败的关键因素。

作为自我革命的一部分，全面从严治党是一项系统工程。从思想建党与制度治党的同向发力，到以政治建设为统领，全面推进党的各项建设，并把制度建设贯穿其中，目的就是要不断提高党的建设质量，把党建设成为始终走在时代前列、人民衷心拥护、勇于自我革命、经得起各种风浪考验、朝气蓬勃的马克思主义执政党。提高党的建设质量还是为了加强党对现代化事业的领导。党的二十大提出了中国式现代化道路的本质要求，这与中国共产党的宗旨与任务是内在统一的，那就是人民至上的全过程人民民主、全体人民共同富裕等引领社会发展的目标指向。如此，以自我革命来加强与完善党的领导就是为中国式现代化建设提供组织保障，而目的与手段的一致性就使得中华民族伟大复兴进入不可逆转的历史进程。

结　语

政治领导力体现为政治认知、政治决策、政治部署与政治执行等

① 习近平：《论坚持全面深化改革》，中央文献出版社 2018 年版，第 327 页。

方面的能力。对中国共产党而言，以什么样的执政理念进行现代化建设，就是对中国与世界发展的政治认知。回顾历史，中国式现代化建设的成功经验已充分证明这一理念的正确性。正是这种开放的理念，使得中国式现代化道路在中国共产党领导下既有各国现代化的共同特征，更有基于自己国情的中国特色。政治决策、政治部署与政治执行构成了组织运行前后相继的逻辑链。对现代化建设的决策、部署与执行，是党的政治领导力的体现。它通过党的全国代表大会与各种会议来展开，并经过法定程序上升为国家意志，成为全党与全国人民的行动指南。可见，从政治领导力的角度观察新中国成立以来现代化建设的历史经验，更便于发现中国式现代化道路的制度优势。

值得注意的是，党的政治领导力、思想引领力、群众组织力、社会号召力是一个有机整体，并统一于中国式现代化建设的过程中。不能因为聚焦政治领导力，而忽视其他三种能力在国家治理与现代化建设中的重要作用。党的二十大报告提出了中国式现代化道路的本质要求与中国共产党的中心任务。可以看出，坚持党的领导就是坚持中国式现代化道路，二者的内在统一性，使得实现这一目标有了坚强的领导核心。以史为鉴，可以知兴替。回顾历史，中国式现代化道路已经取得了举世瞩目的伟大成就，我们有理由相信，中国共产党必将团结带领全国各族人民完成全面建成社会主义现代化强国的历史宏愿，实现第二个百年奋斗目标，以中国式现代化全面推进中华民族伟大复兴。

〔王建华，历史学博士，南京大学马克思主义学院党委书记、教授、博士生导师，江苏省习近平新时代中国特色社会主义思想研究中心（南京大学理论研究基地）特约研究员，教育部“长江学者”特聘教授〕

第十篇　中国式现代化的独特文明观

◎刘志洪

中华民族伟大复兴、中国式现代化和中华民族现代文明建设，在根本上是一致的，在同一个历史进程中相辅相成、砥砺前行。现代化构成当前中国最核心的关键词之一。中国式现代化、社会主义现代化国家（强国）和中华民族现代文明等，皆要求并实际地发展中国自己的现代化。“化”即变化、转化。在这个意义上，现代化即由前现代向现代的转化，亦即现代性的生成与发展。中国式现代化作为整个中国社会的现代化，是由传统中国向现代中国的转化，是现代中国的生成与发展；也是中华文明的现代化，即中华文明从前现代走向现代的过程或中华传统文明向中华现代文明的转化。

以中国式现代化全面推进中华民族伟大复兴，这是当前中国的核心主题。全面建成社会主义现代化强国，构成新发展阶段的主要目标。社会主义现代化强国的全面建成，也就是中华民族伟大复兴的全面实现，或者说中华民族的全面复兴。中华民族伟大复兴通过中国式现代化加以实现，在此意义上，中国式现代化即现代中国的发展路径。正如习近平总书记所指出的，“中国式现代化是强国建设、民族复兴的康庄大道”①。在文明作为人类活动与社会运行积极成果有机整体的意义上，内含人之发展的社会发展，在主要内容上即为文明发展。同理，现代中国的发展即中华文明在现代的发展，亦即中华民族现代文明的建设。中华民族伟大复兴作为现代中国的高度发展，也是中华文明的现代复兴。此种复兴的过程与结果即中华民族现代文明的生成与发展。反过来说，中华民族现代文明的建设过程，也正是中华民族伟大复兴的实现过程。

由于中国式现代化和中华民族伟大复兴、中华文明复兴（中华民族现代文明建设）的这种一体关系，中国式现代化构成中华民族现代文明的发展路径。中华民族现代文明在中国式现代化的宏阔历史进程中创生与发展，创造人类文明新形态构成中国式现代化本质要求的重要方面（落脚点），这意味着建设中华民族现代文明是中国式现代化的必然要求，“中国式现代化赋予中华文明以现代力量，中华文明赋予中国式现代化以深厚底蕴”②。当然，中华民族现代文明的发展本身也是中国式现代化的展开过程，并推动中国式现代化持续前行。

一、超越现代性的新现代化

中国式现代化“既有各国现代化的共同特征，更有基于自己国情的中国特色”③，可以从诸多不同的具体向度和方面认知中国式现代化新之所在。对此，学界已取得相当丰富的成果。但如果将中国式现代化的特质集中概括为一点，那就是既实现现代化又超越现代化，既超

① 习近平：《在文化传承发展座谈会上的讲话》，《求是》2023 年第 17 期。
② 同上。
③ 习近平：《高举中国特色社会主义伟大旗帜　为全面建设社会主义现代化国家而团结奋斗——在中国共产党第二十次全国代表大会上的报告》，人民出版社 2022 年版，第 22 页。

越过往现代化又超越一般现代化。“世界上既不存在定于一尊的现代化模式，也不存在放之四海而皆准的现代化标准”①，生活于现代的人们总是探索更优或者说更有益于自身存在的发展道路。马克思主义始终既立足现实又追求理想，自觉以“高于”现代化尤其资本现代化的立场审视现代化。阔步前行于不可逆转复兴大道上的中华民族，有着较过往现代化乃至一般现代化更高的眼界和追求。以超越和扬弃的态度对待现代化诸模式，开拓当前历史条件下适于中国的“最优”现代化，成为华夏儿女的历史自觉与时代自信。对过往现代化以至于一般现代化的积极超越，构成中国式现代化的核心特质。

中国式现代化与现代化的关系，需要更加辩证的思维加以理解。正如身陷半殖民地半封建社会的旧中国不是先走资本主义道路而是直接进行社会主义革命和建设一样，当下我们也不是必须先实现完整意义上的现代化再超越现代化，而是可能在现代化建设的同时超越现代化，或者说可能以更高的要求展开现代化建设，从而通达更高发展境界的现代化。在此意义上，中国式现代化不但是对种种具体现代化的超越，而且是对一般现代化的超越。中国式现代化最根本的新颖之处在于，中华民族在其现代化展开过程中不仅意识到过往种种现代化实践之弊病，而且洞察到现代化作为人类发展的特定历史进程具有在其自身范围内不可克服的历史局限性，洞察到当前历史条件下的现代化难以实现人的理想的存在或生活，唯有不断地对“现代化”予以改良、优化，亦即“再现代化”，或者说不懈“现代化”，方能让全体社会成员通达良善存在或美好生活，绽放生命之精彩。简言之，中国式现代化以“超现代化”作为自己一种基本的指向和任务，在认知与行动上皆力图实现更高水准、更高境界的现代化，或者说将现代化本身推向更高水准与境界，开创更优、更有益于社会的人之存在的新现代性，

① 《习近平谈治国理政》第四卷，外文出版社 2022 年版，第 123 页。

以创造更优的文明形态，开启更高的历史阶段。这构成中国式现代化的内在规定性，既是应然的取向，亦为实然的状态。

现象学启示我们，依不同的视域认知对象可能形成大相径庭的结果；合理的看视区域构成理解和解释的关键，此种视域让人高瞻远瞩、深谋远虑。是否具有超越的眼光与思维对于中华民族的现代化至关重要。在现代化的展开过程中，始终需要一种超出和越过现代化的视野，并同现代化相互作用、相互批判、相互校正。马克思当年曾期待德国以“有原则高度的实践”，使自己不但“提高到现代各国的正式水准，而且提高到这些国家最近的将来要达到的人的高度”[①]。同样，当代中国的发展亦非只能机械地先追赶世界各国尤其发达国家的现代性再超越现代性，而是应当可以既追赶又超越现代性，并且在追赶过程中同时积极尝试部分超越，在部分超越中总体追赶。

由于现代性之内在系统性、机制性的缺陷与弊病使人类无法通过现代化达至很高的存在质量，故唯有以更高的视野和境界面向现代化方能通达更高的现代化水准。社会主义的中国最终要达到的不是马克思“三大形态”理论中第二大社会形态之现代化所能企及的发展高度，而是共产主义社会，亦即通过现代化通达第三大社会形态。

“现代”概念并非现代人的独创。诸多历史时代的人类皆将过往视为“古代”，而将自己所处时代视为“现代”，认为今胜于昔。因而，在过往的历史时代时常出现不同形态的“现代化运动”，尝试让国家或地方达至该时代的一流发展水准。但历史条件的制约决定了任何“现代化”都是特定历史阶段的“现代化”，只能达到特定发展高度。现代人类所言之现代化亦如是。就实质而言，现代性指的是人类社会历史发展的一种程度或高度，现代化即通达此程度或高度的变化或转化过程。在一般意义上，现代化是以现代工业和科技革命为动力，使工业

---

① 《马克思恩格斯全集》第三卷，人民出版社 2002 年版，第 207 页。

文明进入经济、政治、文化各领域，并引起社会组织和行为深刻变革的特定过程。[①] 简单地说，现代化即走向现代的过程。马克思主义创始人既是现代性的讴歌者与继承人，又是现代性的批判者与超越者。作为现代社会规定性的总体，现代性从哥伦布发现新大陆至今，经过500多年的运行已然生成了相对稳定的质，虽然至今仍处于变化之中，但不会无休止地改变与提升，它同现代资本主义文明形态有着复杂关联（马克思主义创始人曾认为，现代社会就是资本主义社会），构成共产主义社会的“前篇”。诚如马克思所言，资本是现代社会“普照的光”和“特殊的以太”。资本现代性为共产主义的到来创造了条件，而共产主义则是对资本现代性的根本超越，表征人类发展的良善状态。要言之，现代化是向现代转化或者说走向现代性的过程，现代人的现代化只能达到现代性所确定的大致发展水平，而非人类发展可能的最高程度与完善状态。这同样适用于中国式现代化。作为一种现代化，中国式现代化具有现代化的一般性。中华民族的当代发展当然不能满足和局限于现代的一般水准，而必须始终趋向可能的最高水准以通达美好生活与真实自由。在社会主义现代化强国全面建成后，中华儿女还要朝着更高的发展目标迈进。

也就是说，在条件具备的情况下，人类社会能够于总体的渐进性发展过程中展开和实现跨越式发展。在此问题上，马克思关于俄国农业公社或农村公社“跨越卡夫丁峡谷”的思想给人以深刻启迪。马克思主义创始人指出，俄国公社由于当时所具有的内外有利条件，“有可能不通过资本主义制度的卡夫丁峡谷，而占有资本主义制度所创造的一切积极的成果”[②]。不仅俄国公社如此，整个俄国社会亦如此。在条件具备的前提下，发展的步伐可以一定程度地迈大和加快。百余年来，

① 参见罗荣渠：《现代化新论——世界与中国的现代化进程》（增订本），商务印书馆2004年版，第17页。

② 《马克思恩格斯选集》第三卷，人民出版社2012年版，第828—829页。

伴随生产力不断发展和其他社会条件不断生成的历史过程，中国共产党团结带领中国人民既致力实现现代化，又注意超越现代化。特别是改革开放以来，中华民族以自己的聪明才智与理论实践创新，既大力吸收、借鉴一切优秀和先进的文明成果，又自觉破除、消解各种不具有时代合理性、不符合历史发展方向的东西，博采众长、革弊鼎新、综合创造，锻铸一种更适于社会的人之存在的更能提升全体社会成员生活质量与发展水准的新现代性。“以人民为中心”的核心取向等关键要素，蕴含和表达了中国式现代化对于一般现代化的超越。对于中华民族而言，“现代化的最终目标是实现人自由而全面的发展”①。中国特色社会主义为现代化贯注了共产主义的发展取向，这是过往现代化所不具有的。中华民族的新现代化内在地超越了现代性，或者说对一般现代化实现了积极的超越。诚如吴晓明所言，“这种新文明类型根本不可能局限于现代性的范围之内，根本不可能仅仅依循现代性及其变换形式来得到真正的把握”②。当然，中华民族这一宏伟的超越之历史过程，仍将长久地通过新现代化展开。

概括而言，中国式现代化是一种超越现代性的新现代化。这一现代化越出过往现代化的视野与地平，探索和实现新的、更高的发展道路与发展境界。中华民族的现代化不仅是新的现代化，而且是更优或更高的现代化。这种“优”或“高”集中体现为既实现现代化，又超越现代化，将人类的现代化提升至新的境界。此种超越构成中国式现代化根本性的新之所在，亦构成中国式现代化的不懈追求。在此意义上，中国式现代化既是新现代化，又实质性地展开为超现代化。

---

① 习近平：《携手同行现代化之路——在中国共产党与世界政党高层对话会上的主旨讲话》，《光明日报》2023 年 3 月 16 日。

② 吴晓明：《马克思主义中国化与新文明类型的可能性》，《哲学研究》2019 年第 7 期。

二、中华民族现代文明的实质与内容

在中国式现代化这一新现代化推进过程中，一种超越其他现代文明的新现代文明——中华民族现代文明同时生成和发展起来。独特的现代化同独特的文明创造一体两面、相辅相成。与中国式现代化既实现现代化又力图超越现代化相一致，中华民族现代文明既通达现代文明又超越现代文明，是一种更高程度的现代文明，“在漫长的历史进程中，中华民族以自强不息的决心和意志，筚路蓝缕，跋山涉水，走过了不同于世界其他文明体的发展历程”①。中国共产党成立后，同样领导中国人民历经艰辛努力、跨越艰难险阻，走出不凡道路，建设了中华民族现代文明。

中华民族现代文明构成人类一种崭新的文明形态，它作为人类文明新形态的更高现代文明，在人类现代文明的百花园中独树一帜。因此，中华民族现代文明与人类文明新形态在实质上是同一的。当然，二者称谓的侧重点有所区别。中华民族现代文明作为中华文明的现代形态，凸显其所创造的文明是不同于传统文明的现代文明；其现代性既针对人类的前现代文明，更直接相对于中华民族的前现代文明或传统文明。人类文明新形态则强调所创造的文明是一种不同于人类全部旧有文明的崭新或全新的文明。中华文明走出了前现代的历史，进入了现代的历史阶段，发展出现代形态。中华民族现代文明指向中华民族这一文明创造主体，强调中华民族在现代历史中新的文明创造，而人类文明新形态则着重彰显中华民族现代文明的世界历史意义之于人类文明与人类世界的价值。

---

① 习近平：《把中国文明历史研究引向深入　增强历史自觉坚定文化自信》，《求是》2022 年第 14 期。

就实质而言，中华民族现代文明是中国特色社会主义文明，是中国共产党领导、中国人民创造、以中国特色社会主义制度为内核的现代文明。这种文明既有社会主义的普遍性与先进性，又有中国的特色与优长。中华民族致力开拓一种既较当前主导文明亦较其他诸多文明更适合中国人民存在与发展的文明，进而开创使人类及其文明朝着更优的方向发展的新文明。这是中华儿女的追求，也是中华民族的使命。

中国式现代化的核心是人的现代化，“唯有人才是现代化的真正主体，是创造现代化社会生活的生气勃勃的能动的力量”，“形成着的现代人创造形成着的现代社会”。① 中国式现代化的实质与关键为中国人的现代化。中国人的现代化既是中国现代化的结果，更是中国现代化的前提。中国式现代化必须实现而且必须依靠中国人的现代化，但“中国人在现代化中具有二重因素：现代化因素与非现代化因素”②。因此，有必要让每一个中国人都成为现代化的合格主体，成为新现代性的优秀创造者。

与中国式现代化相一致，中华民族现代文明是真正的人类的文明。以资本为主导力量的西方现代文明在本质上和深层处是物质的文明，是非人类乃至反人类的文明。美国哲学家南希·弗雷泽甚至将当代资本主义称为“食人资本主义”。“羊吃人”的内里是“人吃人”，而其实质却是“资本吃人”。德国哲学家韩炳哲将资本的积累逻辑同远古的“玛那”积累逻辑相关联，认为“资本的行为就像现代版的玛那”③。“玛那”指人通过杀戮他人而实现权力的积累。新自由主义则企图让人欢愉地接受资本主义的生活，自以为自由，其实受到更深刻和严重的奴役，甚至陷于“自我剥削”的境地。

中华民族现代文明力图超越此种人和人的文明之物化状态，使之

① 李秀林等：《中国现代化之哲学探讨》（修订本），商务印书馆2022年版，第7页。

② 同上书，第302页。

③ ［德］韩炳哲：《资本主义与死亡驱力》，李明瑶译，中信出版社2023年版，第8页。

通达真正的、更高的文明状态，一种“文化”之人的文明状态。这是中华民族现代文明的内核性要求，即力图让全体社会成员在当前历史条件下实现良性存在以至通达最优存在。此种存在绝非只是物质生活或某种生活的片面增长，而是生活的全面发展，是生活品质的综合提升；此种存在绝非只是少数人的发展，而是全体社会成员的充分提升，是整个社会的协调发展；此种存在绝非一国独好，而是各国皆好。这正是构建人类命运共同体的旨趣。此种存在亦非人与自然的对抗，而是人与自然的和谐，它不仅是特定个体与共同体之人与自然的和谐共生，而且要求作为类整体的人与自然的和谐共生。

与上述实质相一致，中华民族现代文明在内容上展开为相互协调的高度的物质文明、政治文明、精神文明、社会文明和生态文明。首先是高度的物质文明、政治文明、精神文明、社会文明和生态文明。邓小平同志曾强调，“我们要在建设高度物质文明的同时……建设高度的社会主义精神文明”①。这是对文明建设的总体要求。文明整体的高度发展，必然要求其各组成部分的高度发展，因此，物质文明和精神文明都不能不是高度的。如今，文明建设的内容更加丰富，我们不仅需要高度的物质文明与精神文明，而且需要高度的政治文明、社会文明与生态文明。其次，高度发展的文明以各文明组成部分的协调发展为必要前提与基本标识。没有物质文明、政治文明、精神文明、社会文明和生态文明的协调发展与有机统一，就没有高度发展的中华民族现代文明。众所周知，发展的不平衡是当前中国社会发展最值得关注的问题之一。在文明的发展上，同样存在类似问题。诸文明之间的发展具有不平衡性，有的发展较快，有的相对慢些，且诸具体文明建设之间难免出现某些不易协调的紧张乃至冲突关系。这就要求我们把握整个文明发展的方向与节奏，最大限度地协调诸文明发展的关系，努

① 《邓小平文选》第二卷，人民出版社 1994 年版，第 208 页。

力使之达到协调发展的境界。

文明是文明主体生活的过程与结果，“文明问题实际上是生活问题的变型”①。中华民族的五大文明——物质文明、政治文明、精神文明、社会文明和生态文明，具体要落实到中国人民的物质生活、政治生活、精神生活、社会生活和生态生活等主要生活之中。在此意义上，建设中华民族高度的物质文明、政治文明、精神文明、社会文明和生态文明，也就是实现中国人民高度协调的物质生活、政治生活、精神生活、社会生活和生态生活。二者一体两面。高度协调的物质生活、政治生活、精神生活、社会生活、生态生活，即总体性的美好生活。在此意义上，中华民族现代文明的建设，也就是中国人民美好生活的实现过程。进入新时代，人民群众的生活需要由物质文化需要转变为美好生活需要，这种美好生活需要的满足即我国人民美好生活的生成与发展的过程。当然，目前我们的发展还存在不平衡、不充分的缺憾，还不能很好地满足人民的需要，而且人民的需要总是处于不断提升之中。中华民族现代文明的建构，一方面使人民美好生活需要日益得到更好满足，另一方面让人民的美好生活需要日渐得到提升，从而让中国人民过上愈益良善的生活，通达美好之境。而这本身也应当是中华民族现代文明发展的历史进程。

三、中华民族现代文明的突出特性

中华文明具有突出的连续性、创新性、统一性、包容性与和平性。这些突出特性，既是中华文明长久以来的鲜明性质，也是中华民族现代文明的强烈追求。它们是中华民族现代文明与中华传统文明共有的性质。当然，在共同性的另一端，差异性亦必然存在。相对于中华传

① 赵汀阳：《论可能生活》，中国人民大学出版社 2009 年版，第 203 页。

统文明，中华民族现代文明在连续性、创新性、统一性、包容性与和平性等方面更为突出，尤其是包容性、创新性与和平性。

“开放包容始终是文明发展的活力来源，也是文化自信的显著标志。中华文明的博大气象，就得益于中华文化自古以来开放的姿态、包容的胸怀。”① 从大历史视角来看，中华文明从诞生起就主动地包容异质文明，且愈益积极以至自觉。“中华文明从来不用单一文化代替多元文化，而是由多元文化汇聚成共同文化，化解冲突，凝聚共识。中华文化认同超越地域乡土、血缘世系、宗教信仰等，把内部差异极大的广土巨族整合成多元一体的中华民族。”② 这种兼收并蓄、取长补短让中华传统文明获得了灿烂的成果，而经过长期努力和积累，我们现在比以往任何时代都更有条件也更为迫切需要破解“古今中西之争”，创造一批既熔铸古今又汇通中西的文明新成果或新文明成果，使中华现代文明彰显出更高的包容性。

一是包容的态度更为积极。任何文明甫一接触异质文明时，都不可避免地出现由于不习惯、不适应等原因造成的排异现象。在总体包容的历史过程中，中华传统文明也曾在某些时刻出现过一些类似情况。较之于中华传统文明，中华现代文明在包容异质文明上更为自觉。经过 5000 多年的文明发展，尤其是吸收了近代以来正反两方面的经验教训，中华文明已经高度自觉地认识到：封闭僵化只会衰退，开放包容方能进步。中华民族更加积极主动地学习借鉴人类创造的一切优秀文明成果，在自觉坚持马克思主义中国化时代化基础上实现中华传统文明的现代化，促进外来文明成果的本土化，不断建设中华民族现代文明。

二是包容的内容更加丰富。无论从空间还是从时间维度看，中华

① 习近平：《在文化传承发展座谈会上的讲话》，《求是》2023 年第 17 期。
② 同上。

现代文明所包容的内容皆更为异质与多样。从空间向度看，中华传统文明将中国广袤大地上林林总总的道德、习俗、宗教、文化、传统等融合成一个有机的文明，突出地表现为对儒释道各家的包容与共存；而中华现代文明不仅在儒释道等东方文明的范围内兼容并包，而且大幅吸收了非东方尤其是西方的文明因素。从时间向度看，中华现代文明既兼容现代的诸文明因素，亦包容诸多历史上有益的传统文明因素，可谓“融通中外”“贯通古今”，“中华文明的包容性，从根本上决定了中华民族交往交流交融的历史取向……决定了中华文化对世界文明兼收并蓄的开放胸怀”①。

由于态度与内容上的这种提升，中华现代文明对于其他文明的包容达至更高程度。更高的包容性为更优的创新性提供了厚实条件。创新是一个民族发展的不竭动力，也是中华文明进步的强大力量。事实上，中华民族现代文明之所以能够生成，本身就是中华民族不懈创新的结果。

值得提出的是，在中华民族现代文明的建设过程中，不仅显现出创新性，而且彰显创造性。创造是“人的活动所特有的功能特性，是人通过自己有意识的活动发明和生产未曾有过的新事物的过程，其效应则是未曾有过的新事物的产生”②。在我们看来，创造与创新有所区别，它不是一般的创新，而是“原始创新”。创新的形式很多，如新的理念、思路、机制、形式、话语等，但多数是在原有基础上的改进与优化，是将“有”变“优”。与此不同，创造更加突出原创，它是“无中生有”，更确切而言是“有中生无”，即在已有基础上开拓性地发现与发明。创造是一种近似于“从0到1”的根本性突破，也可以说是最高层次的创新。“人类的进步和发展就是通过不断地创造实现的，每

① 习近平：《在文化传承发展座谈会上的讲话》，《求是》2023年第17期。

② 《夏甄陶文集》第六卷，中国人民大学出版社2011年版，第749页。

一次新的创造都以前人的创造为前提和基础，通过不断地创造，人类的进步和发展总会达到一个新的台阶，进入一个新的时间空间界域。一个民族，一个国家，要实现自己的进步和发展，就必须在物质文化领域、制度文化领域、精神文化领域不断进行创新性的人文创造，否则就会停滞不前，就会落后，就会缩小甚至丧失自己生存和发展的时间空间。”① 中华民族现代文明之所以能够生成并取得辉煌成就，关键就在于博采众长、综合创造。在党的领导下，中华民族守正创新，以马克思主义为指导，从自己的国情和愿景出发，以本民族的文明为基底，积极吸收各种文明的优长，融会贯通、综合创造，从而生成中华民族现代文明。

和平是人类社会与文明发展的基本前提。战火纷飞、战乱频仍不可能实现社会的发展，也不可能实现文明的升华。唯有和平安定，方能取得更好的发展环境。因此，和平成为人类共识，并构成全人类共同价值的基础维度。200 多年前伟大哲学家康德厌恶西方世界的战火冲天，热切构思“永久和平论”，期待实现人类的“永久和平”。中国优秀知识分子历来主张“和为贵”“协和万邦”“天下和平”。在此种优秀传统滋养下，中华民族珍爱和平这一宝贵财富，使中华文明发展出突出的和平性。特别是在经历长时间的战火烽烟、生灵涂炭后，中华民族更加热爱和珍惜来之不易的和平，渴望安定和平的国内外局势。当然，对于和平的维护，需要以高质量的发展作为保障。国家强盛才能更好地维护地区与国际和平。

中华民族现代文明崇尚与追求和平，同时更热切地维护和平，始终“坚持美人之美、美美与共。每一种文明都是美的结晶，都彰显着创造之美……各种文明本没有冲突，只是要有欣赏所有文明之美的眼睛……既要让本国文明充满勃勃生机，又要为他国文明发展创造条件，

① 《夏甄陶文集》第六卷，中国人民大学出版社 2011 年版，第 763 页。

让世界文明百花园群芳竞艳”①。我们不仅始终在国际上强调和平的意义，主张以对话解决纠纷，维护和平的世界格局，而且积极地为世界和平作出努力与贡献。中国始终是世界和平的建设者、全球发展的贡献者、国际秩序的维护者，中华民族反对“霸权主义”“强权政治”，坚持合作、不搞对抗；② 弘扬全人类共同价值，强调以宽广胸怀理解不同文明，不将特定的价值观强加于人；秉持平等、互鉴、对话、包容的文明观，推动不同文明交流对话、和平共处、和谐共生，以文明交流超越文明隔阂、文明互鉴超越文明冲突、文明共存超越文明优越，“倡导加强国际人文交流合作，探讨构建全球文明对话合作网络，丰富交流内容，拓展合作渠道，促进各国人民相知相亲，共同推动人类文明发展进步”③。未来，随着综合国力的进一步提升和国际影响力的进一步增强，我们能够在世界和平问题上发挥更大作用，作出更大贡献，更有力地维护国际社会的和平稳定。

中华民族现代文明的建设是由中国共产党领导的。中国共产党作为中国特色社会主义事业的领导核心，当然也是中华民族现代文明建设的领导核心。中国共产党的集中统一领导，不仅让中华民族现代文明健康发展，而且显著强化了中华民族现代文明的统一性，让此种统一性得到进一步升华。中华文明的向心力与凝聚力日益增强。分裂割据不得民心；团结统一是人心所向，也是中华民族福祉所在。而统一性和文明整体的进一步发展，又必然让中华文明更加有力地传承与绵延，从而进一步提升中华民族现代文明的连续性。团结统一、健康发展的文明能够持续前行，宛若奔腾的大河般流淌不息。中华民族现代

① 习近平：《深化文明交流互鉴　共建亚洲命运共同体——在亚洲文明对话大会开幕式上的主旨演讲》，《光明日报》2019 年 5 月 16 日。

② 习近平：《在庆祝中国共产党成立 100 周年大会上的讲话》，人民出版社 2021 年版，第 16 页。

③ 吴晓明：《一种全新的人类文明形态》，《人民日报》2023 年 5 月 15 日。

文明在更高层次统一性的基础上生成出更高程度的连续性。

此外，中华民族现代文明还表现出人文性与引领性等较为显明的规定性。如前所述，中华民族现代文明是一种真正以“文化”之人为中心，努力实现全体社会成员美好生活的文明形态。这一本质决定了中华民族现代文明必然呈现出强烈的人文性。人文性是人及其生活世界持续“文化”生成“文”的规定性，即人的“文化”的规定性。人创造“文”，并以“文”确证和发展自身，是为“人文”。“文明以止，人文也。”① 源远流长的古老智慧道出了文明与人文的内在关联，真正的文明一定是人文性的，唯有人文性的文明才可能是光辉灿烂的高度文明。相对于资本文明，新文明自当闪耀出人性和文化的光辉，准确地说，闪耀出人性之文化和文化之人性的光辉。这是一种持之以恒地“文化”从而不断发展和升华的人性。

中华民族现代文明对人类文明的引领性更加显著。根据唐代学者孔颖达注疏的《尚书·舜典》，文明内蕴经纬天地、照临四方的意涵与要求。优秀的文明必然对其他文明产生有益影响。众所周知，中华传统文明对于人类其他文明尤其周边文明曾产生过重大的影响，发挥了重要的引领作用。时至今日，随着科学技术、国际贸易、民族交往等的发展，文明交流互鉴的条件愈加成熟，优秀文明影响与引领其他文明的可能性与现实性大幅增强，正在复兴的中华民族现代文明有充分条件为人类文明作出较之过往更大的贡献。在作为现代强势文明的西方文明的局限性愈益暴露时，中华现代文明为人类文明确立了一种有益的样本，提供了一种宝贵的可能的选择，呈现出一种方向性的引领与榜样性的示范。中华民族现代文明努力让中国特色成为独特优势，使有益的中国特殊性自然地上升为世界内在的普遍性。换言之，中华现代文明的某些核心规定构成人类现代文明的普遍要求。譬如，真正

① 《周易·贲卦·彖释》。

意义上的现代文明必须以“文化”之人的良性生存为中心，实现人与自然和谐共生、人与人和谐共进、人与自我和谐共处。可以预见，随着复兴步伐的进一步推进，中华文明对人类文明的引领将更为凸显。当然，人类的文明从来都不是单一的，未来也不可能只有唯一“优越”的形态。正如今天我们反对将某种特定文明“标准”强加给自己一样，复兴了的中华文明也不会按照自己的模式去要求其他文明，“不会把自己的价值观念与政治体制强加于人”①，而只会在他人自愿前提下为其提供借鉴，并始终在与各种文明的交往中吸取他人优长以提升自身。

人类世界正处于“向何处去”的关键转折期与历史关口，迫切需要有民族—国家开辟新的、能够代表人类未来的发展道路。中华民族大有可为，完全能以自己的创造性作为和聪明才智为人类的更高发展提供现实性的选择，引领人类命运共同体朝向更高发展之境大踏步前行。

（刘志洪，哲学博士，中国人民大学政策研究室高级研究员、哲学院副教授）

① 习近平：《在文化传承发展座谈会上的讲话》，《求是》2023 年第 17 期。

第十一篇 中国式现代化的独特民主意蕴及其启示

◎唐　健

习近平总书记指出："民主是全人类的共同价值，是中国共产党和中国人民始终不渝坚持的重要理念。"① 当今世界正面临"民主乱象""民主赤字"以及"民主向何处去"等诸多难题。民主怎么了？民主还管用吗？"回答'民主之问'，廓清'民主迷思'，关乎世界和平发展，关乎人类文明未来。"② 大国崛起必然是政治崛起，在讨论中国快速发展取得巨大成就的时候，大家更多聚焦的是中国经济和军事力量在较短时间内的勃然而兴，③ 相对而言忽略了另一个重要现实，即中国式现代化的民主政治实践的成功。中国的民主政治道路丰富了人类政治文明形态，深刻回答了百年未有之大变局下的"民主之问"，给人类民主政治探索带来了新的启示。

---

① 《习近平著作选读》第二卷，人民出版社 2023 年版，第 529 页。

② 中华人民共和国国务院新闻办公室：《中国的民主》，人民出版社 2021 年版，第48 页。

③ 参见朱锋、［美］罗伯特・罗斯主编：《中国崛起：理论与政策的视角》，上海人民出版社 2008 年版。

一、拒斥“民主乱象”：在中国式现代化中发展全过程人民民主

马克思在《黑格尔法哲学批判》中揭示了民主的本质。在他看来，民主的一般意义就是人民的自我规定性，“在民主制中，国家制度本身就是一个规定，即人民的自我规定。在君主制中是国家制度的人民；在民主制中则是人民的国家制度”①。也就是说，民主意味着人民的主体地位不可剥夺，且这种不可剥夺必须体现在国家生活的各个环节，“在民主制中任何一个环节都不具有本身意义以外的意义。每一个环节都是全体民众的现实的环节”②。人民在制度和实践的双重保障下，掌握和行使国家权力。当前，以美国为代表的西方国家发生“民主乱象”，其根源在于少数政治精英和资本寡头攫取了人民的主体地位，垄断和瓜分了现代化成果。中国共产党领导人民实现全过程人民民主是对民主本质的回归，真正实现了以人民为中心的现代化。

（一）西方“民主乱象”的表现、根源与影响

1989 年夏，弗朗西斯·福山（Francis Fukuyama）发表了《历史的终结?》一文，宣称美国自由民主制已经抵达人类政治文明的顶峰，是其他国家在现代化进程中必须且可以复制的制度样板。③ 但是，2021 年 1 月，大批特朗普支持者冲进美国国会大厦，拒绝承认 2020 年的大选结果，一系列冲突导致 5 人死亡，超过 140 人受伤，“历史的终结”变成了“末日审判”。福山在接受采访时表示，预计美国未来会发生更多

① 《马克思恩格斯全集》第一卷，人民出版社 1956 年版，第 281 页。

② 同上书，第 280 页。

③ Francis Fukuyama, “The End of History?”, *The National Interest*, 1989, 16, pp. 3—18.

的政治暴力事件。[①] 其实福山早已觉察美国政治制度出现了问题，在《政治秩序与政治衰败：从工业革命到民主全球化》中，他用了大量笔墨描写美国的政治危机："不幸的是，公共行政专家的大量证据显示，美国政府的整体质量在不断恶化，历时已经超过一代人的时间。"[②]

美国的"民主乱象"突出表现在两个方面：第一，民主党和共和党的斗争日益极端化。民主和共和两党为了加固本党选民的意识形态忠诚，利用身份政治、民粹主义、极端民族主义等进行仇恨宣泄与怨恨动员，导致两党的支持者没有意愿和能力理解彼此的立场与利益。2022 年 10 月，美国全国广播公司新闻网发布的调查结果显示，81%的民主党人认为共和党的议题对国家构成威胁，79%的共和党人相信民主党的议题将摧毁美国。[③] 第二，与激烈党争相伴随的是美国国家治理能力不足。美国政府无法解决基础设施落后、区域发展失衡、贫富差距持续扩大等问题，甚至让民众免于恐惧的基本职能都难以实现。2022 年，美国发生 647 起大规模枪击事件，超过 4 万人在枪支暴力中丧生。[④]

"民主乱象"的根源在于代议型民主（形式民主）背离了民主的本质。[⑤] 根据委托—代理理论，在代议型民主中，选举就是人民的委托仪式，仪式完成后，人民离场，只允许一小批精英进行政治决策，形式民主沦为"选举游戏"。

---

① Michael Hirsh, "Fukuyama: Expect More Violence Before America Returns to Sanity", *Foreign Policy*, 2021. 1. 18, https://foreignpolicy.com/2021/01/18/fukuyama—end—of—history—capitol—violence—democracy/.

② ［美］弗朗西斯·福山：《政治秩序与政治衰败：从工业革命到民主全球化》，毛俊杰译，广西师范大学出版社 2015 年版，第 418 页。

③ 钟声：《民主失真、政治失能严重侵蚀美式人权根基：美国已成为全球人权发展的搅局者和阻碍者》，《人民日报》2023 年 4 月 5 日。

④ Shayanne Gal, et al., "The US Had 647 Mass Shootings in 2022. Here' s the Full List", *Business Insider*, 2023. 1. 24, https://www.insider.com/number—of—mass—shootingsin—america—this—year—2022—5.

⑤ 王绍光：《代表型民主与代议型民主》，《开放时代》2014 年第 2 期。

第一，政客是为选举服务，而不是为人民利益服务。沉迷于“选举游戏”的政客不会从国家整体利益出发思考问题，因为他们就是要制造对立面来调动支持者情绪。比如共和党为了选举，大肆在报刊、广告牌和社交媒体上使用带有枪支的图文视频，以吸引反对控枪的选民。[①] 政客们也不会真正为所在选区的长远发展考虑，因为他们只要许诺“空头支票”，在选举的时间节点之前动员起相对多数支持者就可以了。

第二，政客被资本俘获[②]，成为利益集团的喉舌，而不是人民的代言人。“选举游戏”是一个烧钱游戏，2022 年美国中期选举的竞选花费接近 170 亿美元，超过全球 70 多个国家 2021 年全年的国内生产总值。[③] 为了赢得选举，竞选者必须筹措更多的资金，因此，大企业、实力雄厚的基金会以及超级富豪对美国政治运转拥有巨大的影响力。[④] 加州大学圣克鲁斯分校杰出名誉教授 G. 威廉·多姆霍夫（G. William Domhoff）研究指出，美国大公司的所有者和高层管理人员形成了公司共同体，在感兴趣的政策议题上左右着联邦政府。[⑤] 2022 年选举周期，美国军事—工业复合体向参众两院军事委员会成员捐赠超过 1000 万美元，随后国防部预算增加了 450 亿美元，投资回报率接近 450000%。[⑥] 利益集团驱动美国将大量资金用于军费开支以及在国际上耀武扬威，

---

① 中华人民共和国外交部：《美国枪支暴力泛滥的事实真相》，2023 年 2 月 16 日，https://www.mfa.gov.cn/web/wjbxw_new/202302/t20230216_11025872.shtml。

② 参见［美］杰弗里·M. 贝瑞、克莱德·威尔科克斯：《利益集团社会》，王明进译，中国人民大学出版社 2012 年版。

③ 寰宇平：《民主是权利，不是专利》，《人民日报》2023 年 4 月 12 日。

④ ［美］简·迈耶：《金钱暗流：美国激进右翼崛起背后的隐秘富豪》，黎爱译，新星出版社 2018 年版。

⑤ 参见［美］G. 威廉·多姆霍夫：《谁统治美国？——公司富豪的胜利》，杨晓婧译，外语教学与研究出版社 2017 年版。

⑥ Savannah Wooten and Rick Claypool, “Military—Industrial Complex Clinches Nearly 450000% Return on Investment”, *Public Citizen*, 2022. 7. 7, https://www.citizen.org/article/military—industrial—complex—contributions—report/.

而不是投资民生项目，因此，“选举游戏”催生的政策经常是扭曲的，背离了国家和人民的根本利益。

第三，“选举游戏”里的政客不会为人民解决国家面临的真正问题，因此整个政治体系运转是低效和自我耗散的。贫富差距不断扩大是美国政治衰退的深层次原因，美联储2021年的数据显示，前1%最富裕家庭占有32.3%的家庭总财富，后50%家庭仅拥有2.6%的财富。[①]但是，美国政客根本不想缩小贫富差距，发展项目和福利保障政策总是被拖入“文化战争”，成为争夺选民的议题操弄，陷入党派政治的淤泥沼泽而难以推进。

“民主乱象”使得美国现代化发展成果被少数人垄断与挥霍，政党和意识形态两极对抗有导致国家分裂的可能性，美国人已经意识到形式民主的弊端。美国国家公共广播电台与益普索集团联合进行的一项民调显示，64%的美国人认为美国民主“面临失败的风险”，70%的人认为美国“正处于危机之中”。哈佛大学肯尼迪政府学院民调显示，只有7%的美国年轻人认为美国民主制度“健康”，52%的人认为美国民主“陷入困境”或“失败”。[②]美国之外的其他代议制国家也面临着困境，比如德国、法国、意大利等国的传统左翼和右翼政党正在衰落，无力解决国家面临的经济发展、能源安全、金融风险等挑战，导致整个社会日益撕裂，极端右翼势力崛起，国家的前途与命运充满不确定性。可以看出，西方的代议制民主出现了难以克服的结构性问题[③]，西方的现代化也因此陷入了困境，乱象丛生。

---

① 中华人民共和国外交部：《美国贫富分化持续恶化的事实真相》，2023年2月24日，https://www.mfa.gov.cn/wjbxw_new/202302/t20230224_11030966.shtml。

② 李志伟：《美式民主弊端持续引发反思》，《人民日报》2022年1月10日。

③ 周淑真、武贵明：《从世界政党政治发展论全过程人民民主的时代背景、内涵要素和价值意义》，《理论探讨》2023年第5期。

（二）全过程人民民主是中国式现代化的本质要求

民主是全人类的共同价值，其本质是“人民的统治”：人民能够直接参与涉及公共利益的重大事务的决策，参与决策的每个成员有平等的发言权，决策需要在协商中寻求共识，集体共识的达成需要遵循一定的规则等。① 这些是所有民主形式共性的规定性要求，但是共性要求的具体落实会因为时空条件的差异而存在不同。应该承认，西方民主制度是人类历史上的一大进步，是随着资本主义生产关系的发展而建立起来的，然而在资本主义私有制的基础上出现的民主只能是“形式上的民主”②，社会主义民主是对它的吸纳和超越。吸纳是指社会主义民主保留了资本主义民主的有益内容，比如列宁指出：“没有代表机构，我们不可能想象什么民主，即使是无产阶级民主。”③ 超越是指社会主义民主不能停留在“形式”上，要将民主的共性要求真正落实到国家生活之中，这就意味着共性需要根据实际情况延展和不断丰富，因此，民主是多样和发展的。中国的全过程人民民主体现了民主的本质，确保了中国式现代化始终以人民为中心，是社会主义民主的新发展。

理解中国式现代化中的全过程人民民主，需要把握它的三个特性。

第一，人民性。全过程人民民主意味着政治权力始终掌握在人民手里。毛泽东在党的七大报告中指出：“全心全意地为人民服务，一刻也不脱离群众；一切从人民的利益出发，而不是从个人或小集团的利益出发；向人民负责和向党的领导机关负责的一致性；这些就是我们的出发点。”④ 因此，绝不会有任何人可以假借委托代理的名义将权力

---

① 张凤阳等：《政治哲学关键词》，江苏人民出版社 2006 年版，第 52 页。

② 桑玉成：《拓展全过程民主的发展空间》，《探索与争鸣》2020 年第 12 期。

③ ［苏联］列宁：《国家与革命》，人民出版社 2015 年版，第 49 页。

④ 《毛泽东选集》第三卷，人民出版社 1991 年版，第 1094—1095 页。

从人民手中攫取过去，中国选出来的官员只是人民公仆，领导者不是“有权者”而是“当政者”，[①] 这与代议型民主的精英僭政有天壤之别。

人民性还解决了“依靠谁”的问题。代议型民主中的政治精英依靠的是提供竞选经费的“金主”，全过程人民民主依靠的则是全体人民，人民的知情权、参与权、表达权、监督权得到充分保障，在党的领导下参与管理国家各项事务。[②] 习近平总书记强调：“我们党来自人民、根植人民、服务人民，党的根基在人民、血脉在人民、力量在人民。失去了人民拥护和支持，党的事业和工作就无从谈起。”[③] 因此，作为社会主义事业领导核心的中国共产党摆脱了以往一切政治力量追求自身特殊利益的局限，谋划的是中华民族长远发展大计，不为任何利益集团、权势团体、特权阶层谋取私利。[④] 中国的脱贫攻坚取得了举世无匹的成就，这在其他国家是难以想象的，充分证明了中国式现代化的人民性，“维护人民根本利益，增进民生福祉，不断实现发展为了人民、发展依靠人民、发展成果由人民共享，让现代化建设成果更多更公平惠及全体人民”[⑤]。

第二，全过程性。中国民主的全过程性可以从横向和纵向两个角度来考察：横向来看，中国“所有的重大立法决策都是依照程序、经过民主酝酿，通过科学决策、民主决策产生的”[⑥]，人民有效参与政治生活的全部过程，突出体现在发出倡议、征求意见、制定政策、评估

① 鲁品越：《全过程人民民主是实实在在的真民主：人民民主理念的实现形式、实现条件和实践方法》，《马克思主义研究》2023 年第 5 期。

② 周淑真、武贵明：《从世界政党政治发展论全过程人民民主的时代背景、内涵要素和价值意义》，《理论探讨》2023 年第 5 期。

③ 《习近平著作选读》第一卷，人民出版社 2023 年版，第 123 页。

④ 中共中央宣传部：《中国共产党的历史使命与行动价值》，人民出版社 2021 年版，第 7—8 页。

⑤ 《习近平著作选读》第一卷，人民出版社 2023 年版，第 22 页。

⑥ 本书编写组：《习近平的小康情怀》，人民出版社、新华出版社 2022 年版，第 434 页。

效果等各个环节；纵向来看，从全国人大到乡级人大，五级人民代表大会均由民主选举产生。选民直接选举产生县乡两级人大代表，县级以上人大代表由下一级人大选举产生。各个国家机构领导人员均由同级人大选举产生或者决定任命。中国还有广泛的基层选举，包括村（居）委会选举、企事业单位职工代表大会选举等。纵向的全过程涵盖了国家政治生活和社会生活的各个方面。①

兼备横向和纵向的全过程，意味着人民在国家政治生活中始终在场。而代议型民主将选举仪式本身当成了民主的本质，选民在投票那一刻完成委托仪式，民主旋即变成了少数人的擂台戏，人民在场即离场，民主的实践性被剥离，是没有治理的“民主”。人民始终在场意味着中国的民主在时间上是连续的、在内容上是完整的，国家政治生活和社会生活各环节、各方面都能体现和贯彻人民意志，保证中国的民主实现了程序和实践的统一，贯通政治生活和日常生活的空间；民主成为一种生活方式②，不仅能有效防止选举时漫天许诺、选举后无人过问现象的出现，而且避免了托克维尔所担心的人民因政治冷漠而失去对国家权力的实际控制③，始终保证现代化事业沿着正确的方向前进。

第三，民主性。全过程人民民主有完整和坚实的制度体系予以支撑，主要包括人民代表大会制度、中国共产党领导的多党合作和政治协商制度、民族区域自治制度和基层群众自治制度等，不同体制机制之间紧密衔接、相互配合。④ 完备的制度设计保证了民主政治主体，即人民的完整性。相比之下，西方代议型民主的主体是不全面、不完整

---

① 中华人民共和国国务院新闻办公室：《中国的民主》，人民出版社 2021 年版，第 24—26 页。

② 解红晖：《中国共产党对马克思民主观的探索实践与原创性贡献》，《世界社会科学》2023 年第 3 期。

③ ［法］吕西安·若姆：《托克维尔：自由的贵族源泉》，马洁宁译，漓江出版社 2017 年版，第 23 页。

④ 张贤明：《全过程人民民主的推进之道》，《理论导报》2021 年第 9 期。

的，弱势群体很难寻找到合适的代议者，权利经常被漠视和践踏。在这样的民主设计中，甚至连种族屠杀都并不鲜见。①

包容与合作是民主政治的重要精神。不同的社会群体有不同的利益，他们关注的问题、价值偏好、利益诉求都存在差异，在民主政治中都可以提出自己的主张。这些主张之间会存在矛盾甚至冲突，而包容与合作作为政治美德保证了政治过程和现代化事业不会因为不同力量的撕扯而陷入停滞或崩溃。② 全过程人民民主追求实现的是人民对于美好生活的向往，包括富足的物质生活、丰富多彩的文化生活、积极和谐的精神生活，因此，无论是目标本身还是实现目标的方式策略都是真善美的，人性中所蕴含的消极内容在政治生活中逐渐被教化，与代议型民主动员选民宣泄愤怒与仇恨的做法截然不同。完整的协商制度是全过程人民民主塑造包容与合作精神重要的制度保障，政党协商、人大协商、政府协商、政协协商、人民团体协商、基层协商、社会组织协商等多元立体的协商渠道，促进不同思想观点充分表达和深入交流，塑造和凝聚共识，保证了社会和谐稳定。

二、杜绝“民主赤字”：在世界现代化中推动国际关系民主化

理论的魅力在于其逻辑彻底性，这既指逻辑链条的完整，也指理论逻辑与现实实践的一致性。民主是重要的全人类共同价值，因此，民主理论的逻辑彻底性不仅体现在国内，还应该表现在国际维度。也就是说，民主的国内逻辑应该能够推演至国际关系，国家的外交政策

① 参见［英］迈克尔·曼：《民主的阴暗面：解释种族清洗》，严春松译，中央编译出版社 2015 年版。

② 参见［美］塞缪尔·P. 亨廷顿：《变化社会中的政治秩序》，王冠华、刘为等译，上海人民出版社 2008 年版。

也需与之相吻合。当今世界，国际关系中的“民主赤字”依然非常严重，其重要根源就是西方尤其是美国的民主逻辑不彻底：民主逻辑不能从国内推演至国际，其国内代议型民主至少表面上是“一人一票”，但是在国际上却不承认国家间平等，所谓“民主”成为将国家区分为三六九等的工具；逻辑与实践不一样，虽然喊着“民主”的口号，但是外交政策却是处处维护自己的特权。众所周知，世界现代化和国际关系民主化相互促进，国际关系民主化能保证世界现代化顺利展开，世界现代化则为国际关系民主化提供力量支撑。而中国式现代化正有力推动世界现代化，为国际关系民主化注入动力。

（一）国际关系中“民主赤字”的表现、根源与影响

当前国际关系中的“民主赤字”突出表现在三个方面：

第一，国家主权不平等。美国为了维持霸权，只允许其他国家保有弱主权或形式主权。在美国的语境里，它可以肆意对其他国家进行渗透与干涉，而对于那些自尊自重、维护主权的国家，美国动辄给它们冠上“非民主”“威权”“专制”的名号。比如，美国政府长期窃取全球公民数据，并对其他国家领导人展开窃听。[①] 但是，它在毫无证据的情况下，以数据安全为理由对字节跳动展开攻击和“围剿”，根本原因就在于字节跳动为全球数字用户提供了新的产品选择，[②] 不利于美国控制。

第二，国际组织的“民主赤字”。美国将国际组织视为霸权统治的工具，“合则用，不合则弃”。以世界贸易组织（WTO）为例，WTO是

---

① 参见［美］巴顿·格尔曼：《美国黑镜：斯诺登与美国监控帝国》，思齐译，中信出版社2021年版。

② 参见［英］克里斯·斯托克尔-沃克：《解密TikTok：中国的爆款应用如何改变世界》，法意译，中信出版社2023年版。

多边主义的重要支柱，是全球经济治理的重要舞台。[①] 1995 年至 2020 年，WTO 成员共提起了 598 起争端解决案件，其中美国作为主要被诉方的案件高达 156 件，是排名第二位的欧盟的两倍，占所有案件量的 26%。[②] 特朗普政府认为 WTO 的裁决对美国不利，因此频繁阻挠上诉机构新法官的遴选，拜登政府延续了这一做法，导致 WTO 争端解决机制停摆。

第三，美国经常用国内法代替国际法，以“民主”为幌子“拉帮结伙”，试图用小团体动摇以联合国为核心的国际体系。美国以国内法为依据，对其他国家肆意施加经济和科技制裁，希望以此实现地缘政治利益，扰乱了全球自由贸易体系和科技合作。美国以所谓维护“自由民主”为借口，在全球主要区域组建了复杂的联盟体系，加剧了地缘政治紧张，并在关岛等地区维持二等公民体系，亵渎了民主，衍生了暴力犯罪、环境污染、践踏主权、破坏经济等诸多灾难性问题。[③]

国际关系“民主赤字”产生和持续的重要根源是美国将民主作为建立、维护和拓展霸权的重要工具：第一，在美国的构想中，国际秩序必须是由它认定的所谓“民主国家”组成。该构想是高度地以自我为中心的，强调民主是单一的，将差异性解读为威胁和挑战，对他者总是有使用强制和暴力的冲动。[④] 第二，西方的现代化是通过殖民侵略来推进的，作为大英帝国的反叛者，美国知道殖民统治已经不合时宜，

① 《积极参与世界贸易组织改革　提高驾驭高水平对外开放能力》，《人民日报》2023 年 9 月 28 日。

② 刘军等编：《世界贸易组织概论》，首都经济贸易大学出版社 2021 年版，第 58—60 页。

③ 参见［美］大卫·韦恩：《美国海外军事基地：它们如何危害全世界》，张彦译，新华出版社 2018 年版。

④ 参见［美］罗伯特·卡根：《危险的国家：美国从起源到 20 世纪初的世界地位》，袁胜育、郭学堂、葛腾飞译，社会科学文献出版社 2016 年版。

因此，它通过构建“市民社会的帝国”来运作霸权，汲取其他国家的资源支撑自己的现代化。① 美国虽然承认主权国家形式上的平等地位，但是以“民主”为幌子设定“文明的标准”，其关窍在于它所谓的“民主国家”，社会必须对美国完全敞开，美国的经济、政治、意识形态甚至是军事力量可以无障碍地进入，塑造该国人民的思维观念，掌握其各个阶层关键精英分子，慢慢掏空该国主权，最终将其打造成为支撑美国霸权体系的一个有用节点。

国际关系中的“民主赤字”给世界现代化造成了很大危害：第一，霸权缺乏有效约束，美国经常打乱其他国家的现代化进程，在冷战结束后的单极世界里，美国使用武力的频率明显增加，短短 30 多年时间里，就发动了 251 次战争，数量超过冷战结束前 190 年时间的总和，军事干预的频率是此前的 7 倍多。② 美国为其他国家设定了现代化的“天花板”，即不能超越美国的经济和科技水平，即便是自己的盟友也是如此，因此它经常挥舞贸易和科技制裁的大棒打压所谓的挑战者。第二，全球治理受阻，效率低下。在百年未有之大变局的背景下，全球性问题越来越多，但是全球治理能力跟不上，阻碍着世界现代化愿景的实现。一方面，美国的弃、废行为导致现有治理机制无法充分发挥效能；另一方面，美国实施伪多边主义，导致治理平台和机制被武器化，在网络安全、气候变化、公共卫生等新兴领域无法形成有效的全球合作。第三，美国军事联盟体系导致世界现代化的安全环境恶化。2022 年，全球军费开支超过 2.2 万亿美元，其中美国一家就高达 8770 亿美元，

---

① 参见［英］贾斯廷·罗森伯格：《市民社会的帝国：现实主义国际关系理论批判》，洪邮生译，江苏人民出版社 2002 年版。

② Ben Norton, “US Launched 251 Military Interventions since 1991, and 469 Since 1798”, *Geopolitical Economy*, 2022. 9. 13, https://geopoliticaleconomy. com/2022/09/13/us—251—military—interventions—1991/.

占全球军费开支总量的近40%。[①] 美国及其盟友在地缘政治问题上拱火挑衅，导致整个世界更加动荡不安。

（二）中国式现代化推动国际关系民主化

全球化的历史潮流不可逆转，那么核心问题是，在空间界限日益模糊、利益彼此交融的地球上，主权国家应该如何共处？世界现代化如何才能摆脱霸权干扰，持续深入推进？对此，习近平指出："各国和各国人民应该共同享受尊严。要坚持国家不论大小、强弱、贫富一律平等，尊重各国人民自主选择发展道路的权利，反对干涉别国内政，维护国际公平正义。"[②]

国际关系民主化与全过程人民民主具有逻辑一致性，中国的民主思想与实践可以从国内推导至国际。[③]

首先，人类命运共同体理念从关切地球的角度思考全人类的前途命运，在空间上"天下无外"，说明国际关系的民主是整体的，各国人民和作为他们最高政治认同的主权国家享有同等的权利。民主的整体性还意味着中国坚决反对以意识形态和政治制度画线，主张所有国家在平等互利的基础上开展交流合作。

其次，国际关系民主化应该具体体现在国家间的互动过程中。中国倡导构建"相互尊重、公平正义、合作共赢"的新型国际关系，用相互尊重超越"文明优越""政体优越"，用公平正义超越胁迫压制、恐吓威慑，用合作共赢超越单边主义、零和博弈。新型国际关系需要在互动中逐步构建，各国应践行"对话而不对抗、结伴而不结

---

① Nan Tian, et al., "Trends in World Military Expenditure, 2022", Stockholm International Peace Research Institute, 2023. 4, https://www.sipri.org/sites/default/files/2023—04/2304_fs_milex_2022.pdf.

② 《习近平外交演讲集》第一卷，中央文献出版社2022年版，第3页。

③ 韩爱勇：《中国现代化道路中的政治制度、政治理念及其世界贡献》，《东南学术》2022年第3期。

盟、包容而不排他”，实现国家间平等的国际地位和国际权利。全过程人民民主还可以创造更加和平的国际环境，规避所谓的“修昔底德陷阱”①，因为围绕地位、声誉、权利产生的分歧与矛盾是国家间冲突的重要根源②，如果国际关系的全过程都能贯彻民主，那么这些纷争就能得到最大限度的妥善解决，“大国政治的悲剧”③ 也就不会发生。

再次，国际关系民主化的法律和规则保障是国际法和以联合国宪章为核心的国际规则体系。习近平指出：“世界各国应该维护以联合国为核心的国际体系、以国际法为基础的国际秩序、以联合国宪章宗旨和原则为基础的国际关系基本准则。”④ 因此，国家的外交政策以及成立和参与国际组织等各类活动必须符合国际法和联合国宪章基本精神，以促进国家间合作交流为目的，不能组建“小团体”，挥舞大棒强制推行“家法帮规”。

为培养和增进国际关系中包容与合作的民主精神，中国主张通过对话协商以和平的方式解决国家间的分歧与矛盾，“世界上的事情只能由各国政府和人民共同商量来办。这是处理国际事务的民主原则”⑤。全人类共同价值为协商对话奠定了价值基础。全人类共同价值不是将某个国家的价值观念奉为圭臬，或将其他文明视为有待改造或消灭的人类历史进步障碍，而是尊重和理解国家之间不同的立场和观念，在平等对话沟通、相互理解的基础上达成共识，采取集体行动。

一个更加民主的国际关系格局会为中国式现代化创造更加广阔的

① 参见［美］格雷厄姆·艾利森：《注定一战：中美能避免修昔底德陷阱吗?》，陈定定、傅强译，上海人民出版社 2019 年版。

② 参见［美］理查德·内德·勒博：《国家为何而战：过去和未来的战争动机》，陈定定、段啸林、赵洋译，上海人民出版社 2014 年版。

③ 参见［美］约翰·米尔斯海默：《大国政治的悲剧》，王义桅、唐小松译，上海人民出版社 2014 年版。

④《习近平著作选读》第二卷，人民出版社 2023 年版，第 544—545 页。

⑤《习近平外交演讲集》第一卷，中央文献出版社 2022 年版，第 4 页。

发展空间，也正因此，中国式现代化推进过程本身就是国际关系民主化的生动实践。

第一，中国的现代化是和平的现代化，外交主张与政策实践是开放包容的，不搞地缘政治博弈，不搞意识形态对立，也不搞集团政治对抗，而是积极构建遍布全球的伙伴关系网络。伙伴关系有三个显著特点：首先是平等性。国家不论大小贫富，相互尊重主权、独立和领土完整，相互尊重各自选择的发展道路与价值观念，相互平等相待，相互理解支持。其次是和平性。与军事同盟不同，伙伴关系不设假想敌，不针对第三方，致力以合作而非对抗的方式，以共赢而非零和的理念处理国与国关系。再次是包容性。伙伴关系超越社会制度与意识形态的差异，最大限度地谋求共同利益与共同追求。①

第二，中国式现代化为其他国家提供了发展机遇，推动实现互利合作、共同发展的世界现代化，为国际关系民主化奠立更加均衡的国际力量格局。“一带一路”倡议秉持和平合作、开放包容、互学互鉴、互利共赢的丝路精神，十年来取得了巨大成就，150 多个国家、30 多个国际组织签署共建“一带一路”合作文件，搭建了国际合作新框架，② 助力许多发展中国家加快了迈向现代化的步伐。中国在新能源汽车、光伏、数字技术等高科技领域处于全球领先位置，与东南亚、中东、非洲、拉美等地区的国家开展了卓有成效的合作，帮助它们缩小了与发达国家的科技“鸿沟”，为它们的现代化注入了内生动力。随着新兴市场国家和发展中国家力量不断提升，国际关系民主化的趋势已难以逆转。

第三，中国推动国际组织和国际制度朝着更有代表性的方向改革，积极参与新兴领域全球治理，为世界现代化和国际关系民主化提供了更公平公正的法律和制度环境。“二战”后建立的一系列国际组织需要

① 王毅：《盘点 2014：中国外交丰收之年》，《国际问题研究》2015 年第 1 期。

② 习近平：《建设开放包容、互联互通、共同发展的世界——在第三届“一带一路”国际合作高峰论坛开幕式上的主旨演讲》，《人民日报》2023 年 10 月 19 日。

适应国际环境的变化而作出相应调整，中国积极为发展中国家发声，促成国际货币基金组织完成份额和治理机制改革。[①] 2023 年 8 月，中国支持金砖组织扩员，沙特等国正式成为金砖大家庭成员，为金砖合作机制注入新的动力，有力推动了世界多极化和国际关系民主化势头。当前新兴领域治理机制供给不足，但围绕规则主导权的竞争已经出现阵营化态势，美国为了延续和拓展霸权，正拉拢盟友统一立场，试图控制全球治理走向。而中国积极参与和争取新兴领域的治理规则建设[②]，“完善深海、极地、外空、网络等新疆域的治理规则，确保各国权利共享、责任共担”[③]，为发展中国家发声，占据形塑国际关系民主化的未来高地。

三、回答“民主向何处去”：中国式现代化探索人类民主事业发展新路径

“民主向何处去”有两条路径：一条路径认为民主就像“可乐配方”，是举世通用的，可以通过复制粘贴的方式将本国政治制度移植到其他国家，对于出现的不良反应可以通过暴力强迫的方式予以清除；另一条路径强调政治制度的生成与演化离不开具体的时空背景[④]，一国必须在内生性因素的基础上结合外生性有利条件，才能找到适合自己的民主道路。中国的政治实践和成就雄辩地证明后一条路径是正确的，

---

① 《加强合作推动全球治理体系变革，共同促进人类和平与发展崇高事业》，《人民日报》2016 年 9 月 29 日。

② 刘贞晔：《习近平全球治理观的理论体系与价值研究》，《马克思主义理论学科研究》2022 年第 8 期。

③ 习近平：《共同开创金砖合作第二个“金色十年”——在金砖国家工商论坛开幕式上的讲话》，《人民日报》2017 年 9 月 4 日。

④ 陈雪莲、吕杰：《全过程人民民主与中国式现代化发展道路》，《教学与研究》2023 年第 3 期。

“三大倡议”努力将中国式现代化取得的伟大成就转化为国际社会发展进步的推动力量，正在为人类民主事业创造更好的物质基础与国际环境。

（一）“民主向何处去”的歧路及其灾难性后果

“历史的终结”迎合了美国建国以来一直存在的“山巅之城”的自我想象，这一有着强烈基督教思想色彩的论调幻想着美国民主制度成为超越时空的绝对存在，它是静止的（变化意味着不完美）、唯一的（其他制度都不完美）。虽然福山承认美国政治正处于衰退之中，但是他仍然相信作为唯一一个曾经抵达完美的国家，美国依旧掌握着对民主的解释权。①

因此，美国对于“民主向何处去”的回答是：美国要按照自己的意愿对其他国家进行所谓的改造。美国不相信不同政治制度和意识形态的国家有和平共处和共同演化的可能性，相反，它认为国内的“民主”是否能够持久生存取决于本国制度是否能够不断向外扩张。美国学者、越战老兵保罗·艾特伍德（Paul Atwood）认为，被精英操弄的价值观集体幻觉（“美国是人类历史进步的主要源泉”）是塑造美国战争文化的重要驱动力，“每一次都是那些有能力捍卫法则的人主导大屠杀，并给大屠杀冠以‘自由和民主’将战胜黑暗力量的名义”②。除了公开的军事行动，美国通过隐蔽手段颠覆其他国家政权的行为更加频繁。有研究发现，冷战期间美国至少实施了64起旨在颠覆他国政权的

① Francis Fukuyama, “More Proof that This Really is the End of History”, *The Atlantic*, 2022. 10. 17, https://www. scribd. com/article/601046273/More—Proof—That—This—Really—Is—The—End—Of—History.

② ［美］保罗·艾特伍德：《美国战争史（1775—2010）：战争如何塑造美国》，张敏、黄玲、冷雪峰译，新华出版社2013年版，第220—221页。

隐蔽行动，其中有 25 起达成了目标。[①] 冷战后，格鲁吉亚、乌克兰、吉尔吉斯斯坦等国的“颜色革命”和中东多国的“阿拉伯之春”等，都离不开美国的策动与参与。

美国执迷于“民主改造”，正在透支本国国力。根据布朗大学战争成本研究项目的报告，伊拉克和叙利亚战争的经济成本预计超过 2.89 万亿美元。[②] 更重要的是，美式民主并不普世，“民主改造”缺乏道德根基：一方面，美式民主存在很多难以克服的内在弊端，托克维尔等学者早就阐明美国的政治架构会带来立法与行政不稳定、多数人暴政、思想专断等问题；[③] 另一方面，每一个国家的国情存在巨大差异，国内因素对于一国政治生态的演进具有决定性影响，对政治制度的影响，“自然环境不如法制，而法制又不如民情”，美式民主只是“美国人的实践经验、习惯和见解”，[④] 如果强行推广只会给目标国造成巨大灾难。[⑤] 以中东地区为例，美国将政权颠覆行动主要瞄准五个国家，即阿富汗、伊拉克、利比亚、叙利亚和埃及，结局都是灾难性的，“华盛顿的领导人对改变这五个国家政治以及更广泛地区政治的能力有如此大的信心。但是，他们每次都以失败告终，给大中东带来了杀戮和破坏，让美国在阿富汗、伊拉克和叙利亚等国陷入了似乎没有休止的战争”[⑥]。正如政治学者米尔贾·库尔基（Miljia Kurki）所指出的，美国决策者

---

① Lindsey A. O' Rourke, *Covert Regime Change: America' s Secret Cold War*, Ithaca and London: Cornell University Press, 2018.

② Neta C. Crawford, "Blood and Treasure: United States Budgetary Costs and Human Costs of 20 Years of War in Iraq and Syria, 2003—2023", The Watson Institute for International and Public Affairs, 2023. 3. 15, https://watson.brown.edu/costsofwar/papers/2023/IraqSyria20.

③ ［法］托克维尔：《论美国的民主》，董果良译，商务印书馆 2017 年版，第 312—332 页。

④ 同上书，第 395 页。

⑤ Alexander B. Downs and Jonathan Monten, "Forced to Be Free? Why Foreign—Imposed Regime Change Rarely Leads to Democratization", *International Security*, 2013, 37 (4), pp. 90-131.

⑥ ［美］约翰·米尔斯海默：《大幻想：自由主义之梦与国际现实》，李泽译，上海人民出版社 2019 年版，第 226 页。

必须抵制住这样一种思想诱惑，即认为西方行为体或组织掌握着对民主更优秀的“普世”和“正确”的定义，而应该接受和鼓励在学术界和政策领域出现有关民主的不同观念和制度设计。①

（二）多元现代化、“三大倡议”与人类民主事业发展新路径

习近平总书记强调：“世界上没有完全相同的政治制度模式，政治制度不能脱离特定社会政治条件和历史文化传统来抽象评判，不能定于一尊，不能生搬硬套外国政治制度模式。”② 中国不输出政治制度，而是鼓励其他国家寻找实现本国特性和人类共性统一的政治道路，为人类民主事业的发展创造更好的条件和探索新的可能。中国对“民主向何处去”的回答在时间尺度上是开放的，与历史终结论封闭的时间观形成了鲜明反差，中国相信不同国家的政治发展有不同的节奏和道路，它们之间的互动在造就趋同的同时也会产生新的分离，差异化演进、良好的物质条件、和平的国际环境以及对话交流是人类民主政治进步的前提与基础。

中国式现代化在人类文明史上有着重要的意义，因为它证明了人类通往幸福美好生活的道路不止一条，打破了禁锢在非西方文明头上的“现代化等于西方化”的思想枷锁，人类各个文明完全可以在返本开新的基础上找到自己的现代化之路。中国式现代化取得的巨大成就和美国海外干涉的“大溃败”从正反两个方面证明了每个国家的政治制度都是独特的，是在这个国家历史经验、文化传统、经济社会发展水平等诸多因素的基础上内生性演化的结果，“民主不是哪个国家的专利，而是各国人民的权利。近期国际形势的发展再次证明，外部军事

---

① Milja Kurki, “Democracy and Conceptual Contestability: Reconsidering Conceptions of Democracy in Democracy Promotion”, *International Studies Review*, 2010, 12 (3), pp. 362-386.

② 习近平：《决胜全面建成小康社会　夺取新时代中国特色社会主义伟大胜利——在中国共产党第十九次全国代表大会上的报告》，人民出版社 2017 年版，第 36 页。

干涉和所谓的民主改造贻害无穷”[①]，外部移植的“飞来峰”注定只能停留在流动的沙砾之上，终将以倾覆而结束。中国正采取一系列行动将中国式现代化的思想理论和发展成果转换为对人类民主事业的贡献力量。

首先，中国主张国际社会应积极支持脆弱国家建立稳定的政治秩序，走上现代化发展之路，为民主政治创造良好条件。稳定的政治秩序是践行民主的基础，因此，中国积极支持联合国的维和事业，[②] 帮助脆弱国家摆脱无政府状态。相比之下，有的国家将混乱当成扶植代理人、拓展地缘政治影响力的有利时机，导致脆弱国家陷入旷日持久的冲突与内战中，并外溢至其他国家。脆弱国家建立稳固政治秩序的前提是国家主权得到尊重，因此，中国明确反对滥用单边制裁，呼吁国际社会向它们提供发展所需资源，[③] 包括人道主义援助、基础设施投资、发展项目合作等。只有政府治理能力得到提升，凝聚起社会共识，脆弱国家才有可能实现和平、发展和政治进步的良性循环。

其次，中国提出全球发展倡议和全球安全倡议，为人类民主事业创造更好的物质条件和安全环境。全球发展倡议强调坚持发展优先、坚持以人民为中心、坚持普惠包容、坚持创新驱动、坚持人与自然和谐共生、坚持行动导向，[④] 可以防止经济停滞倒退、贫富差距极化、极端思潮蔓延、生态环境退化等恶性因素侵蚀民主政治的根基。全球安全倡议反对冷战思维，坚持不干涉别国内政，尊重各国人民自主选择发展道路，坚持通过对话协商以和平方式解决国家间分歧和矛盾，[⑤] 为

① 《习近平著作选读》第二卷，人民出版社 2023 年版，第 515 页。

② 陈尚文等：《中国“蓝盔”维护世界和平与发展》，《人民日报》2022 年 8 月 1 日。

③ 《中方强调建设和平要坚持发展优先》，《人民日报》2023 年 1 月 28 日。

④ 习近平：《坚定信心 共克时艰 建设更加美好的世界——在第七十六届联合国大会一般性辩论上的讲话（2021 年 9 月 21 日）》，人民出版社 2021 年版，第 3—5 页。

⑤ 中华人民共和国外交部：《全球安全倡议概念文件》，https：//www.mfa.gov.cn/wjbxw_new/202302/t20230221_11028322.shtml。

人类民主事业奠定和平稳定的国际环境，为各国探索适合自己的政治道路提供充分的时间和空间。全球发展倡议和全球安全倡议相互促进，将帮助世界各国实现经济社会发展、持久和平、民主政治的良性互动。

再次，中国提出全球文明倡议，为世界各国共同推动人类民主事业发展进步提供交流互鉴的渠道与平台。差异化的多元互动是系统演化的前提，同质封闭的系统会走向退化甚至崩溃。国家的政治制度也是如此，只有在整个人类多元政治文明中参与对话，学习其他国家的优点和长处才能保持生命力，故步自封只会使自己逐渐衰颓。冷战后，美国认为自己的政治制度完美无缺，丧失了反思能力和发展动力，这是其当下政治危机的重要成因。全球文明倡议强调尊重文明多样性，坚持文明交流互鉴，倡导不同文明相互发现优点，呼吁各国充分挖掘本国历史文化的时代价值，推动各国优秀传统文化在现代化进程中实现创造性转化、创新性发展，这为人类民主政治奠立了更加丰沃的思想土壤。可以预见，人类民主的形态将更加多元，内涵将更加丰富，实践也将取得更加丰硕的成果。

结　语

中国共产党诞生于两个大转型的历史场景之中：第一个是中国大转型，封建王朝已然崩解，现代国家却远未建立，中国沦为半殖民地半封建社会，中华民族在救亡图存的道路上一次次失败、一次次求索；第二个是世界大转型，世界各地反帝浪潮风起云涌，西方列强的殖民体系摇摇欲坠。因此，中国共产党的历史使命也是双重的：一方面要将传统政教体制解体的中国重新组织起来，既要有效率，又要跳出“历史周期率”，引领建设一个社会主义现代化强国；另一方面要在准确把握历史潮流的基础上，为构建更加公正合理的国际秩序以及人类的发展进步作出中国贡献。这两个方面是紧密相连的，“中国问题本来是世界的问题；然从事中国改造不着眼及于世界改造，则所改造必为狭义，必妨碍世界”①，中国国内政治道路探索的成功和民主繁荣的人类世界互为正反馈。全过程人民民主和国际关系民主化构成了新时代中国民主实践的一体两面，它们在理论和实践上贯通一致，是人类政治文明的新探索、新发展和新成就，充分证明了中国共产党在治国理政方面取得的巨大成功。不断演进的双重历史使命也意味着中国的民主是发展的民主，中国共产党会在吸收借鉴人类文明所有有益成果的基础上，以更新的创造更好地回应世界和中国面临的新问题新挑战。在技术大变革时代，人工智能、大数据、元宇宙等在不断开拓新的民主理论与实践空间，对国内和国际关系民主提出了新的要求，中国式现代化对“民主之问”的回答也在继续，而且必将会为人类民主事业作出更大的贡献。

〔唐健，法学博士，中共中央党校（国家行政学院）国际战略研究院副教授〕

① 中共中央文献研究室编：《毛泽东年谱（一八九三——一九四九）》（修订本）上卷，中央文献出版社 2013 年版，第 75 页。

第十二篇　中国式现代化蕴含的独特生态观的内涵和贡献

◎张云飞

在科学把握现代化和生态化（绿色化）关系的基础上，党的二十大创造性地提出了“中国式现代化中蕴含的独特的生态观”，即“中国式现代化理论蕴含的独特生态观”（以下简称为“中国式现代化生态观”），为建设人与自然和谐共生的中国式现代化指明了方向，丰富和发展了中国式现代化新道路和人类文明新形态。

一、中国式现代化生态观的历史建构

人与自然的关系是人类社会最基本的关系。在一般意义上，生态观（生态文明观）是对人与自然关系问题的总体看法和根本观点的总和。人与自然的关系在现代化过程当中表现为现代化和生态化（绿色化）的关系，即物质文明建设和生态文明建设，或现代化建设和生态文明建设的关系。现代化的生态观或现代化理论的生态观是对现代化和生态化（绿色化）关系问题的总体看法和根本观点的总和。现代化

理论和生态观是一般关系，而现代化理论的生态观则是具体的，是现代化理论和生态观的有机统一。党的二十大坚持习近平生态文明思想和中国式现代化理论的统一，在科学回答如何协调现代化和生态化关系问题的过程中，通过科学总结协调现代化和生态化关系的理论经验和实践经验，创造性地提出了中国式现代化生态观。

（一）马克思恩格斯现代化理论的生态向度

西方现代化第一次使现代化成为现实，但由于实现剩余价值是西方现代化的价值轴心，加上机械自然观和机械发展观等因素的影响，西方现代化付出了惨重的生态代价。在机械自然观那里，自然被误解为单纯的工具，成为“人定胜天”的对象。在机械发展观那里，发展被理解为机械的增长，从而助长竭泽而渔、杀鸡取卵的短期行为。机械自然观和机械发展观是典型的形而上学，是西方现代化的意识形态，是导致生态危机的思想根源之一。在世界现代化史上，马克思、恩格斯科学地揭示西方现代化的生态二重性，指出其在提升人与自然之间物质变换水平的同时造成了这种物质变换的断裂。在科学把握人与自然的“一体性”关系和社会有机体系统性的基础上，通过科学揭示“现在的社会”即现代化的生成和发展的规律，马克思、恩格斯明确提出了现代化的生态化的科学设想。生态化（绿色化）就是自觉实现人与自然和谐共生的过程。一方面，通过科技进步促进生态化。“化学的每一个进步不仅增加有用物质的数量和已知物质的用途，从而随着资本的增长扩大投资领域。同时，它还教人们把生产过程和消费过程中的废料投回到再生产过程的循环中去，从而无须预先支出资本，就能创造新的资本材料。”①虽然化学和化学工业的发展会造成环境污染，但是，化学进步能够发现废物的新用途，促进资源节约和循环经济的发

① 《马克思恩格斯文集》第五卷，人民出版社 2009 年版，第 698—699 页。

展，推动实现现代化的生态化。应该将人与自然的统一作为工业发展的重要法则。只有借助生态化的生产力，才能谈到那种同已被认识的自然规律和谐一致的生活。另一方面，要通过生产方式的革命或变革促进生态化。与资本主义造成生态危机不同，在未来的自由人联合体当中，社会化的人将合理地调控人与自然之间的物质变换，自觉实现人与社会、人与自然的双重和解。这样，马克思、恩格斯就将生态化理念引入社会发展（现代化）当中，开辟了马克思主义现代化理论的生态向度，为形成中国式现代化生态观提供了科学基础。

（二）西方生态现代化的中国适用性问题

在反思西方现代化生态弊端的基础上，西方学者提出了生态现代化理论。从西方的情况来看，面对生态危机，在“增长的极限”和“没有极限的增长”争论的基础上，形成了可持续发展和生态后现代主义等对现代化的生态批判思潮。从中国的情况来说，1949 年之后，在提出和确立“四个现代化”战略目标的过程中开始关注现代化和生态化的关系问题。在这样的背景下，2010 年，生态现代化理论的代表人物、曾经在 1975 年访问过中国的德国学者耶内克在接受中国学者的学术访谈时明确指出，“我最早在 1982 年 1 月 26 日的柏林州议会辩论中使用了‘生态现代化’这一概念”，“我最初提出‘生态现代化’概念时，就受到了当时中国政府关于‘四个现代化’概念的启发”。[①] 现代化的原本含义是实现从农业社会向工业社会的转变（工业化），“四个现代化”突破了对现代化的狭隘理解，为扩展现代化的内涵和外延提供了新的思路。当然，从“四个现代化”到“生态现代化”存在着思维跳跃的问题。生态现代化理论的基本观点为：生态理性和经济理性

① 郇庆治、［德］马丁·耶内克：《生态现代化理论：回顾与展望》，《马克思主义与现实》2010 年第 1 期。

能够与积极的总和结果相协调，经济发展和环境保护能够相容并对未来相互可取，必须制定综合的环境控制政策而不能单独处理环境问题，环境保护在市场经济和政府干预的背景下都能实现，按照最高环境标准生产产品的国家将引领市场发展的潮流。①生态现代化首先是作为一种环境社会学理论提出的，后来，一些西方国家将之确立为自反式现代化的一种模式，促进了西方国家的绿色转型。生态现代化理论认为，1978 年之后，中国在追求现代化的同时更为重视环境保护，“随着环境利益和条件日益受到重视，中国正在环境的维度上重构生产和消费的过程和行为……就此而言，运用‘生态现代化’来描述沿着生态路线来重塑其经济的努力似乎是适当的”②。其实，生态现代化是一种自反式现代化理论和模式，生态文明是中国共产党人提出的具有前瞻性的原创性理念。生态现代化能够成为中国式现代化生态观的思想资源，但不能完全用来说明中国的生态创新。

（三）中国马克思主义现代化理论的生态创新

社会主义改造任务完成之后，我们党要求按照统筹兼顾的方式协调现代化和生态化的关系。在大力推进植树造林、兴修水利、爱国卫生等群众性生态建设活动的基础上，党和政府十分重视工厂安全卫生问题。为了根治不清洁、低秩序、不安全的问题，国务院全体会议于 1956 年通过的《工厂安全卫生规程》提出，“废料和废水应该妥善处理，不要使它危害工人和附近居民”③，从劳动保护角度要求严格预防和控制有害气体、噪声、粉尘和危险物品等环境污染问题。在参加

---

① Dave Toke, Ecological modernisation: A reformist review, *New Political Economy*, 2001, 6 (2): pp. 279-291.

② Arthur P. J. Mol, Environment and Modernity in Transitional China: Frontiers of Ecological Modernization, *Development and Change*, 2006, 37 (1): pp. 29-56.

③ 《工厂安全卫生规程》，《劳动》1956 年第 7 期。

1972年联合国人类环境会议之后，我国确定了“全面规划，合理布局，综合利用，化害为利，依靠群众，大家动手，保护环境，造福人民”的环境保护工作方针。1973年召开的全国环境保护工作会议提出，发展工业生产与保护环境是统一的。由此，“以毛泽东同志为主要代表的中国共产党人……奠定了我国生态环境保护事业的基础”①。而这同样初步奠定了中国式现代化生态观的理论基础。

党的十一届三中全会以来，我们党在科学总结历史经验教训的基础上明确提出了“中国特色社会主义”和“中国式现代化”等命题。1978年12月31日，党中央提出，“消除污染，保护环境，是进行经济建设、实现四个现代化的一个重要组成部分”②。继之在积极参与1992年联合国环境和发展大会的基础上，党的十五大将可持续发展确立为我国现代化建设的重大战略。进而，为了更好地实现全面建设小康社会的目标，党的十七大将生态文明确立为全面建设小康社会奋斗目标的新要求，党的十八大将生态文明纳入中国特色社会主义总体布局当中。这样，以邓小平同志为主要代表的中国共产党人开启了我国生态环境保护事业法治化、制度化进程，以江泽民同志为主要代表的中国共产党人开拓了具有中国特色的生态环境保护道路，以胡锦涛同志为主要代表的中国共产党人开辟了社会主义生态文明建设新局面。③在这个过程中，我们党在现代化语境中创造性地提出了生态文明新理念，进一步夯实了中国式现代化生态观的理论基础。

党的十八大以来，以习近平同志为核心的党中央大力推进现代化和生态化的协调并进，赋予生态文明建设理论以新的时代内涵，系统

① 中共中央宣传部、中华人民共和国生态环境部编：《习近平生态文明思想学习纲要》，学习出版社、人民出版社2022年版，第4页。

② 国家环境保护总局、中共中央文献研究室编：《新时期环境保护重要文献选编》，中央文献出版社、中国环境科学出版社2001年版，第2页。

③ 中共中央宣传部、中华人民共和国生态环境部编：《习近平生态文明思想学习纲要》，学习出版社、人民出版社2022年版，第4—5页。

形成了习近平生态文明思想，引导我们走向了社会主义生态文明新时代。党的十九大报告提出："我们要牢固树立社会主义生态文明观，推动形成人与自然和谐发展现代化建设新格局，为保护生态环境作出我们这代人的努力！"①这样，就明确了社会主义生态文明观是推动形成人与自然和谐发展现代化建设新格局的理论指南，明确了推动形成人与自然和谐发展现代化建设新格局是社会主义生态文明观的科学实践。进而，党的二十大"初步构建中国式现代化的理论体系"② 即中国式现代化理论，强调人与自然和谐共生的现代化是中国式现代化的内容和特征，促进人与自然和谐共生是中国式现代化的本质要求，尊重自然、顺应自然、保护自然是全面建设社会主义现代化国家的内在要求，从而创造性地形成了中国式现代化生态观。

总之，在领导中国人民开辟中国特色社会主义现代化道路的伟大征程中，在科学总结现代化经验和教训的基础上，按照"不忘本来、吸收外来、面向未来"的综合创新的科学方法论原则，我们党创造性地提出了中国式现代化生态观。

二、中国式现代化生态观的主要命题

主要命题是思想体系的基本构件。"正如从简单范畴的辩证运动中产生出群一样，从群的辩证运动中产生出系列，从系列的辩证运动中又产生出整个体系"③，中国式现代化生态观也正是由一系列逻辑命题形成的完整的理论体系。

---

① 《习近平著作选读》第二卷，人民出版社 2023 年版，第 43 页。

② 中共中央党史和文献研究院编：《习近平关于中国式现代化论述摘编》，中央文献出版社 2023 年版，第 30 页。

③ 《马克思恩格斯文集》第一卷，人民出版社 2009 年版，第 601 页。

（一）中国式现代化是人与自然和谐共生的现代化

马克思主义认为，世界历史不外是人通过人的劳动而诞生的过程，是自然界对人来说的生成过程。现代化依赖自然界提供的各种自然物质条件，只有保持自然物质条件的可持续性，才能确保现代化的可持续性。鉴于西方现代化走过了一条先污染后治理的弯路，借鉴生态现代化关于将经济理性建立在生态理性基础上的主张，在确保自然资源成为全体人民共同财富的前提下，应该将现代化建立在生态化的基础上，建设人与自然和谐共生的中国式现代化。我们应将“人与自然是生命共同体”作为建设人与自然和谐共生的中国式现代化的本体论依据，站在人与自然和谐共生的高度谋划和推动现代化，坚持绿色低碳循环发展，坚持在降碳、减污、扩绿、增长的协同推进中来实现现代化。总之，人与自然和谐共生的现代化是中国式现代化的重要内容和特征。“中国式现代化是人与自然和谐共生的现代化”① 的论断，构成了中国式现代化生态观的基本命题。

（二）中国式现代化坚持以满足人民日益增长的优美生态环境需要为目的

价值取向直接影响着现代化的性质和后果。西方现代化以实现剩余价值为价值轴心，牺牲了自然的价值和工人的健康。只有当生态危机影响到实现剩余价值的时候，生态现代化才走到了台前，但它并没有放弃上述价值取向。而一旦将满足人民群众的需要作为现代化的目的，就实现了对资本主义的超越。中国式现代化是人与自然和谐共生的现代化，既要满足人民日益增长的美好生活需要，也要满足人民日

① 中共中央党史和文献研究院编：《习近平关于中国式现代化论述摘编》，中央文献出版社 2023 年版，第 121 页。

益增长的优美生态环境需要。①优美生态环境需要是人民群众美好生活需要的重要构成方面，是人民群众通过维护人与自然生命共同体的完整性、整体性、持续性来过上高品质生活的需要。满足人民群众的优美生态环境需要，是中国式现代化生态观的价值命题。

（三）中国式现代化坚持以绿水青山就是金山银山为重大原则

大自然是一个具有系统价值的有机整体。西方现代化用交换价值消解了自然界的系统价值，最终酿成了生态危机。生态现代化将自然价值和自然资本看作一种新的盈利的机会，其实劳动和自然界共同构成了财富的源泉，自然界通过影响劳动生产率参与了价值的形成和增值。因此，保护生态环境就是保护自然价值和增值自然资本。形象地讲，绿水青山就是金山银山。通过探索形成生态产品价值实现的方式，通过发展生态经济的方式，可以将生态环境优势（绿水青山）转化为社会经济优势（金山银山）。同时，应该确保生态产品的公共性、普惠性和可及性。总之，“绿水青山就是金山银山”是重要的发展理念和推进现代化建设的重大原则②，构成了中国式现代化理论的核心原则命题。

（四）中国式现代化坚持推动物质文明、政治文明、精神文明、社会文明、生态文明协调发展

人类社会是一个有机体。现代化是整体的社会进步过程。物欲横流是西方现代化的典型特征，造成了“单向度的人”。生态现代化呼吁

---

① 中共中央党史和文献研究院编：《习近平关于中国式现代化论述摘编》，中央文献出版社 2023 年版，第 117 页。

② 同上书，第 119 页。

来自所有社会子系统的响应推动，但并没有触及制度变革问题。社会主义社会是全面发展和全面进步的社会。一旦开始追求社会的全面发展和进步，就开始了社会主义超越资本主义的历史进步过程。按照“五位一体”的总体布局，我们要“推动物质文明、政治文明、精神文明、社会文明、生态文明协调发展”①。生态文明建设是社会主义现代化建设的重要方面和重要条件。坚持全面的现代化，才能为实现人的自由而全面的发展创造条件。推动“五大文明”协调发展，明确了中国式现代化的全面构成和全面任务，形成了中国式现代化生态观的发展内容命题。

（五）中国式现代化坚持协同推进新型工业化、信息化、城镇化、农业现代化和绿色化

现代化是一个生生不息的发展过程。西方现代化经历了工业化、城镇化、农业现代化、信息化的“串联式”过程，但刻意制造和拉大了国际“信息鸿沟”。中国式现代化以工业化、信息化、城镇化、农业现代化的“并联式”方式向前推进，为了确保这一过程的永续性，我们要“协同推进新型工业化、信息化、城镇化、农业现代化和绿色化”。② 当下，要坚持信息化、现代化和绿色化的统一，大力发展绿色数字科技并将之作为中国式现代化建设和生态文明建设的动力，坚持用数字生态文明支撑中国式现代化。总之，协同推进“新四化”和绿色化，明确了中国式现代化阶段的连续性、跨越性、永续性相统一的特征，构成了中国式现代化生态观的发展过程命题。

---

① 中共中央党史和文献研究院编：《习近平关于中国式现代化论述摘编》，中央文献出版社 2023 年版，第 286 页。

② 中共中央文献研究室编：《十八大以来重要文献选编》中，中央文献出版社 2016 年版，第 486 页。

（六）中国式现代化坚持以绿色发展为现实路径

发展理念和发展方式是影响现代化的可持续水平的重要变量。西方现代化依赖资源的高投入和废物的高排放，是典型的“黑色发展”。之后，生态现代化大力倡导绿色经济。但绿色经济仍然是从实现剩余价值的角度出发提出的方案，因此，难以从根本上撼动黑色发展的根基。而中国式现代化是在以人民为中心的发展思想的前提下，坚持以人与自然和谐共生为要义的绿色发展。因此，我们要促进生产、分配、交换、消费等各个环节的绿色化和协调性，不断培育发展的新动能、新优势，构建和完善绿色低碳循环经济体系，不断增强现代化的可持续潜力和后劲；我们要通过高水平生态环境保护和高水平生态文明建设，促进高质量发展。如上所述，绿色发展是建设人与自然和谐共生现代化的现实途径，构成了中国式现代化生态观的发展路径命题。

（七）中国式现代化坚持以推进生态文明领域国家治理体系和治理能力现代化作为保障

西方政府在现代化过程中疏于管制甚至包庇纵容污染企业，是导致生态危机的重要原因。后来，迫于社会压力，他们开始引入“多元”治理模式，但生态现代化理论用“新社会运动”理论消解了环境运动的战斗性。与之不同，中国坚持将国家治理体系和治理能力现代化作为现代化的重要制度保障，要求大力“推进生态文明领域国家治理体系和治理能力现代化”①。我们必须坚持党对现代化建设和生态文明建设的全面领导，力求将社会主义制度优势有效转化为生态环境治理的效能，坚持用最严格制度和最严密法治保护自然，统筹推进人与自然

① 《中共中央　国务院出台方案为生态文明领域改革作出顶层设计》，《人民日报》2015年9月22日。

和谐共生现代化建设与生态治理现代化建设。总之，推进生态文明领域国家治理体系和治理能力现代化，构成了中国式现代化生态观的治理保障命题。

（八）促进人与自然和谐共生是中国式现代化的本质要求

西方现代化先是走出了一条先污染后治理的弯路，后又走出了一条对内治理污染对外转嫁公害的邪路。与之不同，中国式现代化将促进人与自然和谐共生作为其本质规定之一，要求将之贯彻和渗透到现代化的各个方面。我们坚持统筹人口资源环境和社会经济发展，坚持人口绿色均衡发展；我们坚持切实保障人民群众的生态环境权益，坚持让全体人民共享生态文明建设的成果；我们坚持用社会主义生态文明观来推动生态经济和生态文化的协调发展，注重精神文明建设和生态文明建设的协调发展；我们坚持按照地球命运共同体和人类命运共同体的理念推动全球生态文明建设，以负责任的社会主义大国的姿态自主地提出了碳达峰和碳中和的目标。总之，促进人与自然和谐共生是中国式现代化的本质要求之一，构成了中国式现代化生态观的本质规定命题。

（九）中国式现代化坚持把我国建成富强民主文明和谐美丽的社会主义现代化强国作为目标

生态环境问题会危及民族生存和国家发展，因此，生态环境治理往往会与民族生存和国家发展挂起钩来。随着生态现代化的推进，西方福利国家开始转型成为“绿色国家”（“生态国家”）。但绿色国家的目的仍然是维护一个不公平或腐败的政治体系。按照党在社会主义初级阶段的基本路线，我们要在 21 世纪中叶建成富强民主文明和谐美丽的社会主义现代化强国。建设美丽中国就是要按照合规律性和合目的性相统一的“美的规律”，通过生态文明建设呵护好祖国的大好河山，努力将我国建设成为自然资本强国。我们要协同推进人民富裕、国家强盛、中国美丽，协调推进美丽中国建设和清洁美丽世界的建设。这样，把我国建成富强民主文明和谐美丽的社会主义现代化强国，构成了中国式现代化生态观的目标命题。

（十）中国式现代化坚持将生态文明作为全面建设社会主义现代化国家的内在要求

西方现代化之所以会造成生态危机，西方生态现代化之所以难以实现完全彻底的绿色转型，就在于它们始终坚持资本主义道路。与之不同，中国现代化建设和生态文明建设始终坚持社会主义道路，“尊重自然、顺应自然、保护自然，是全面建设社会主义现代化国家的内在要求”①。我们坚持将自然资源确立为全体人民的共同财富，为实现人与自然和谐共生现代化提供了公平的制度基础；我们坚持将保护生态环境看作发展生产力的重要方式，为实现人与自然和谐共生现代化提供了物质条件；我们坚持消灭生态贫困和实现生态共享，为实现人与自然和谐共生现代化提供了公平的价值准则。这样，尊重自然、顺应自然、保护自然的生态文明理念就内在地嵌入社会主义现代化国家的本质规定当中。总之，生态文明是全面建设社会主义现代化国家的内在要求，构成了中国式现代化生态观的社会制度性质命题。

上述十个主要命题环环相扣、层层递进，从而使中国式现代化生态观成为一个内涵丰富、思想深远、结构完整的科学体系。

三、中国式现代化生态观的重大贡献

中国式现代化生态观是习近平新时代中国特色社会主义思想的重

① 《习近平著作选读》第一卷，人民出版社2023年版，第41页。

大理论创新成果，是习近平生态文明思想和中国式现代化理论相统一的思想结晶，对现代化理论和生态文明观（生态观）都作出了重大贡献，丰富和发展了中国式现代化新道路和人类文明新形态，必将推动如期实现人与自然和谐共生的中国式现代化。

（一）对现代化道路和现代化理论的重大贡献

现代化是在人与自然生命共同体的系统框架当中展开的历史进步过程，理应具有明确的生态维度和追求。西方现代化具有明显的反自然和反生态的倾向，而中国式现代化生态观则在批判和超越西方式现代化道路和现代化理论的过程中丰富和发展了马克思主义现代化理论。

在西方社会，资本主义和现代化（工业文明）具有同构性。在前提上，作为资本原始积累方式的“圈地运动”造成了作为一切财富源泉的工人和自然的分离，这样，西方现代化就内在地前置性地孕育着生态危机。在过程中，以尽量少的可变资本去支配尽量多的不变资本以获取更多的剩余价值，是西方现代化的价值法则和动力机制，导致了人们按照急功近利的方式来实现现代化；西方现代化促进了“文化产业”的发展，但广告文化主导下的物质主义和消费主义加剧了生态危机。在结果上，西方现代化在促进生产力迅猛发展的同时，产生了严重的不公不义，居于统治地位并造成环境污染的资产阶级享受经济成果和“生态环境善物”之乐，生产社会财富的无产阶级却遭受经济剥削和“生态环境恶物”之苦。同时，西方现代化开辟了世界历史，却大肆推行生态帝国主义，帝国主义战争造成了严重的人道主义灾难和生态环境灾难。美国政府纵容和包庇日本政府将福岛核电站核泄漏造成的核污水排入世界公海的野蛮行为，充分说明资本主义绿色国家企图让生态破坏成为一种霸权。因此，与其说是现代化（工业文明），倒不如说是资本主义现代化（资本主义工业文明）才是造成生态危机的元凶。与之不同，中国式现代化是中国共产党领导的社会主义现代化。我们党带领中国人民开辟了中国特色社会主义道路即中国式现代化新道路，这条道路是科学社会主义基本原理和中国社会主义建设实际的科学结合，既坚持以经济建设为中心，又全面推进物质文明、政治文明、精神文明、社会文明和生态文明，力求将我国建设成为富强民主文明和谐美丽的社会主义现代化强国。生态文明正是这条道路的内在规定和本质要求，由此中国式现代化生态观就丰富和拓展了中国式现代化新道路。

众所周知，西方现代化理论在其发生的时候就直接以“控制自然”作为其理论旨趣之一。当韦伯将“新教伦理”作为现代化的精神源头的时候，就忽略了新教伦理具有的控制自然的倾向。后来，生态现代化理论弥补了西方现代化理论的生态缺失，要求实现现代化和生态化的双赢。中国式现代化生态观在这个目标方面与之具有一致性，但生态现代化理论存在着内在的缺陷。在发展方式上，生态现代化理论的拥趸希望通过生态工业和生态商业的方式来制造或再造生活的“自然”基础，但仍然追求生产尽可能多的产品以实现利润最大化；在动力机制上，他们充分肯定环境运动在促进绿色转型中的作用，但认为环境运动跨越了阶级政治而成为“新社会运动”，遮蔽了环境冲突背后的阶级利益的对立；在国际维度上，他们回避西方社会向发展中国家转移污染的问题，尤其是回避帝国主义战争的生态破坏罪行。同时，生态现代化是一种以发达国家为导向的政策话语，没有充分考虑发展中国家的发展诉求和权益。显然，生态现代化理论只是“涉及与现有资本主义秩序的和解，而不是推翻现有的资本主义秩序”①。可持续发展理论和生态后现代主义在一定程度上也是如此。与之不同，沿着马克思主义现代化理论生态向度所指明的方向，在科学

① Dave Toke, Ecological modernisation: A reformist review, *New Political Economy*, 2001, 6 (2), pp. 279-291.

总结带领中国人民探索协同推进现代化和生态化关系经验的基础上，我们党将对西方现代化理论的生态批判和政治批判统一起来，形成了中国化马克思主义现代化理论的生态观，即中国式现代化生态观。这一生态观坚持将满足人民群众的优美生态环境需要作为中国式现代化的价值取向，坚持了科学社会主义的政治立场；明确了把我国建设成为富强民主文明和谐美丽的社会主义现代化强国作为发展目标，明确了中国式现代化的社会主义性质；确定了把尊重自然、顺应自然、保护自然作为全面建设社会主义现代化国家的内在要求，确定了人与自然和谐共生是社会主义的本质要求。这样，就将人与自然和谐共生的中国式现代化奠基在社会主义的基础之上，丰富和发展了马克思主义现代化理论。

总之，中国式现代化生态观开辟了马克思主义现代化理论和社会主义现代化道路的新境界。

（二）对生态文明建设和生态文明观的重大贡献

人与自然和谐共生是客观存在着的规律，对于现代化建设具有铁的必然性。但是，“被抽象地理解的、自为的、被确定为与人分隔开来的自然界，对人来说也是无”①。生态中心主义试图通过“去现代化”的方式来实现生态化，存在着误导发展中国家现代化的危险。中国式现代化生态观坚持将人与自然和谐共生作为中国式现代化的本质要求，坚持协调推进生态文明建设和其他文明建设，超越了西方绿色思潮，丰富和发展了社会主义生态文明观和社会主义生态文明建设。

面对全球性生态危机，西方绿色思潮展开对现代化的生态批判，推动了生态文明观的形成。罗马俱乐部揭示西方现代化推行的“增长”突破了自然的“极限”，最终会造成全球性生态萎缩，要求采用“零增

① 《马克思恩格斯文集》第一卷，人民出版社2009年版，第220页。

长”的策略，这具有悲观主义的意味。奈斯的“深层生态学”在突出自然的“内在价值”的同时指出：“应该限制西方技术对现有非工业国家的影响，第四世界应该抵御外国的统治。”①这里的“第四世界”即非工业化国家。尽管这一看法具有反对殖民主义和帝国主义的意味，但存在着限制或抵制发展中国家现代化的倾向。同时，尽管“内在价值”突破了对自然界的“工具价值”的理解，但存在着复活万物有灵论的危险。费切尔在与“技术文明”相对应的意义上提出了“生态文明”的概念，在他看来，人们所期待的生态文明具有迫切的必要性，走向人道生命形式的进步仍然是非常可能的，但无限的线性技术进步必须得到控制和限制。②在深层生态学基础上形成的生态中心主义，大肆鼓吹用生态化取代和超越生态化。尽管这些思潮在反对机械自然观和机械发展观方面的主张具有合理性，并促进了现代生态观的形成，但或多或少暗含着阻止发展中国家实现现代化的企图。在不平衡的资本主义世界体系中，如果发展中国家以生态之名终止自己的现代化进程，那么就只能永远成为西方社会的附庸。这些绿色思潮之所以会形成如此的结论，无非是按照二元对立的思维看待现代化和生态化的关系，割裂了生态文明和物质文明的关系。与之不同，中国式现代化生态观将人与自然和谐共生现代化作为中国式现代化的重要内容和特征，坚持工业化、信息化、生态化相统一的新型工业化道路，坚持“五个文明”的协调发展，超越了西方绿色思潮，成为科学的生态文明观。

中国式现代化生态观既将生态文明看作文明系统的条件和要素，又将生态文明看作文明形态的内容和方向。一方面，必须坚持协调推

---

① Arne Naess, The Deep Ecological Movement: Some Philosophical Aspects, *Environmental Philosophy: From Animal Rights to Radical Ecology*, edited by Michael E. Zimmerman, etc., Prentice-Hall, Inc., 1993, p. 202.

② Iring Fetscher, Conditions for the survival of humanity: on the Dialectics of Progress, *Universitas*, 1978, 20 (3), pp. 161-172.

进物质文明建设和生态文明建设。人类文明是由诸多要素构成的整体，生态文明建设既为其他文明建设提供条件，又依赖其他文明建设。“我国现代化是人与自然和谐共生的现代化。我国现代化注重同步推进物质文明建设和生态文明建设。”① 我们不仅要同步推进工业文明建设和生态文明建设，促进生态工业等生态经济的发展，而且要实现高质量发展和高水平保护的统一，使现代化建立在生态效益、经济效益、社会效益相统一的基础上。另一方面，必须坚持协调推进数字文明建设和生态文明建设。凭借数字化方面的科技优势，西方社会已经开始从工业文明向数字文明跃迁，再度占据发展优势。但如果没有生态化的约束和引导，数字化可能造成比工业化更为严重的生态环境问题。因此，我们要紧紧抓住以绿色、智能、泛在为特征的新科技革命趋势，“深化人工智能等数字技术应用，构建美丽中国数字化治理体系，建设绿色智慧的数字生态文明”②。数字生态文明是以数字文明为支撑的生态文明样态。显然，中国式现代化生态观既确定了生态文明在文明系统构成中的地位，又确定了生态文明在文明形态演进中的作用，丰富和发展了社会主义生态文明观和社会主义生态文明建设，从而丰富和发展了人类文明新形态。

总之，中国式现代化生态观开辟了社会主义生态文明观和社会主义生态文明发展的新境界，丰富和完善了习近平新时代中国特色社会主义思想，为实现人与自然和谐共生的中国式现代化指明了方向。

（张云飞，中国人民大学马克思主义学院教授、博士生导师）

---

① 中共中央党史和文献研究院编：《习近平关于中国式现代化论述摘编》，中央文献出版社 2023 年版，第 119 页。

② 《全面推进美丽中国建设　加快推进人与自然和谐共生的现代化》，《人民日报》2023 年 7 月 19 日。

以高质量发展推进中国式现代化

第十三篇

以发展新质生产力推进中国式现代化

◎张占斌

2023年7月以来，习近平总书记在四川、黑龙江、浙江、广西等地考察调研时，提出要整合科技创新资源，引领发展战略性新兴产业和未来产业，加快形成新质生产力。① 在2023年12月中旬的中央经济工作会议上，习近平总书记进一步提出要以科技创新推动产业创新，特别是以颠覆性技术和前沿技术催生新产业、新模式、新动能，发展新质生产力。② 2024年1月31日，他在中央政治局第十一次集体学习时强调，高质量发展需要新的生产力理论来指导，而新质生产力已经在实践中形成并展示出对高质量发展的强劲推动力、支撑力，需要我们从理论上进行总结、概括，用以指导新的发展实践。③ 2024年全国“两会”期间，习近平总书记在参加江苏代表团审议时强调，要牢牢把

---

① 习近平:《发展新质生产力是推动高质量发展的内在要求和重要着力点》,《求是》2024年第11期。

② 《中央经济工作会议在北京举行》,《人民日报》2023年12月13日。

③ 《加快发展新质生产力　扎实推进高质量发展》,《人民日报》2024年2月2日。

握高质量发展这个首要任务，因地制宜发展新质生产力。① 2024年3月，李强总理在《政府工作报告》中指出，2024年有十项重点工作，其中第一项就是大力推进现代化产业体系建设，加快推进新质生产力，并强调要推动产业链供应链优化升级，积极培育新兴产业和未来产业，深入推进数字经济创新发展。② 由此看出，以“加快发展新质生产力、进一步全面深化改革、构建新型生产关系”来推进中国式现代化，将是未来中国创新发展的重要主题之一。

一、从历史比较和国际视野看技术变迁对世界现代化进程的影响

讨论新质生产力，需要有历史眼光和国际眼光，即要从历史的角度和国际的角度来思考一些重大问题。习近平总书记高度重视科学技术的创新，他强调，中国式现代化关键在科技现代化。③ “加快发展新质生产力”既是从大历史的视野对近代以来中国现代化滞后而遭受屈辱教训的深刻反思，也是对近代以来世界大国现代化崛起之路经验启示的系统总结。其中对技术变迁重要性的深刻揭示，值得我们高度重视和长久思考。

中国古代创造了辉煌灿烂的农业文明。中华文明是与古代埃及文明、两河文明、古印度文明并称的历史最悠久的世界四大古老文明之一，也是其中唯一未曾中断、延续至今的文明。但是近代中华文明落后于西方世界。从器物和制度等原因寻根问底，我们终究无法回避

① 《因地制宜发展新质生产力》，《人民日报》2024年3月6日。

② 李强：《政府工作报告——2024年3月5日在第十四届全国人民代表大会第二次会议上》，人民出版社2024年版，第17—18页。

③ 《在推进中国式现代化中走在前做示范　谱写“强富美高”新江苏现代化建设新篇章》，《人民日报》2023年7月8日。

“生产力”这一根本因素——近代以来很长一段时期，中国在技术创新方面没有跟上世界科技发展的潮流，导致中国在工业革命等关键时期落后于西方大国。英国学者李约瑟在《中国科技史》中提出：为什么科学革命和产业变革没有发生在中国，而是发生在西方？学术界称之为“李约瑟之谜”。与此类似，德国学者韦伯研究发现，中国在明朝就已经出现了资本主义萌芽，他质疑：为什么资本主义在中国很早就出现了萌芽，但是中国最终没有进入资本主义社会？这就是“韦伯疑问”。解释“李约瑟之谜”和“韦伯疑问”的现有理论中，有文化决定论，有国家竞争假说，有专利保护说，有高水平均衡陷阱假说，等等。对此，经济学家林毅夫还有一种解释：在中国古代，科学技术的发现靠的是人们对自然现象的长期观察和劳动经验日积月累的总结，并以师傅带徒弟的方式来传承科学技术，由于中国大一统的时间比较长，加之人口众多，因此科学技术的发现也就比小国林立的欧洲多。但是到了近代，西方出现了科学院，设立了实验室，他们通过科学实验的方式发现科学技术，如此，一个科学家在实验室里一年所能做的尝试错误数量，可能是几千个工人和农民一辈子尝试错误数量的总和，在这种情况下，人口数量的因素就变得不再重要。如果有意去支持实验，即使人口很少，也可以通过密集的实验来提高发明技术的可能性，这样欧洲技术变迁的速度就大大加快了。而这个时候的中国还是按照过去的方式，没有培育出推动科技变迁的强大的人力资本，因此就被抛在后面了。①

那为什么近代中国会出现这种情况呢？因为中国古代的科举制度并不考科学技术知识，其考核的标准是四书五经里所灌输的价值标准

① 林毅夫：《解读中国经济——聚焦新时代的关键问题》，北京大学出版社 2018 年版，见第二讲“李约瑟之谜与中国的兴衰”，第 21—56 页。另可参考文一：《科学革命的密码——枪炮、战争与西方崛起之谜》，东方出版中心 2022 年版，见第六章“科学革命的战争密码——破解李约瑟之谜”。

和理论体系。在科举制度实行初期，考试的科目也曾包括数学，但皇帝很快发现数学对于维持自己的统治没有什么帮助，就把数学考试取消了。明代宋应星的《天工开物》是中国科技史上非常重要的著作，但《天工开物》的序提出："丐大业文人，弃掷案头，此书于功名进取，毫不相关也。"① 意即聪明而又有抱负的人是不应该读这本书的，因为这本书对于科举没有任何帮助。应当说，科举考试对于中国儒家文化的形成发展和传播起到了重要的作用，很多治国安邦的理论和观念在其中得以形成，这也是推动中国社会长期大一统的一个重要的价值取向。但是，一个在特定的技术和物质条件下显得优越的制度，在其他条件下就可能会成为社会进步的障碍。到了科学实验能够发挥重要作用的时候，科举制度便开始妨碍新发明的产生和科学技术的进步了。在历史性关键时期，中国的创新型人才储备不足，现有力量无法完成这个科学技术爆炸性的变迁，因此科技革命和产业变革没有在中国发生。近代中国现代化探索的历史经验和教训启示我们，必须有足够的人力资本积累，并通过实验室等多方面的科学实验来提升认识自然和改造社会的能力，加快生产力的发展。

近代以来，西方大国无一不是通过技术创新实现了经济的快速增长和国力的提升，技术创新是推动这些国家崛起和繁荣的核心动力。对科学研究的重视与投入，使得这些国家在基础科学和应用科学领域取得了重大突破。他们注重工业革命的引领，鼓励并通过技术创新推动产业升级和转型，如英国、德国、美国和日本在工业革命中通过蒸汽机、电力和内燃机等创新和发明，推动工业生产快速发展；注重技术创新的商业化应用，加快实现技术创新的经济价值；注重知识产权的保护，确保技术创新者能够获得合理的回报，进一步激发技术创新的积极性；注重国际合作与交流，通过参与国际科研项目、建立跨国

① （明）宋应星：《天工开物》，明崇祯十年（1637）刻本，"自序"页四。

合作网络等方式，共享创新资源；注重教育体系与人才培养，特别是创新型人才培养。西方大国现代化的历史经验主要包括政府引导和支持、企业主体地位、全球创新资源利用、人才培养和引进等方面。这些经验对于我国当前的科技创新、发展新质生产力有一定的借鉴意义。

发展新质生产力，创新起主导作用，特别是科技创新极为重要。从全球范围来看，代表“新质生产力”的科学技术，美国等西方发达国家仍然强于我国。我国应借鉴西方先进经验，推动科技创新，加快发展新质生产力。美国在高技术方面、战略性产业方面、未来产业方面都居于全球领先地位。2019—2021 年，美国相继发布《美国将主导未来产业》《关于加强美国未来产业领导地位的建议》《未来产业法案（2020）》《未来产业研究所：美国科学与技术领导力的新模式》《2021 美国创新与竞争法案》等文件，提出未来将重点发展半导体芯片、通信技术、人工智能和航空航天四大领域。德国、日本等发达国家也在想办法抢占科技和产业的制高点，推出了一些重大战略规划、战略举措。如德国自 2006 年以来，先后出台《高技术战略》《德国 2020 高技术战略》《新高技术战略》《高技术战略 2025》等战略规划，支持高新技术的创新与迭代升级。①

总的来讲，“新质生产力”的国际发展趋势呈现以下特点：一是以高新技术为内在驱动力。大型科技集团带动全球科技创新进入了空前密集活跃期，前沿技术呈现集中突破态势。多个技术群相互支撑，全面涌现的链式发展局面正在形成。高新技术人才竞争空前激烈，国际人才大战已经全面展开。二是把战略性新兴产业作为经济增长的主引擎。信息技术、智能技术、新能源技术和绿色低碳技术成为重要发展方向，核心技术交叉融合和技术迭代变迁加快成为重要发展趋势。三是以未来产业承接发展潜力并形成新赛道的风口。未来产业基于前沿

① 盖凯程、韩文龙：《新质生产力》，中国社会科学出版社 2024 年版，第 137—151 页。

重大科技创新驱动而形成，更加绿色化、智能化、融合化，并重点聚焦在人工智能、量子信息、生物基因、生命健康、深海空天、未来网络等重点领域。

二、发展新质生产力对加快推进中国式现代化的战略意义

“手推磨产生的是封建主的社会，蒸汽磨产生的是工业资本家的社会。”① 马克思认为，生产力是人类社会发展的根本动力，也是一切社会变迁和政治变革的终极原因。习近平总书记强调，新质生产力是创新起主导作用，摆脱传统经济增长方式、生产力发展路径，具有高科技、高效能、高质量特征，符合新发展理念的先进生产力质态。② 发展新质生产力，加快科技创新突破，对推进中国式现代化具有重大的战略意义。在讨论战略意义之前，我们有两个基本判断。

第一，中国式现代化前行呼唤新质生产力创造新动能和制度保障。中国共产党带领人民在百余年的奋斗历史进程中找到了一条正确的发展道路，那就是中国式现代化道路，这是强国建设、民族复兴的必由之路、康庄大道。党的二十大对以中国式现代化全面推进中华民族伟大复兴作出了重大的战略部署，激励全国人民在中国式现代化道路上奋勇前行。党带领人民推进中国式现代化有很多优势和历史经验，比如说党的领导的政治优势，社会主义的制度优势，新中国 70 多年特别是改革开放 40 多年创造了强大物质基础的优势，还有巨大的市场优势，所有这些都为中国式现代化更好地向前发展奠定了坚实的基础。但我们也要看到，经历了改革开放 40 多年的高速增长之后，中国式现代化继续前行，确实面临一些困难和挑战。2023 年底的中央经济工作会议

---

① 《马克思恩格斯文集》第一卷，人民出版社 2009 年版，第 602 页。

② 习近平：《发展新质生产力是推动高质量发展的内在要求和重要着力点》，《求是》2024 年第 11 期。

和2024年的政府工作报告都指出，进一步推动经济回升向好，仍然需要克服一些困难和挑战，主要包含有效需求不足，部分行业产能过剩，社会预期偏弱，风险隐患仍然较多，国内大循环存在堵点，外部环境的复杂性、严峻性、不确定性上升等方面。20世纪90年代以来，中国经济在房地产业和汽车产业两大主导产业的带动下实现了高速增长。当前，汽车产业特别是新能源汽车的发展进步开辟了更加广阔的市场空间，这个领域仍然有着强劲的动力。而房地产业由于转型需要，出现了一定程度的波动，有些风险需要消化，其带动能力相较以往变弱。只有新的动能，才能更好地引领中国经济社会前进，推动中国式现代化持续健康向前发展。在这样一个重要的历史时刻，习近平总书记代表党中央提出加快发展新质生产力，在很大程度上是要破解中国式现代化前行面临的困难和难题，也是为中国式现代化继续向前发展找到更加强大的新动能和新的制度保障。

第二，提出加快发展新质生产力是基于两个大局的分析判断。提出加快发展新质生产力，是基于世界百年未有之大变局和实现中华民族伟大复兴战略全局的深刻理解，是对国内外两层大背景下的战略考量和趋势把握。中国式现代化前行需要新的强大的动力引擎，这个新的强大的动力引擎就是新质生产力，因此要加快发展战略性新兴产业，谋划布局未来产业，并用新的技术来改造提升传统产业。从国际层面看，我们面对的是世界百年未有之大变局。当前第四次科技革命引发的全球产业变革，是各国科技引领发展的新机遇，也对全球走符合绿色环保的可持续道路提出了新要求。我国作为世界第二大经济体，需要把握好重大历史契机，深刻反省近代以来技术落后挨打的教训，在这一变革中突破美国以贸易保护、技术霸凌等手段给我国科技创新发展带来的阻力，建设具有全球竞争力的科技创新开放环境。因此，亟须通过创新寻找一条新的可持续发展路径，提升我国的国际竞争力以更好地引领全球合作，也更好地推动“一带一路”高质量发展和人类命运共同体构建。从国内层面看，中华民族伟大复兴的战略全局激励着我们前行。当前中国经济发展进入新常态，出现了很多趋势性的变化和特征，即经济要从过去的高速增长转到高质量发展上来，产业要从过去总体上的中低端向中高端攀升，发展动力要由过去的要素、投资驱动转为科技创新驱动，发展成果也要由少数人先富起来、先好起来向多数人共享共富转变。要摆脱传统经济增长方式、生产力发展路径，应当转而寻找一种具有高科技、高性能、高质量特征，符合新发展理念的先进生产力，即新质生产力。

有了以上两个基本判断后，再进一步探讨发展新质生产力对加快推进中国式现代化的战略意义。

其一，发展新质生产力，是寻找我国经济高质量发展强劲动力的战略部署。中国经济发展进入新常态，这意味着中国经济发展出现了很多重大的趋势性变化和趋势性特征，迫切需要实现要素配置、增长动力、产业结构和发展方式的转型。传统的以低生产要素成本为基础的比较优势在逐步丧失，需要依靠新的经济引擎、新的推动力量来解决增长速度换挡、结构调整阵痛和改革攻坚克难叠加问题。依靠传统的发展生产力路径已困难重重，因此需要贯彻新发展理念，积极构建现代化产业体系，加快发展新质生产力。贯彻新发展理念，构建现代化的产业体系，要求真抓实干，寻找新的力量和新的引擎，这个新的力量、新的引擎在根本上也属于新质生产力范畴。

其二，发展新质生产力，是满足人民日益增长的美好生活需要的时代呼唤。新时代党对我国社会主要矛盾有了新的判断，即人民日益增长的美好生活需要和不平衡不充分的发展之间的矛盾。从“有没有”向“好不好”升级是个重大转变，也是重大机遇和挑战。要解决这样的矛盾，在很大程度上就要求我们必须进一步解放和发展生产力，加快发展新质生产力，处理好物质资本、人力资本、社会资本、自然资本的相互关系，真正解决高质量发展、高品质生活和高水平治理等一系列问题。当前新质生产力的发展表现出了信息化、网络化、智能化特征，极大地提高了生产效率和服务品质，减少了对资源的浪费，降低了碳排放，为劳动者提供了更加舒适的工作环境和工作场景，为消费者提供了个性化、多元化、差异化甚至定制化的服务。这实际上也为供给侧结构性改革提供了强劲的力量和办法，改变了人们的生产、生活和交往方式，进而满足人民对美好生活的向往。讲到这里，我们还需要注意两个问题：一是人工智能的发展出现了大量的替代就业问题，需要及早关注，促进高质量充分就业；二是要关注人工智能的伦理问题，也就是说人工智能要有规则、规制和发展方向的引领，要引导它向善，为人类作贡献。

其三，加快发展新质生产力，是提升国际合作和国际竞争新优势的重大举措。习近平总书记强调，在激烈的国际竞争中，我们要开辟发展新领域新赛道，塑造发展新动能新优势，从根本上说还是要依靠科技创新。① 从世界大国的发展和崛起的经验来看，新技术的产生和产业化是非常重要的支撑。当前以数字化、网络化、智能化、绿色化为特点的新一轮科技革命，正在重构全球创新版图、重塑全球经济结构，许多重大的科技创新成果加快向现实生产力转化，引发了全球产业变革。从这个意义上讲，国际竞争合作重点也是国际新技术的合作竞争。当前国际环境和地缘政治发生了很多变化，一方面，许多发达国家在努力地推进科技创新，力图抢占世界科技和产业的制高点；另一方面，美国等西方国家遏制中国发展，阻碍高新技术外移到中国，从高技术等领域实行诸多阻隔政策。我们必须突破核心技术“卡脖子”难题，进一步加大科技创新力度，力争尽早走在创新型国家前列，努力寻求应对重大风险挑战的好方式、好办法，把发展的安全和主动权牢牢掌握在自己手里，努力实现高水平的科技自立自强。

---

① 《因地制宜发展新质生产力》，《人民日报》2024 年 3 月 6 日。

其四，发展新质生产力，是加快建设社会主义现代化强国的战略支撑。党的十九大报告对实现第二个百年奋斗目标作出分两个阶段推进的战略安排，明确到2035年基本实现现代化，到本世纪中叶建成社会主义现代化强国。党的二十大进一步昭示，我们要以中国式现代化全面推进中华民族伟大复兴，中国式现代化成为强国建设、民族复兴的唯一正确道路。[①] 没有坚实的物质技术基础，不可能建成社会主义现代化强国。习近平总书记指出，我们能不能如期全面建成社会主义现代化强国，关键看科技自立自强。[②] 加快建设科技强国是全面建设社会主义现代化国家，全面推进中华民族伟大复兴的战略支撑，必须瞄准国家战略需求，系统布局关键创新资源，发挥产学研深度融合优势，不断在关键核心技术上取得新突破。[③] 建设社会主义现代化强国是全方位的，首要要求是建成经济强国，这就必须有强大的生产力、先进的生产力，必须发展新质生产力。世界强国之所以能处在领先地位，在很大程度上是发展战略性新兴产业和未来产业。因此我们必须加强国家战略科技力量布局，培育壮大新兴产业，超前布局建设未来产业，加快改造升级传统产业，因地制宜发展新质生产力。我们只有在发展新质生产力上产生重大突破，才能支撑我国超大规模经济体的持续发展，支撑中国式现代化行稳致远。

其五，加快发展新质生产力，是努力构建人类命运共同体的责任担当。当今世界处在百年未有之大变局的历史进程中，怎样站在历史正确一边推动人类全球化的和平发展，中国作为大国是有历史责任的。最重要的是，应该从经济上推动世界各国合作与共赢，特别是为发展

① 习近平：《高举中国特色社会主义伟大旗帜　为全面建设社会主义现代化国家而团结奋斗——在中国共产党第二十次全国代表大会上的报告》，人民出版社2022年版，第21页。

② 《因地制宜发展新质生产力》，《人民日报》2024年3月6日。

③ 《在推进创新驱动发展中闯出新路子》，《河北日报》2023年5月13日。

中国家树立发展的标杆和样板。标杆和样板是需要有实力的，特别是需要经济实力，也就是说要在国际舞台上有强大的经济号召力、影响力、凝聚力、牵引力。这就要求中国“身板”要好，要把自己的事情做好做扎实，才能带动发展中国家探索自己的现代化发展道路。只有加快发展新质生产力，创造更好的经济社会发展效益，中国式现代化才能更好地发挥制度优势。只有赢得比资本主义发展更高的生产力优势，才能更好地捍卫科学社会主义的尊严，为更多的发展中国家探索发展道路提供中国智慧和中国经验，进而为推动世界和平、更好地推动构建人类命运共同体作出我们的贡献。

三、新质生产力“新”在哪里？新型生产关系“新”在哪里？

常常听到有人问起，新质生产力究竟“新”在何处？新型生产关系究竟“新”在何处？如何理解新质生产力的实践内涵？随着新质生产力发展，如何处理好新兴产业和传统产业的关系？从总体角度来看，它是新的理论，也是新的实践。

“概括地说，新质生产力是创新起主导作用，摆脱传统经济增长方式、生产力发展路径，具有高科技、高效能、高质量特征，符合新发展理念的先进生产力质态。”① 具体来说，新质生产力中的“新”，指的是新技术、新能源、新材料、新人才在新业态、新领域、新赛道、新风口形成的新产业、新动能、新活力、新优势，其核心是通过各种新要素的组合来大幅提高全要素生产率，通过新的组合产生更大当量的“爆炸效应”，进而推动生产力发展。“它是由技术革命性突破、生产要素创新性配置、产业深度转型升级而催生，以劳动者、劳动资料、

① 《加快发展新质生产力　扎实推进高质量发展》，《人民日报》2024 年 2 月 2 日。

劳动对象及其优化组合的跃升为基本内涵，以全要素生产率大幅提升为核心标志，特点是创新，关键在质优，本质是先进生产力。”① 绿色发展是高质量发展的底色，而新质生产力本身就是绿色生产力。

新型生产关系的“新”，指的是新体制、新机制、新体系、新方式、新生态、新环境。在马克思主义理论中，生产力和生产关系是一对核心的概念。“生产关系必须与生产力发展要求相适应。发展新质生产力，必须进一步全面深化改革，形成与之相适应的新型生产关系。”② 习近平总书记在讲话中既提到了新质生产力，也提到了新型生产关系，这两个“新”都特别重要。可以这样说，发展新质生产力，不是“一个新”，而是“两个新”，一个是新质生产力，另一个是新型生产关系。发展新质生产力必须有新型的生产关系与之相配套，这“两个新”要配合好。这也就提出了进一步全面深化改革的重大命题，要求我们在全面深化改革上有更大的创新和更大的作为，通过新型生产关系的构建来更好地服务新质生产力。这涉及深化经济体制（比如财税体制、分配体制、金融体制、外贸体制改革等等）、科技体制、教育体制和人才体制等方面改革，要打通束缚新质生产力的各种堵点、痛点和卡点，调动新质生产力的积极性，为新质生产力的快速发展开辟广阔的道路和空间。面对新一轮科技革命和产业变革，在日趋激烈的国际竞争中赢得战略主动的必然要求，“必须自觉把改革摆在更加突出位置，紧紧围绕推进中国式现代化进一步全面深化改革”③。新质生产力和新型生产关系的提出，为二十届三中全会对全面深化改革的系统全局性部署作了重要的理论准备和实践探索，为寻求中国式现代化的新动力吹响了号角。

新质生产力的实践动力是新的技术，各种技术的应用会推动国家

---

① 《加快发展新质生产力　扎实推进高质量发展》，《人民日报》2024 年 2 月 2 日。

② 同上。

③ 《决定召开二十届三中全会》，《人民日报》2024 年 5 月 1 日。

的成长和进步。这就要求要加强科技创新，特别是原创性、颠覆性科技创新，加快实现高水平的科技自立自强。新质生产力的实践基础是新要素的组合，包括土地、劳动力、资本、技术、人才、数据等要素。在发展新质生产力的时代，劳动者、劳动资料、劳动对象都发生了变化，即劳动者是以很好的专业、知识武装起来的新型劳动者，他们面对许多新的、和过去大不一样的劳动资料，如大的平台、智能化的工具等；同时，出现了新的劳动对象，如大数据、新材料、新能源等。新兴产业是新质生产力的实践载体，主要是指战略性新兴产业和未来产业。实践需要我们创新体制机制，面向世界科技前沿、面向经济主战场、面向国家重大需求、面向人民生命健康来加强基础性研究和应用研究。当前，虽然新兴产业不断涌现，但传统产业仍占据重要地位。所以，在部署新质生产力的同时，不能忽略传统产业的发展。我们要通过新质生产力的发展，激活传统产业，使传统产业进一步转型升级，迈上新的台阶；并通过新质生产力的赋能，在生产流程、交易渠道、制造流程等各个方面，使传统产业焕发生机和活力。传统产业的改造升级也能发展新质生产力。因此，在发展战略性新兴产业、布局未来产业的同时，不能忽视、放弃传统产业，要坚持稳中求进、以进促稳、先立后破，平衡好各种产业的关系。

四、中国式现代化进程中发展新质生产力需要把握的重大关系

中国共产党对解放生产力和发展生产力一直有着很深刻的认识。新中国成立初期，毛泽东就指出："资本主义各国，苏联，都是靠采用最先进的技术，来赶上最先进的国家，我国也要这样。"① 20世纪60年

① 《毛泽东文集》第八卷，人民出版社1999年版，第126页。

代初，毛泽东强调："科学技术这一仗，一定要打，而且必须打好。""不搞科学技术，生产力无法提高。"① 邓小平强调，在认识什么是社会主义的问题上，一定要把发展生产力摆在首要位置，社会主义的首要任务就是发展生产力，逐步提高人民的物质文化生活水平；社会主义的本质是解放生产力，发展生产力，消灭剥削，消除两极分化，最终达到共同富裕。② 他还指出："科学技术是第一生产力。"③ 习近平总书记继承和坚持了马克思主义关于生产力的重要思想，并在此基础上有了创新和发展。我们要准确把握好新质生产力的科学内涵，就要在理论上和实践上把握好五个重大关系。

一是把握好新质生产力与高质量发展的关系。追求高质量发展已经成为新时代的共识，当下推动高质量发展已经成为经济社会发展的主旋律，那么靠什么来实现高质量发展呢？依我们理解，在很大程度上要靠新质生产力。习近平总书记强调，发展新质生产力是推动高质量发展的内在要求和重要着力点。④ 有了新质生产力的发展，有了更多的颠覆性技术和前沿技术，就能更好地建设现代化产业体系，产生新的产业、新的动能、新的业态，同时也能为传统产业的转型升级赋能，真正为高质量发展提供强劲的推动力和支撑力。我们要理清楚新质生产力和高质量发展的内在关系，用新的生产力理论指导新的实践，推动高质量发展行稳致远。

二是处理好政府顶层设计和市场实践探索的关系。"发展新质生产力不是忽视、放弃传统产业，要防止一哄而上、泡沫化，也不要搞一种模式。"⑤ 各级政府要积极发展新质生产力，搞好战略规划和顶层设

---

① 《毛泽东文集》第八卷，人民出版社 1999 年版，第 351 页。

② 《邓小平文选》第三卷，人民出版社 1993 年版，第 373 页。

③ 同上书，第 275 页。

④ 《加快发展新质生产力　扎实推进高质量发展》，《人民日报》2024 年 2 月 2 日。

⑤ 《因地制宜发展新质生产力》，《人民日报》2024 年 3 月 6 日。

计，清晰勾画发展新质生产力的路线图、未来蓝图，凝聚人心、凝聚力量、凝聚资源。经济比较发达的省份，应该走在前做示范，成为发展新质生产力的重要阵地，辐射带动全国发展。但政府不能越界，不能包办代替。各级政府要本着实事求是的原则，要根据地方的要素禀赋、产业基础、科研条件等方面情况有所为、有所不为，先立后破、因地制宜、量力而行、分类指导，要在取得真正的实效上下功夫。要尊重市场经济原则，尊重市场主体的积极性，创造市场化法治化国际化的营商环境，让市场配置资源发挥决定性作用，弘扬企业家精神，让市场主体发挥积极作用。

三是处理好传统产业和战略性新兴产业、未来产业的关系。"根据本地的资源禀赋、产业基础、科研条件等，有选择地推动新产业、新模式、新动能发展，用新技术改造提升传统产业。"① 发展新质生产力，要把重点放在战略性新兴产业和未来产业上，因为这些产业代表着技术发展的前进方向，是战略制高点。我们在国际舞台上要有重要的一席之地，必须积极为之，用军事语言讲就是"争夺制陆权、制空权、制海权"，但也不能因此忽视甚至放弃传统产业。从我国仍处在发展中国家的实际情况看，这方面要给予特别关注，不能把一些钢铁、石化、有色金属、建筑、建材、煤炭等传统产业简单地等同于夕阳产业、落后产业，要想办法通过发展新质生产力来改造传统产业，使其转型升级。因为这些产业涉及国计民生的重大问题，我国制造业的80%都是传统产业，这些产业的发展对解决就业、创造税收、维护社会稳定都至关重要。一方面新兴产业要不断发展壮大，在新赛道上奋力奔跑；另一方面传统产业也需要聚焦高端化、智能化、绿色化进行提升。两者相互促进，相得益彰，相向而行。

四是处理好科技创新与体制创新的关系。发展新质生产力最显著

---

① 《因地制宜发展新质生产力》，《人民日报》2024 年 3 月 6 日。

的特点就是要创新，特别是科技创新。科技创新能够催生新产业、新模式、新动能，是发展新质生产力的核心要素。这就要求不断通过改革创新，把中国特色社会主义制度的优越性充分发挥出来。实施科教兴国战略、人才强国战略、创新驱动发展战略，充分发挥新型举国体制优势，也是为了打赢关键核心技术攻坚战，使原创性、颠覆性科学技术成果竞相涌现。“深化发展科技体制、教育体制、人才体制等改革，打通束缚新质生产力发展的堵点卡点。”① 推动科技创新离不开体制机制创新，比如科技体制、教育体制、人才体制等方面的配合，只有畅通教育、科技、人才的体制机制并形成良性循环，才能够增强新质生产力的动能，才能把人才的积极性调动起来，才能真正地将人才红利发挥好。新型劳动者和创新人才的作用相当重要，能够为发展新质生产力提供人才支撑。“要及时将科技创新成果应用到具体产业和产业链上”②，科技创新成果要尽快产业化，市场化也要求具备配套的体制机制。

五是处理好自立自强与对外开放的关系。一方面要持续扩大高水平对外开放，为发展新质生产力营造良好国际环境；③ 另一方面，要实现高水平的自立自强，铸造自己的真功夫，在发展新质生产力方面争取走在世界前列，真正突破“卡脖子”技术。现在全球化速度和全球技术变革加快，为我们提供了一个技术赶超的重要机遇。自立自强绝不是关起门来搞建设，而是要实施更加开放包容、互惠共享的国际科技合作战略。我们要通过开放来“强身健体”，在发展新质生产力这个“奥林匹克运动场”上力争取得最好的成绩。总而言之，新型举国体制促进新质生产力全面发展，就要坚持对外开放，坚持更高水平的开放，坚定推进制度型开放，利用好国际国内两个市场和两种资源。

---

① 《因地制宜发展新质生产力》，《人民日报》2024 年 3 月 6 日。

② 《加快发展新质生产力　扎实推进高质量发展》，《人民日报》2024 年 2 月 2 日。

③ 同上。

结　语

新质生产力是富有时代气息的重要概念，是习近平经济思想的新范畴和重要组成部分，是对马克思主义生产力理论、生产关系理论等的创新性发展。新质生产力所代表的新时代生产方式，是习近平经济思想的重要研究对象。习近平总书记关于发展新质生产力的重要论述，体现了他对生产力发展规律和我国发展面临的突出问题的深刻把握，丰富和发展了中国特色社会主义政治经济学的研究内容、视域、方法，拓宽了马克思主义政治经济学的研究对象和研究领域，成为马克思主义中国化时代化的创新成果。

政治经济学的研究对象是马克思主义政治经济学区别于其他经济学理论的标志，也是马克思主义政治经济学最基础的问题。马克思将“生产方式”视为政治经济学研究的核心问题。而新质生产力理论将科技创新、数字经济等新兴领域纳入政治经济学的研究范畴，扩展了马克思主义政治经济学的研究领域，开辟了马克思主义政治经济学理论新视域。

新质生产力理论为解决当前世界面临的重大经济问题提供了新的思路，为马克思主义政治经济学的创新发展提供了新方向。针对我国重大科技创新核心动能不足、宏观经济治理面临两难困境，新质生产力理念提出了健全关键核心技术攻关的新型举国体制、建设数实融合的现代化产业体系、发挥社会主义基本经济制度的治理效能等政策措施，为加快推进高质量发展提供了思想指引和政策指导。新质生产力助推中国高水平科技自立自强，形成以新科技、新产业、新动能为主要特征的经济新增量，为中国经济的持续性发展提供根本动力。当前世界格局动荡变革，智能科技革命正在酝酿，世界各国都在未来产业等相关领域同台竞争，相对落后的发展中国家如何成功脱颖而出，如何在垄断中成功“突围”？这是发展新质生产力的重要目的，也是中国特色社会主义政治经济学的时代课题。新质生产力的形成有利于我国在人工智能、大数据、云计算等先进领域掌握核心技术，在新一轮科技革命中掌握主动权，以全面推进中国式现代化进程。总之，新质生产力为中国式现代化提供最持久的力量，影响着中国社会的未来图景。新质生产力理论为中国共产党领导的社会主义国家实现现代化指明了前进方向，开辟了马克思主义政治经济学理论的新境界，有助于更好地理解和分析当代社会主义经济发展和世界资本主义的新特点和新趋势，为用马克思主义政治经济学剖析社会主义国家实现现代化提供了新的思路和方法。

〔张占斌，中共中央党校（国家行政学院）中国式现代化研究中心主任、马克思主义学院教授〕

第十四篇　中国式现代化新道路的政治经济学分析

◎常庆欣

现代化是一个世界性的历史范畴。各个国家在开启现代化进程时，因其资源禀赋、历史积淀和文化基础具有显著差异，由此会采取不同的制度安排和政策选择，从而形成了各具特色的现代化模式，这些模式的路径特征各异、成效结果有别。另外，由于各个国家步入现代化的时序不同，致使后发国家在步入现代化时面临着不平等的国际经济体系结构，因此在理解现代化的本质、接受现代化的理念和推进现代化的实践等各方面呈现出更进一步的差异，面临着更为复杂的发展难题与前景。作为支撑本土现代化建设的关键构成要素与动力基础，从经济方面入手找到适合自身发展的现代化道路顺利推进并取得成功，对于一个后发国家来说至关重要。这就需要一个坚强的领导核心能够依据本国具体问题和发展目标，着眼于发展全局，做好顶层设计与具体实践的落实工作，确保其现代化建设能够符合历史、现实和未来发展逻辑，不断提升人民的福祉水平。

就中国来看，鸦片战争以后，先后启动了多轮不同类型的现代化尝试。尽管早期追求现代化的主导力量不同，其具体目标、努力方向和实际效果也有差别，但概括地看，这些现代化尝试要么是跟随型、回应型，要么是模仿型、追赶型，其基本形式都是向西方学习，实质上是被动应付各种外来浪潮的冲击，并不是符合中国具体实际的发展道路，所尝试的资本主义经济发展道路也与民族独立、国家富强的目标相去甚远。这些现代化尝试与既有西方现代化道路在中国行不通交织并存的困局，直到中国共产党诞生后才开始得到彻底的改变。

中国共产党始终将实现人民幸福、国家富强作为现代化建设的宗旨，深刻把握不同时期的具体问题与发展愿景，在确立现代化核心功能和基本要求的基础上，系统部署战略规划、谋定整体布局，协调处理不同阶段经济发展的各种重大关系，聚集优势资源与关键力量解决现代化建设中的重大问题，从而把我国由一个农业人口占很大比重、主要依靠手工劳动的农业国，逐步改造为非农业人口占多数、包含现代农业和现代服务业的工业化国家；由自然经济、半自然经济为主的经济体，逐步改造为专业化和市场化程度不断扩展、技术创新基础和能力持续提升、经济结构系统性显著提高的现代经济体，走出了一条明显区别于传统资本主义的、能够不断自我革新与成长的现代化之路。党的十九届六中全会深刻指出："党领导人民成功走出中国式现代化道路，创造了人类文明新形态，拓展了发展中国家走向现代化的途径。"①当前，我国已进入全面建设社会主义现代化的新征程，从政治经济学逻辑出发，系统总结我国现代化道路的成功经验与基本特征，对于继续战胜前进道路上的新矛盾新问题、稳扎稳打实现第二个百年奋斗目标具有重要意义。

① 《中共中央关于党的百年奋斗重大成就和历史经验的决议》，《人民日报》2021 年 11 月 17 日。

一、锻造引领时代的坚强领导核心，持续推进现代化建设的理论创新和制度创新

坚持党的领导是马克思主义政党的本质属性和内在要求，作为一个复杂的、动态的系统性工程，塑造坚强的领导核心是现代化得以顺利开展的前提条件。在中国共产党领导现代化探索之前，我国现代化运动的各种领导力量不断更换，在各种尝试中摇摆不定，处于“在世界现代化浪潮不断冲击与挑战之下，不断选择与变换发展模式的过程”①，无法保证现代化建设的连续性，也不能有效形成应对重大挑战的能力。我国后发内生、外部冲击频繁的现代化起点等基本国情，决定了党长期承担了推动制度转型、实现经济飞跃的重大历史使命。在中国现代化建设的百年历程中，一代代中国共产党人把握领导经济工作的主动权，在“谋事”的基础上进一步“谋势”，根据内外部环境变化更新完善经济发展理念，确立和完善基本经济制度，充分发挥了经济现代化建设全过程的主心骨作用，有效领导了我国经济现代化的整体进程。

习近平总书记指出，“坚持和完善党的领导，是党和国家的根本所在、命脉所在”②，党在领导经济现代化建设中始终把握好主动权，“为发展航船定好向、掌好舵”③，通过保证领导力量的稳定持续为系统、整体地解决经济现代化问题确立前提。这不仅表现为党中央在宏观部署和整体统筹上的领导核心作用，而且还表现为各级党组织在具体执

① 罗荣渠：《现代化新论——世界与中国的现代化进程》（增订本），商务印书馆 2009 年版，第 358 页。

② 习近平：《在庆祝中国共产党成立 95 周年大会上的讲话》，人民出版社 2016 年版，第 22 页。

③ 《习近平谈治国理政》第二卷，外文出版社 2017 年版，第 19 页。

行与操作上的落实能力，从而保证各项经济现代化方针决策得到科学的贯彻落实。

塑造与建构稳定、持续的领导核心，是国家现代化建设的政治前提。新民主主义革命时期就提出“党是无产阶级的先锋队和无产阶级组织的最高形式，它应该领导一切其他组织”① 的论断，这在当时统一了党所进行的各项重要工作的总进度与具体步调，推动革命任务与经济建设能够有序开展。新中国的成立正式确定了党对国家政权的领导制度，并通过宪法和制度的形式确认了其领导权威，社会主义建设在这一法理基础的支撑下得以顺利展开。改革开放时期，面临现代化战略目标、发展任务与国际形势的变化，中国共产党强调要“百倍地加强对经济建设的领导”②，“按经济规律办事”③，不断提高领导经济工作的灵活性，因此科学研判了我国发展形势与发展需要、准确锚定了我国历史方位与工作路线，通过积极推动经济体制改革，充分释放了经济发展活力，开创了中国式现代化道路的崭新局面。十八大以来，党中央强调要坚持加强对经济工作的领导。2017 年中央经济工作会议指出，实践中形成的习近平新时代中国特色社会主义经济思想“七个坚持”理论框架中的第一条，就是“坚持加强党对经济工作的集中统一领导”，这就把党对于领导经济工作的重视提升到了一个前所未有的高度。同时，在这一长期领导经济工作的实践过程中，我国形成了“从中央到地方各级机构政令统一、运行顺畅、充满活力的工作体系”④，现代化建设“更加适应实践、时代、人民的要求”⑤。围绕贯彻

---

① 中央档案馆编：《中共中央文件选集》第十三册，中共中央党校出版社 1991 年版，第 427 页。

② 《邓小平文选》第一卷，人民出版社 1994 年版，第 85 页。

③ 《邓小平文选》第二卷，人民出版社 1994 年版，第 196 页。

④ 丁薛祥：《坚持和完善党领导经济社会发展的体制机制》，《人民日报》2020 年 11 月 20 日。

⑤ 《习近平谈治国理政》第三卷，外文出版社 2020 年版，第 181—182 页。

落实党中央关于经济社会发展决策部署，党中央及其有关部门从建立领导小组到专项小组、从开展集体学习到工作会议，定期研究分析经济社会形势，对涉及经济社会发展的相关工作进行顶层设计、总体布局。各级党委“加强对本地区经济工作的领导，把握客观规律，结合地方实际，把中央决策部署落到实处”①，就贯彻落实中的重要问题及其探索创造的重要经验及时向党的上级组织报告，有效地协调解决了各部门纵向问题与各地方横向问题，有力地推动了经济现代化各项决策的落实。尤其新时代以来我国更是高度重视领导体制机制建设，先后颁布了《中共中央关于深化党和国家机构改革的决定》和《深化党和国家机构改革方案》，对完善党和国家机构职能体系作出了具体部署，进一步完善了党领导经济工作的一系列组织结构和管理体制，为新发展阶段顺利开展经济现代化建设提供了组织保障。

在坚持和加强把方向、管大局、保落实上的重大推进作用基础上，党持续深化对经济发展规律的认识，不断“完善发展理念和模式”②，“着力抓好重大制度创新”③，通过经济理论创新与经济制度创造，引领我国经济现代化向前迈进，形成中国特色社会主义制度的一大优势。

“理念是行动的先导，一定的发展实践都是由一定的发展理念来引领的。”④ 党领导下的经济发展理念与不同时期现代化建设的实践相结合，并由此提出了实事求是、因地（时）制宜的经济发展举措，实现了生产关系与生产力、上层建筑与经济基础的统一。建党初期，在深刻总结先前各种经济现代化运动失败经验的基础上，创造性地提出要通过民主主义革命的方式为中国从根本上真正实现经济现代化扫清障

① 中共中央文献研究室编：《习近平关于社会主义经济建设论述摘编》，中央文献出版社2017年版，第315页。

② 习近平：《习近平主席在出席世界经济论坛2017年年会和访问联合国日内瓦总部时的演讲》，人民出版社2017年版，第10页。

③ 习近平：《在庆祝改革开放40周年大会上的讲话》，人民出版社2018年版，第8页。

④ 《习近平谈治国理政》第二卷，外文出版社2017年版，第197页。

碍。围绕变革生产关系、解放生产力，党的一大正式提出“推翻资本家阶级”“消灭资本家私有制”，党的二大在初步认识中国社会的半殖民地性质的基础上提出了中国革命分“两步走”策略，“其第一步是民主主义的革命，其第二步是社会主义的革命”，[①] 而后党团结带领人民经过20多年的艰苦奋斗取得了新民主主义革命的伟大胜利。新中国成立以后，党适时根据我国经济发展需要，围绕建立社会主义生产关系、恢复和发展生产力的任务提出了过渡时期总路线，由此打开了实现国家工业化与社会生产力水平提升的突破口。十一届三中全会以后，党中央继续深化对经济规律的认识，在正确界定社会主要矛盾的基础上创造性地回答了“什么是社会主义”这一理论难题，深入阐发了中国社会发展的道路、阶段、任务、动力、步骤等一系列问题，为改革开放时期如何更好地将党和国家工作中心转移到经济建设方面提供了具体指引。进入新时代，“发展”仍是经济社会的重要议题。以习近平同志为核心的党中央聚焦“实现什么样的发展、怎样发展”的重大问题，提出了创新、协调、绿色、开放、共享的新发展理念，详细阐释了发展的目的、动力、方式、路径等一系列理论和实践问题，并据此提出了转变经济发展方式这一关键性举措，深刻揭示了实现更高质量、更有效率、更加公平、更可持续、更为安全发展的必由之路。可以说，党对经济规律的认识愈加深化，经济发展理念更新愈加深入，我国现代化实践也愈加彰显“中国特色”。

“基本经济制度是我们必须长期坚持的制度”[②]，党没有囿于“市场经济是资本主义特有的东西，计划经济才是社会主义经济的基本特征”这一传统认识，而是根据经济实际提出“计划和市场都是经济手段”[③]，成功创造了既能体现社会主义制度优越性，又同我国社会主义

① 《毛泽东选集》第二卷，人民出版社1991年版，第665页。

② 习近平：《在民营企业座谈会上的讲话》，人民出版社2018年版，第7页。

③ 《邓小平文选》第三卷，人民出版社1993年版，第373页。

初级阶段社会生产力发展水平相适应的基本经济制度。党的十四大从基本制度、资源配置方式两个层面对社会主义市场经济的本质特征进行了概括，使人们对社会主义市场经济的认识有了历史性飞跃；十五大基于“社会主义市场经济”的改革目标，首次提出了“社会主义基本经济制度”的范畴并阐释了其基本含义。从正式提出“公有制为主体、多种所有制经济共同发展，是我国社会主义初级阶段的一项基本经济制度”[①] 以来，我国基本经济制度持续在党的重要文件中得到肯定并不断完善、丰富和发展。党的十九届四中全会在“根本制度、基本制度、重要制度”总框架中考察中国特色社会主义基本经济制度，把分配制度和市场经济制度纳入基本经济制度内涵，进一步肯定了我国在社会主义条件下发展社会主义市场经济的伟大创举。习近平总书记深刻指出：“我国经济发展获得巨大成功的一个关键因素，就是我们既发挥了市场经济的长处，又发挥了社会主义制度的优越性。”[②] 我国基本经济制度从提出到丰富完善，彰显了中国共产党人在深化认识经济规律的过程中始终将马克思主义理论创造性地运用于中国特色社会主义的伟大实践当中。

不同于西方现代化道路中“资产阶级是现代化的主导力量”[③]，中国共产党作为中国特色社会主义事业的领导核心，在领导经济工作的现代化建设全过程中始终发挥着主心骨作用。也有别于西方政党着重于表达利益、参与竞选、赢得选票，中国共产党是中国工人阶级的先锋队，能够代表先进生产力的发展要求，因此在领导经济工作的过程中能够逐步深化对经济发展规律的认识，不断完善领导经济工作的体

① 江泽民：《高举邓小平理论伟大旗帜，把建设有中国特色社会主义事业全面推向二十一世纪——在中国共产党第十五次全国代表大会上的报告（1997 年 9 月 12 日）》，《求是》1997 年第 18 期。

② 习近平：《不断开拓当代中国马克思主义政治经济学新境界》，《求是》2020 年第 16 期。

③ ［美］塞缪尔·亨廷顿等：《现代化：理论与历史经验的再探讨》，上海译文出版社 1993 年版，第 40 页。

制机制，推动我国经济社会高质量发展不断取得新成效。也正是基于此，中国式现代化新道路不像传统资本主义现代化那样将“把利润归为‘自由企业家’作为生产的中心目标”①，而是将不断满足社会需要、提高人民的生活水平作为发展的根本目的。

二、丰富细化“人民至上”的经济内涵，推动经济现代化建设取得实质性进展

不同的阶级立场是不同的经济地位及利益在政治上的体现，这是政治经济学的首要问题。就我国现代化建设的实践逻辑而言，“为什么人的问题是哲学社会科学研究的根本性、原则性问题”②，“党的一切工作都是为了实现好、维护好、发展好最广大人民根本利益”③。人的需要内涵随经济社会由低级向高级发展而不断丰富，党在领导经济实践的过程中将“人民至上”的价值立场细化为不同时期的具体发展目标，我国现代化建设不断取得实质性进展。

新民主主义革命时期，党确立了为人民服务的根本宗旨，并将其深入贯彻到革命根据地的经济实践中，为新中国成立之后的现代化建设提供了宝贵经验。毛泽东在党的七大报告中正式阐发了“全心全意为人民服务”的思想，并在领导根据地政权建设过程中正式开启了如何将发展成果惠及人民群众的实践探索，依据农村不同时期的具体状况制定了包括《兴国土地法》等在内的一系列关于农民与土地关系的法规，提出了“打土豪、分田地”“耕者有其田”等一系列口号举措，将争取民族独立和人民解放的政治斗争与保障人民生存权、改善人民

① ［美］塞缪尔·亨廷顿等：《现代化：理论与历史经验的再探讨》，上海译文出版社 1993 年版，第 42 页。

② 习近平：《在哲学社会科学工作座谈会上的讲话》，《人民日报》2016 年 5 月 19 日。

③ 《习近平谈治国理政》第三卷，外文出版社 2020 年版，第 137 页。

生活的经济斗争紧密结合，为中国革命胜利提供了物质保证和群众基础。新中国成立以后，中国共产党继续将实现中国5亿多人民的共同富裕作为提出和解决问题的出发点接续奋斗。以毛泽东同志为核心的党中央明确提出要把实现全体人民的共同富裕作为经济现代化建设的目标，“现在我们实行这么一种制度，这么一种计划，是可以一年一年走向更富更强的，一年一年可以看到更富更强些。而这个富，是共同的富，这个强，是共同的强”①。在这一发展思想的指引下，一方面指出农业合作化是实现共同富裕的必由之路；另一方面也对实现富裕的时限提出了初步的设想，“中国是一个大国，但是现在还是不富不强，希望经过各族人民的共同努力，在几个五年计划以后，变为一个又富又强的国家”②。经过“一化三改”的历史任务，我国确立了社会主义制度，为实现全体人民共同富裕奠定了根本政治前提；同时也从根本上解决了工业化“从无到有”的问题，初步建立了独立的比较完整的工业体系与国民经济体系，为实现国家富强、人民富裕奠定了物质基础，也为当时中国社会主义政治经济学的探索提供了实践经验。

改革开放和社会主义现代化建设新时期，中国共产党开创、坚持、捍卫、发展中国特色社会主义，实现了人民生活从温饱不足到总体小康、奔向全面小康的历史性跨越。③ 以“能推动社会主义社会生产力发展，使人民生活逐步好起来”④ 为出发点，党中央将“共同富裕”上升到了社会主义本质层面，指出社会主义的本质“是解放生产力，发展生产力，消灭剥削，消除两极分化，最终达到共同富裕”⑤，并且明

① 《毛泽东文集》第六卷，人民出版社1999年版，第495页。

② 毛泽东：《建国以来毛泽东文稿》第五册，中央文献出版社1990年版，第451页。

③ 习近平：《在庆祝中国共产党成立100周年大会上的讲话》，《人民日报》2021年7月2日。

④ 《邓小平文选》第三卷，人民出版社1993年版，第150页。

⑤ 《邓小平文选》第三卷，人民出版社1993年版，第373页。

确提出中国现代化的目标定位不是西方式的现代化概念，而是“小康之家”①。围绕这一认识，党中央制定了各项经济方针与政策，切实推进经济现代化进程。一方面，结合我国发展水平与要求，不断调整生产关系，提出了建立社会主义市场经济体制的目标，最大限度地调动广大人民群众参与经济建设的积极性，将人民群众生活水平从温饱快速提升到小康水平。如发展多种所有制经济，使市场经营活动的主体扩展到全社会范围；推行国有企业改革，充分释放企业和职工的发展热情；等等。另一方面，不断完善分配制度、调节人民收入水平，重视社会公平。党中央既坚持市场经济条件下的公平分配原则，实行分配与贡献等量原则，又注重完善社会保障体系和公共服务体系，“把维护社会公平放到更加突出的位置，综合运用多种手段，依法逐步建立以权利公平、机会公平、规则公平、分配公平为主要内容的社会公平保障体系，使全体人民共享改革发展的成果，使全体人民朝着共同富裕的方向稳步前进”②。经过一系列的理论和实践探索，党对于追求“共同富裕”目标内涵的认识不断丰富和具体化，它不仅是财富多少和如何分配的衡量依据，更具有“人的全面发展”的丰富内蕴，彰显了社会主义制度建设与经济发展同频共振的现代化内涵，是马克思主义政治经济学的创造性运用。

党的十八大以来，面对新的时代条件与发展任务，以习近平同志为核心的党中央正式提出了以人民为中心的发展思想，指出要“把增进人民福祉、促进人的全面发展、朝着共同富裕方向稳步前进作为经济发展的出发点和落脚点……部署经济工作、制定经济政策、推动经济发展都要牢牢坚持这个根本立场”③，体现了新时代条件下党领导中

① 《邓小平文选》第二卷，人民出版社 1994 年版，第 237 页。
② 《十六大以来重要文献选编》中，中央文献出版社 2006 年版，第 712 页。
③ 《十八大以来重要文献选编》下，中央文献出版社 2018 年版，第 4 页。

国式现代化道路的根本遵循。在这一思想的指引下，党的十九大正式提出到2035年基本实现社会主义现代化时，全体人民共同富裕迈出坚实步伐；到21世纪中叶，把我国建成社会主义现代化强国时，全体人民共同富裕基本实现。党的十九届五中全会在此基础上进一步明确要推动“全体人民共同富裕取得更为明显的实质性进展”的阶段性目标。党团结带领人民实行了一系列切实有效的方针政策，推动我国实现共同富裕目标取得了重要成就。一方面，面对全面建成小康社会的发展任务，习近平总书记指出：“全面建成小康社会，一个也不能少；共同富裕路上，一个也不能掉队。”[①] 从“决定性阶段”到“决胜期”，以习近平同志为核心的党中央制定了精准扶贫、精准脱贫政策，形成了“超常规扶贫、有策略脱贫”的工作思路，推动我国脱贫工作亮实招、下实功、出实效，“脱贫攻坚战的全面胜利，标志着我们党在团结带领人民创造美好生活、实现共同富裕的道路上迈出了坚实的一大步”[②]。另一方面，党中央强调构建更加成熟更加定型的制度体系，为真正落实共同富裕提供机制保障。在“对共同富裕的长期性、艰巨性、复杂性有充分估计”的情况下，党中央既坚持完善市场体系、优化政府职能，将“蛋糕”做大，奠定好共同富裕的基础，又强调构建好合理的分配格局，进一步把“蛋糕分好”，并创造性地提出了构建初次分配、再分配、三次分配协调配套的基础性制度安排，有利于在全社会范围内形成“人人参与、人人尽力、人人共享”的合理分配格局，使共同富裕理念更加深入人心。在不均衡与均衡的长期动态推进过程中，中国经济的全面发展为促进共同富裕创造了良好条件，“人民性”也赋予了中国式现代化道路以区别于其他国家全新、独特的发展基调。可以说，中国的现代化将“现实的人”作为各项经济政策与制度举措的出

① 《习近平谈治国理政》第三卷，外文出版社2020年版，第66页。
② 习近平：《在全国脱贫攻坚总结表彰大会上的讲话》，人民出版社2021年版，第20页。

发点和检验标准，在传承马克思主义基本立场的基础上明确发展的基本取向，彰显了生产力标准和人民利益标准相统一的基本原则，强调在发展生产力的基础上让广大人民群众共享发展的成果是对社会主义基本属性的具体化展开。

习近平总书记指出："始终同人民在一起，为人民利益而奋斗，是马克思主义政党同其他政党的根本区别。"党的十九届六中全会在全面总结中国共产党的百年奋斗重大成就和历史经验时，指出"坚持人民至上"作为中国共产党的鲜明本质特征，一以贯之地体现在党的百年奋斗历程当中，是党执政兴国的最大底气。相对于金钱政治贯穿西式民主施政的各大环节，一代代中国共产党人聚焦"人民至上"的经济目标，将其细化为各个历史时期切实实现共同富裕的各项举措，因此在吸收、借鉴其他先行现代化国家的发展经验时并非简单将其作为奋斗目标、"照搬其他国家的发展道路"①，而是从中国国情出发，以前所未有的规模进行各项制度建设和政策创新，充分释放经济社会发展中各种要素、各个层次、各个方面的经济活力，使人民对美好生活的向往不断变为现实，并成为我国经济现代化的显著特征和鲜明标识。

三、系统制定动态调整的经济发展规划，保证现代化建设的稳定性与进取性相统一

马克思主义坚持远大理想和现实目标相结合、历史必然性与发展阶段性相统一，这也是党在不同历史时期围绕现代化建设制定连续性、动态性发展规划的理论依据。习近平总书记指出："用中长期规划指导

① ［美］塞缪尔·亨廷顿等：《现代化：理论与历史经验的再探讨》，上海译文出版社1993年版，第48页。

经济社会发展，是我们党治国理政的一种重要方式。”① 党在领导经济工作的实践中根据不同阶段的发展任务进行统筹谋划、重点攻关，经济发展规划制度在这一推动现代化部署落实的过程中不断完善，由此形成了连续性的现代化目标体系与系统的国民经济发展阶段性战略举措。从 1953 年开始，我国已经编制完成并成功实施了 14 个“五年规划（计划）”，从 20 世纪 60 年代的“两步走”、80 年代的“三步走”，到 90 年代的“新三步走”，再到党的十九大清晰擘画的“两个阶段安排”的战略思想，保证了现代化进程中经济建设工作的稳定性与进取性相统一。

1945 年党的七大和 1949 年党的七届二中全会提出，革命胜利之后，新中国的建设目标是将中国稳步地由农业国转变为工业国，把中国建设成一个伟大的社会主义国家，② 由此对中国现代化的实际要义有了初步认识。新中国成立后，党积极探索编制中长期计划引领经济社会发展，在先后编制、实施五个“五年计划”的过程中，对实现现代化的现实内涵及其具体安排有了更加丰富的认识。新中国成立初期，面对工业极端落后的现实，党中央确立了重工业优先发展战略，将“国家工业化”写入了过渡时期总路线。周恩来在第一届全国人民代表大会第一次会议上指出：“第一个五年计划首先要集中主要力量发展重工业。”③ 随着国家建设的展开，党中央对经济现代化建设的战略目标构想开始逐步向实现更加全面的现代化转变。20 世纪 60 年代，党在实现“社会主义工业化”目标基础上首次正式提出了“四个现代化”的重要概念，即“要在不太长的历史时期内，把我国建设成为一个具有现代农业、现代工业、现代国防和现代科学技术的社会主义强国”④，

① 习近平：《在经济社会领域专家座谈会上的讲话》，《人民日报》2020 年 8 月 25 日。
② 《毛泽东选集》第四卷，人民出版社 1991 年版，第 1433 页。
③ 《周恩来选集》下卷，人民出版社 1984 年版，第 133 页。
④ 《建国以来重要文献选编》第十九册，中央文献出版社 1998 年版，第 483 页。

并在此基础上明确规划了现代化“两步走”战略安排：“从第三个‘五年计划’起，中国国民经济发展可以按两步来考虑：第一步，建立一个独立的比较完整的工业体系和国民经济体系；第二步，全面实现四个现代化，使中国经济走在世界前列。”① 这就为从“一五”计划到“五五”计划时期建立较为完整的工业体系和国民经济体系提供了方向指导，也为新的历史时期国民经济和社会发展提供了理论准备与物质基础。正是在党系统性的战略规划指导下，通过20世纪50年代的156个重点工业项目、60年代的三线建设布局，70年代的两次大规模技术引进，我国经济的现代化建设取得了重要进展，“用几十年时间走完了发达国家几百年走过的工业化历程”②。

党的十一届三中全会后，在长期经济探索的基础上，我们党首次明确提出了“中国式的现代化”的重要概念，指出“我们的现代化建设，必须从中国的实际出发”③。围绕走符合本国国情的中国式的现代化道路，在根据经济发展新情况制定、实施及调整经济发展规划的过程中，我国经济现代化的目标任务更富有整体性、层次性。一是在党的十二大提出20世纪末达到“小康水平”设想后，如何从时间上科学可行地安排发展战略成为党中央的一个重要课题。对此，党的十三大明确了“三步走”的经济建设部署：“第一步，实现国民生产总值比1980年翻一番，解决人民的温饱问题。第二步，到本世纪末，使国民生产总值再增长一倍，人民生活达到小康水平。第三步，到下个世纪中叶，人均国民生产总值达到中等发达国家水平，人民生活比较富裕，基本实现现代化。”④ 在这一战略安排基础上，党的十五大对“第三步”长达50年的长期目标进行了战略分解，首次以“两个一百年”奋

① 《建国以来重要文献选编》第十九册，中央文献出版社1998年版，第483页。

② 《习近平谈治国理政》第三卷，外文出版社2020年版，第124页。

③ 《邓小平文选》第三卷，人民出版社1993年版，第2页。

④ 《十三大以来重要文献选编》上，人民出版社1991年版，第12—16页。

斗目标为历史基点作为划分第二步和第三步发展目标的重要标志。二是指向实现“小康社会”，我国经济发展的各项内容要求也更加立体化。如“九五”计划围绕充分释放市场活力、增强经济内生动力的问题，深刻提出了实现体制转变和经济增长方式转变的“两大转变”；党的十六大报告提出，要使国内生产总值“翻两番”的发展指标；党的十七大报告进一步将“国内生产总值”发展为“人均国内生产总值”，同时强调我国经济的现代化要努力实现“优化结构、提高效益、降低消耗、保护环境”；[①] 党的十八大提出要实现好“四化同步”，坚定不移走中国特色新型工业化、信息化、城镇化、农业现代化道路。这些规划和安排，在保证我国经济现代化建设基本内容延续的基础上丰富了其时代内蕴。

社会主义社会是一个递进式的动态发展阶段。进入新时代，以习近平同志为核心的党中央形成了一系列关于现代化建设的新思路，在战略规划的时间安排、内容和方法等方面有了创新发展。一是聚焦当前经济社会现实，细化阶段性战略安排。党的十九大明确指出了“两个一百年”奋斗目标历史交汇期的主要任务，即“既要全面建成小康社会、实现第一个百年奋斗目标，又要乘势而上开启全面建设社会主义现代化国家新征程”[②]，进而对全面建成社会主义现代化强国的时间和路线作出了进一步的“两个阶段安排”，即在 2020 年全面建成小康社会、实现第一个百年奋斗目标的基础上，再奋斗 15 年，在 2035 年基本实现社会主义现代化；从 2035 年到本世纪中叶，在基本实现现代化的基础上，再奋斗 15 年，把我国建成富强民主文明和谐美丽的社会主义现代化强国。[③] 二是适应经济发展环境，继续完善规划内容体系。例如，“十四五”规划提出了“推进国家治理体系和治理能力现代化”，

---

① 《十七大以来重要文献选编》上，中央文献出版社 2009 年版，第 15 页。

② 《习近平谈治国理政》第三卷，外文出版社 2020 年版，第 22—23 页。

③ 同上。

赋予我国现代化以新的时代性内涵，同时正式提出“现代化经济体系”这一新的具体指向；站在全面建成小康社会的新的历史起点上，“十四五”规划首次提出了“全体人民共同富裕取得更为明显的实质性进展”这一新的要求，并在改善人民生活品质部分突出强调了“扎实推动共同富裕”的内容；面临新的国内外发展形势，“十四五”规划首次提出了要统筹发展和安全，并在其第十五篇专门就这一问题作了具体展开。三是坚持系统观念，抓好各项经济工作的谋篇布局。“系统观念是具有基础性的思想和工作方法”①，例如新提出的“现代化经济体系”就是指“由社会经济活动各个环节、各个层面、各个领域的相互关系和内在联系构成的一个有机整体”②，其发展指向着眼于现实和未来的经济走向，强调提升社会经济活动全系统的质量效益。可见，“中国式现代化”概念提出后，党持续探索如何建构出符合我国实情、能不断推动我国经济取得较大实效的战略顶层设计，使其更贴合时代要求，更具有实操性。中国经济的现代化建设并没有交给纯粹的个人利益追求、商品意识的普及抑或市场理性的支配，而是自主性地把发展战略放到现实可行性的基础之上。结合历史发展的长期走向，把经济自然增长和阶段性目标牵引与长期价值追求相结合，确定发展经济必须遵循的重大原则、重大方针和需要解决的重大课题，全面提高国民经济效益，这也是取得“中国奇迹”的重要原因所在。

“中国领导层能够制定长远的国家发展规划，并按部就班地把计划付诸实施，这是西方国家做不到的。”③ 作为后发国家，我国经济现代化既没有照搬西方先行现代化国家的资本逻辑运行规律，坠入经济短视性与不可控性的陷阱之中，也没有沉溺于历史条件的消极影响，陷

① 习近平：《关于〈中共中央关于制定国民经济和社会发展第十四个五年规划和二〇三五年远景目标的建议〉的说明》，《人民日报》2020 年 11 月 4 日。

② 《习近平谈治国理政》第三卷，外文出版社 2020 年版，第 240—241 页。

③ 姜加林：《世界视角下的中国道路》，《求是》2013 年第 11 期。

入自暴自弃的窠臼之中，而是在党的领导下系统制定经济发展规划，从预期性、长期性、综合性的角度对经济发展进行战略协调，不断“完善国家重大发展战略和中长期经济社会发展规划制度”，为持续推进经济现代化建设提供了长远性和阶段性的内容指导。

四、科学统筹各种重大经济关系，增强现代化建设的内生动力与发展韧性

习近平总书记指出：“我们必须牢牢把握中国特色社会主义事业总体布局，正确处理发展中的重大关系，不断增强发展整体性。”① 中国特色社会主义政治经济学的重要任务就是在正确分析各种利益关系中认识、遵循客观经济规律，画好现代化建设的“同心圆”，壮大中国特色社会主义经济力量。党在领导经济现代化建设的百年进程中，始终着眼于经济社会发展全局，以科学统筹各种重大经济关系为抓手，增强经济现代化建设的内生动力与发展韧性。在具体的经济实践中，通过协同中央决策与地方试点，推动有效市场和有为政府相结合，统筹国内发展与对外开放，充分聚集各种优势资源与力量，更加整体地提升了我国现代化发展质量。

一是坚持中央决策与地方试点协同，充分发挥中央与地方两方面的积极性。党领导的各项经济改革大多是在中央的支持下首先在地方进行政策试点工作，这不仅有利于在实践中充分验证政策设计的科学性，同时也能在政策推广的过程中减少一定的改革阻力，形成的渐进式改革路线能够更有效更具针对性地解决发展痛点、堵点，这“既有别于分权模式也不同于联邦制模式”②。1943 年，毛泽东就强调领导干

① 《习近平谈治国理政》第二卷，外文出版社 2017 年版，第 198 页。

② 韩博天：《通过试验制定政策：中国独具特色的经验》，《当代中国史研究》2010 年第 3 期。

部必须要“突破一点，取得经验，然后利用这种经验去指导其他单位”①。秉持着这一原则，我国改革开放以来的各项经济现代化部署更是在承认地域性差异的基础上，支持各地根据自身发展情况、运用不同方式积极开展多种试点模式的探索，从而争取更大限度地解放和发展生产力。对此，邓小平曾明确指出：“在全国的统一方案拿出来以前，可以先从局部做起，从一个地区、一个行业做起，逐步推开。中央各部门要允许和鼓励它们进行这种试验。”② 例如，解决“三农”问题作为推进我国新型城镇化的关键，是推进经济现代化过程的重要环节。在改革开放初期，安徽、四川等地率先启动了家庭联产承包责任制改革试点，在取得明显成效的基础上为党中央积极向全国推广提供了重要经验。经过多地域试点，1983 年“中央一号文件”标志着家庭联产承包责任制作为农村改革的一项决策正式确立。在这一过程中，农村进行的一些地方性探索试验，如广东佛山集体资产股份确权到户、“政经分开”改革，清远市承包地先自愿互换并地再确权登记颁证等改革成果也在中央政策文件的制定中得到相应转化，为其他地区农村改革提供了经验示范。正是在中央决策与地方试点长久协同的基础上，2022 年“中央一号文件”连续第 19 年聚焦“三农”问题，对接续全面推进乡村振兴作出了总体部署，为迈向社会主义现代化新征程指明了新的前进方向。

二是协调政府与市场的双向互动关系，推动有效市场和有为政府结合。纵观西方发达国家的现代化过程，人们长时间囿于二元对立的框架，在所谓的“大政府、小市场”“小政府、大市场”“强政府、弱市场”“弱政府、强市场”的最优组合上绕圈子，既未能在理论上捋清二者关系，又在实践中遇到了一系列问题。中国共产党突破了这一寻

---

① 《毛泽东选集》第三卷，人民出版社 1991 年版，第 897 页。
② 《邓小平文选》第二卷，人民出版社 1994 年版，第 150 页。

求最优化均衡的技术求解层面，根据不同时期生产方式与生产关系的具体状况与实际需要，积极调整政府与市场关系，充分发挥好二者的不同职能，实现了马克思主义政治经济学的创新性发展。新民主主义革命胜利后，为重塑、规整长期以来积贫积弱的经济社会秩序，从根本上解决各种矛盾错综复杂、纵横交错的“总体性危机”，党中央充分发挥政府的强有力作用，利用中央计划经济体制，集全国之力加强国防建设，巩固了社会主义国家制度；同时建设大量国有企业、集体企业，形成了相对完备的工业体系，为改革开放促进各种所有制经济共同发展创造了人才、技术和管理条件。改革开放以来，党适时提出了“转变政府职能”的政策目标，并先后出台了一系列有利于调整政府与市场关系、持续释放我国经济活力的文件。例如，《中共中央关于经济体制改革的决议》明确指出政府要“实行政企职责分开，正确发挥政府管理经济的职能”；《中共中央关于建立社会主义市场经济体制若干问题的决定》详细规定了政府的职能，为建立社会主义市场经济体制、充分激活经济活力提供了具体指标。党的十八大以后，以习近平同志为核心的党中央多次强调：“经济体制改革仍然是全面深化改革的重点，经济体制改革的核心问题仍然是处理好政府和市场关系。”[①] 党的十九届五中全会深刻提出，要“充分发挥市场在资源配置中的决定性作用，更好发挥政府作用，推动有效市场和有为政府更好结合”。这就从新的高度阐明了我国经济现代化建设中政府与市场这一对经济体制改革的重要关系，强调“十四五”时期需要进一步发挥二者的重要驱动作用，实现我国经济现代化的发展目标。在社会主义制度条件下发展市场经济，是我们党的一大创举。

三是统筹国内发展与对外开放，利用国际国内两个市场、两种资

---

① 习近平：《关于〈中共中央关于全面深化改革若干重大问题的决定〉的说明》，《人民日报》2013 年 11 月 16 日。

源。社会再生产过程是“连续地并列进行的”，生产、分配、交换、消费的有机统一组成了国民经济的良性循环。世界市场对于促进经济循环至关重要，“世界市场使商业、航海业和陆路交通得到了巨大发展。这种发展又反过来促进了工业的扩展”①。随着生产力与生产关系的深入互动，我国也在现代化建设过程中积极调整自身的国际角色，不断完善国际经济政策协调机制建设，从主要配置国内资源转变为同时配置国内国际两种资源，从主要开发利用国内市场转变为同时开发利用国内国际两个市场，通过积极拓展在世界范围内的发展空间，不断提高发展潜力、增强国际竞争力，由融入世界经济向引领世界经济转变。尤其是党的十八大以来，我国以更加积极的姿态参与到国际经济大循环之中，强调继续坚持合作共赢和共建共享的根本宗旨，通过寻找、扩大各国利益的结合点，为全球经济开辟新的发展空间。为此，我国先后提出了“一带一路”“构建人类命运共同体”等一系列中国倡议与方案，并先后被写入联合国决议当中，彰显了国际社会对于我国经济发展构想的肯定。立足国际经济新环境，以习近平同志为核心的党中央提出了构建以国内大循环为主体、国内国际双循环相互促进的新发展格局，强调要继续发挥内需潜力，更好地实现国内国际市场联通，并在实现自身发展的同时继续推动全球化浪潮向互利共生的方向前进。另外，我国在注重国内发展的同时，也不断加快统筹国内国际的战略布局与政策措施、逐步完善国际经济政策协调机制，从而更好为全球经济增长注入新的动力源泉。自加入世界贸易组织后，我国主动清理了3000余部法律、法规和规章，并对贸易体制和政策进行了全面的调整，如采取了降低准入、减少关税等政策措施；通过金砖国家合作机制等平台，将新兴市场化国家之间长期合作的非正式经验转化为正式制度和规则等。这一系列实践扩展了政治经济学的含义，不仅成为服

① 《马克思恩格斯文集》第二卷，人民出版社2009年版，第32页。

务于国家发展战略的“物质力量”，也为发展中国家参与全球治理开辟了有利局面，推动形成了更加稳定、更加国际化的贸易环境，为世界经济复苏注入了新的活力与动力。

中国共产党始终坚持辩证唯物主义和历史唯物主义世界观和方法论，不断打破一系列现代化道路上的传统偏见与思维束缚，坚持宏观和微观、国内和国外、战略和战术紧密结合，科学统筹了中央与地方、政府与市场、国内发展与对外开放等各种重大经济关系，在正确处理看似你进我退、此消彼长的简单对立关系中找到了一条实现各种经济要素相得益彰、推动经济社会发展动态平衡的发展新路，从而确保中国式现代化道路走得更稳、走得更远。

结　语

作为人类社会发展的关键词和主旋律，现代化是人类通向一个生产力高度发展与人的全面发展的更高社会形态所必经的一个大过渡阶段。就世界范围内的经济现代化进程而言，能否通过长期具体的、有针对性的现代化建设解决“贫困的恶性循环”① 问题，能否在现代化跃升至更高阶段的过程中有效跨越“中等收入陷阱”、实现经济社会的高质量发展，是评估一种现代化道路基本价值、生命力和跨地域影响力的核心指标。从这一意义上来说，中国式现代化既区别于西方国家对经典现代化形式、内容的种种设想，也有别于其他后发国家经济理论与实践探索。它“摒弃了西方以资本为中心的现代化、两极分化的现代化、物质主义膨胀的现代化、对外扩张掠夺的现代化老路，拓展了发展中国家走向现代化的途径，为人类对更好社会制度的探索提供了

① ［美］塞缪尔·亨廷顿等：《现代化：理论与历史经验的再探讨》，上海译文出版社1993年版，第45页。

中国方案”①，成功创造出了“人类文明新形态”。因此，从政治经济学的角度出发，总结中国现代化道路上的成就、经验及其典型特征，不仅能够理清我国现代化道路“过去怎么看、现在怎么干、未来怎么办”的线索脉络，同时也能够为其他发展中国家的现代化建设提供新视野和新思路。

归根到底，如果把中国式现代化新道路的成就、经验及其典型特征集中到一点，那就是能不能驾驭好世界第二大经济体，能不能保持经济现代化持续健康发展。这在根本上取决于党在经济现代化建设中的领导核心作用发挥得好不好。作为有着明确的现代化强国目标、时刻发挥主心骨作用的政党，中国共产党在直面历史挑战、充分利用历史机遇中不断创新经济建设理论、创造新的经济制度安排，并在长期的实践中探索出能够使人民坚定复兴目标的中国经济现代化模式。这一现代化模式注重阶段性安排的顶层设计与各种重大经济关系的统筹规划，具有稳定性和进取性特征，“创造了人类社会发展史上惊天动地的发展奇迹，使中华民族焕发出新的蓬勃生机”②，并成为实现和延续“两大奇迹”的根基。在全面建设社会主义现代化国家的新征程上，我们要从全局和战略高度，着眼于最广大人民根本利益，推动党领导经济社会发展制度化、规范化、程序化，继续将党领导经济工作的制度优势转化为治理效能。

（常庆欣，经济学博士，中国人民大学马克思主义学院教授、博士生导师，中国人民大学全国中国特色社会主义政治经济学研究中心研究员）

① 习近平：《以史为鉴、开创未来　埋头苦干、勇毅前行》，《求是》2022 年第 1 期。

② 习近平：《在庆祝中国共产党成立 95 周年大会上的讲话》，人民出版社 2016 年版，第 4 页。

第十五篇　国家竞争优势与中国式现代化

◎周　文　李吉良

改革开放以来，我国经济实力迅速提升，并创造了令世界震惊的“中国奇迹”，其所依靠的并非比较优势理论所描绘的西方现代化道路，而是将马克思主义基本原理同中国具体实际相结合的中国式现代化道路。近年来，凭借要素禀赋优势的外延式扩大再生产模式受到全球化逆流以及贸易保护主义的诸多掣肘，同时随着西方国家对中国关键核心技术的进一步“封锁”，基于要素结构的比较优势理论难以支撑大国竞争格局下我国高质量发展与中国式现代化的推进。习近平总书记指出：“全面提升产业体系现代化水平，既巩固传统优势产业领先地位，又创造新的竞争优势。”① 我国基本国情决定了中国式现代化的本质是大国的现代化，成功与否的关键在于大国竞争格局下国家竞争优势的培育。与传统外延式经济增长模式不同，中国式现代化应培育的国家竞争优势不是由先天要素资源禀赋结构所决定的外生静态比较优势，

① 科学技术部编写组：《深入学习习近平关于科技创新的重要论述》，人民出版社 2023 年版，第 129 页。

而是内生动态综合国家竞争优势。以竞争优势替代比较优势，把握新型全球化与新一轮科技革命和产业革命契机，并以有为政府与有效市场的有机结合加速产业升级与生产效率提升，既是国家竞争力提升的必然要求，更是实现中国式现代化的重要保障。

一、中国式现代化与国家竞争：从比较优势到竞争优势

（一）国家竞争中比较优势理论的实践困境

习近平总书记指出："所谓经济国际竞争力，主要是指面向国际国内两个市场、两种资源，在国际范围内进行资源配置和经济扩张，参与国际分工协作和竞争的能力。"① 15 世纪，以哥伦布发现美洲新大陆为起点的地理大发现揭开了全球化的序幕，开启了当时以航海贸易为主的国际贸易。18 世纪 60 年代，以工业革命为起点的西方现代化对机器生产与交通运输的变革，改变了资本主义生产方式与国际贸易交往方式。机器大工业与市场经济相结合的生产方式在全球的扩展，促使现代意义上的国际贸易与世界市场得以形成。正如马克思、恩格斯在《共产党宣言》中指出："资产阶级，由于开拓了世界市场，使一切国家的生产和消费都成为世界性的了……过去那种地方的和民族的自给自足和闭关自守状态，被各民族的各方面的互相往来和各方面的互相依赖所代替了。"② 20 世纪中叶，在以计算机与原子能为标志的第三次工业革命与科技革命到来之际，以美国为首的西方发达国家主导开启了"超级全球化"的高速全球化进程，贸易自由化程度进一步提高、知识技术创新不断发展、跨国公司不断改变着全球市场竞争格局，全

① 习近平：《干在实处　走在前列——推进浙江新发展的思考与实践》，中共中央党校出版社 2006 年版，第 50 页。

② 《马克思恩格斯文集》第二卷，人民出版社 2009 年版，第 35 页。

球经济贸易秩序不断重塑。近年来，国际贸易遭遇逆全球化思潮冲击，大国间相互竞争的局面愈发严峻，致使全球经济增长放缓、世界不平等加剧，更多发展中国家在大国竞争中的处境愈发艰难，被迫进行不平等贸易与低端产业分工。

比较优势理论作为解释国际贸易与分工的西方主流经济学理论，与新自由主义思潮相结合构成了西方传统的国家贸易理论。比较优势理论最早可以追溯到亚当·斯密的绝对利益学说，他以国际分工理论为基础讨论了国际自由贸易的基础与模式："只要甲国有此优势，乙国无此优势，乙国向甲国购买，总是比自己制造有利。"① 大卫·李嘉图突破了斯密一国必须具备绝对优势才能参与国际贸易的前提假设，提出了"两个国家、两种产品、一种生产要素"的比较利益学说，奠定了比较优势理论的核心思想，被萨缪尔森奉为"经济学中最深刻的真理之一"②。此后，比较优势理论的追随者约翰·斯图亚特·穆勒提出了相互需求理论、赫克歇尔与俄林提出了要素禀赋论、保罗·克鲁格曼提出了产业内贸易学说等理论，这些理论对比较优势理论的理论缺陷与不足进行了修补。时至今日，比较优势理论在国际贸易理论中仍然具有巨大的影响力，并被一部分发展中国家奉为圭臬。不可否认，比较优势理论具有一定的理论解释力，它强调基于本国要素禀赋参与国际分工能生产出最适合本国的产品，借助国际贸易商品交换的手段能使贸易双方获得更大效益。但几十年来的全球化发展困境证明，所谓"更大效益"是极其短暂的，看似"双赢"的理论背后暗含了严重的缺陷。③

---

① ［英］亚当·斯密：《国民财富的性质和原因的研究》下卷，郭大力、王亚南译，商务印书馆 1996 年版，第 30 页。

② ［美］保罗·萨缪尔森、威廉·诺德豪斯：《经济学》（第十六版），萧琛等译，华夏出版社 1999 年版，第 561 页。

③ 周文、包炜杰：《经济全球化辨析与中国道路的世界意义》，《复旦学报》（社会科学版）2019 年第 3 期。

依据比较优势的理论逻辑，发达国家拥有雄厚资本与技术垄断，必然处于全球产业链价值链顶端，而发展中国家拥有较为丰富的自然资源或者更低的人力资源成本，应当从事劳动密集型产业、出口低附加值产品。从国家竞争来看，发展中国家通过比较优势能获得短期利益，其比较优势的实现完全依赖价格竞争而非产业技术优势，长期来看会掉入“比较利益陷阱”①，导致全球产业链价值链的低端锁定效应，难以实现国家竞争与国家赶超。在20世纪50年代至70年代，以阿根廷、智利、巴西等代表的拉美国家着力实施进口替代工业化发展战略，进入年均经济增长率为5.5%~6%的高速发展期。但80年代初爆发了债务危机与经济危机，西方发达国家作为债权国迫使部分拉美国家放弃工业化的发展模式，转向新自由主义改革，在“失去的十年”间拉美的年均经济增长率仅为1%。②“比较利益陷阱”导致的产业低端化与依附化加剧了贫困与不平等，以阿根廷为例，其失业率从1990年的8.8%上升到2002年的19.7%③，从拉美“最发达的国家”沦落为“无足轻重”的角色。④

在新自由主义思潮和比较优势理论相结合的现代化“良方”下，自由化和市场化将全球化本末倒置，全球化成了达到目的的手段，为的是进一步固化全球化背景下以资本逻辑为主导的不公正不合理的“中心—外围”世界体系，以捍卫西方发达国家的霸权地位。因此，后发国家在竞争中难以实现赶超，最后的结果只能是陷入“穷国越穷，富国越富”的恶性循环。

---

① 洪银兴：《从比较优势到竞争优势——兼论国际贸易的比较利益理论的缺陷》，《经济研究》1997年第6期。

② 杨建民：《“新自由主义对拉美的影响”研讨会综述》，《拉丁美洲研究》2007年第6期。

③ Grugel J. and Riggirozzi P., *Post—neoliberalism in Latin America: Rebuilding and reclaiming the State after crisis*, Development and change, 2012, 1.

④ 吴洪英：《智利和阿根廷新自由主义改革与社会转型的成败》，《拉丁美洲研究》2005年第5期。

（二）基于竞争优势理论的中国式现代化阐释

以比较优势理论为内核的传统国际贸易理论与新自由主义全球化，进一步加深了诸如全球发展严重失衡、国际垄断资本剥削加深、世界经济增长乏力的全球发展困境。[①] 发展中国家在现代大国竞争格局与静态国际分工格局下，在比较优势理论的桎梏中难以摆脱对发达国家的依附以获得独立发展。现代国家竞争的本质是国家综合竞争力的比较。习近平总书记指出："世界区域经济发展的经验证明，一个资源优势并不突出的地区，完全可以通过增强国际竞争力，充分利用全球资源和市场，在竞争中脱颖而出；而一个单纯依靠资源等比较优势发展起来的地区，如果不注重培植新的竞争优势特别是国际竞争优势，也会在残酷的竞争中处于不利地位，从而走向衰败。"[②] 因此，摆脱比较优势思维定式，转而寻找更好的替代性理论指导国家竞争优势的培育，既符合中国式现代化的国家竞争需要，更是世界各国尤其是发展中国家应对全球化与现代化浪潮的应有之义。

国内外学者在认识到比较优势理论局限性的同时，转向以竞争优势为分析基础，结合各国现代化的具体国情，探索在新型全球化大国竞争背景下的现代化新路径。国家竞争优势理论最早由哈佛大学教授迈克尔·波特正式提出，他在《国家竞争优势》一书中构筑了以生产要素状况、本国需求条件、相关与支持性产业、公司战略、结构和竞争对手、机遇、政府六大生产要素为核心的"钻石体系"。[③] 相较于比

---

① 肖玉飞、周文：《逆全球化思潮的实质与人类命运共同体的政治经济学要义》，《经济社会体制比较》2021 年第 3 期。

② 习近平：《干在实处　走在前列——推进浙江新发展的思考与实践》，中共中央党校出版社 2006 年版，第 50—51 页。

③ ［美］迈克尔·波特：《国家竞争优势》，李明轩、邱如美译，华夏出版社 2002 年版，第 67—69 页。

较优势理论的静态假设前提，竞争优势理论与之最大的不同在于其理论前提为“动态与不断进化的竞争”[①]，强调国家层面竞争力就是国家生产力，以一定的综合性与动态性增强了贸易理论的适用性，为后发国家利用技术创新因素、政府作用培育竞争力与竞争优势实现现代化“赶超”提供了理论借鉴。

自 21 世纪初开始，关于两种理论的争议从未停歇，其中反对竞争优势理论的观点包括：竞争优势是管理学的核心概念而非经济学的核心概念、将李嘉图外生技术比较优势的内生化能够克服传统比较优势的弊病、比较优势本质是理性选择的机会成本等。[②]

首先，如批判观点所分析的“‘为什么有的国家富裕而有的国家贫穷’是经济学的核心议题”[③]，国家竞争优势理论正是从国家层面分析产业对国家经济发展的影响，而后对国富国穷的原因给出了解释，应从理论的实践解释力而非以简单甚至错误的学科划分标准对理论进行否定。其次，比较优势理论最大的弊病在于其西方经济学话语范式内生的意识形态与科学性的悖论。[④] 将李嘉图外生技术比较优势内生化是对比较优势理论缺陷的极大补充，但并不能改变比较优势理论基于工具理性与资本逻辑以维护西方发达国家资产阶级全球霸权统治的理论构建目标。在比较优势理论形而上的“科学性”下，发达国家实现了攫取更多的利益，而发展中国家在数学模型中实现了所谓的“最优”，在现实中深陷“比较利益陷阱”的发展困境。最后，比较优势理论作

① 周文、冯文韬：《经济全球化新趋势与传统国际贸易理论的局限性——基于比较优势到竞争优势的政治经济学分析》，《经济学动态》2021 年第 4 期。

② 林毅夫、付才辉：《比较优势与竞争优势：新结构经济学的视角》，《经济研究》2022 年第 5 期。

③ 同上。

④ 周文、司婧雯：《中国自主的经济学知识体系：渊源、新议题与新方向》，《河北经贸大学学报》2023 年第 2 期。

为“舶来品”必然对中国式现代化的理论解释力与实践适用性存在一定不足。但以基于竞争优势的包容性全球化新理念为核心的国家竞争理念对我国实现现代化发展具有更强解释力与指导意义，也更契合未来全球化的共同理念与发展方向。①

习近平总书记指出：“中国式现代化，是中国共产党领导的社会主义现代化，既有各国现代化的共同特征，更有基于自己国情的中国特色。”② 将竞争优势理论运用于中国式现代化实践，必须结合我国国情，以培育出具有长久竞争力的综合竞争优势。当前越来越多的学者将竞争优势作为分析的基础，探讨中国通过国际贸易与国际竞争实现经济赶超与现代化的方式和路径。裴长洪等人认为应当重视综合性与历史过程的“优势叠加”，中国制造业国际竞争力持久不衰主要依靠的是劳动要素、开放合作、基础设施和产业配套、大规模市场、技术创新五种优势演进叠加的综合竞争合作优势。③ 冯根福等人提出由要素禀赋、工业化基础、国家相互开放度、经济体制四个综合要素有机整合而成的“动态国家综合要素竞争优势”，有效推动和实现了经济的长期快速增长。④ 总体而言，依靠国家竞争优势实现中国式现代化，应当在开放的环境中充分利用国际国内市场获取资源，在有效发挥政府与市场作用下，利用技术创新内生形成生产能力并塑造独有的产业竞争优势，推动经济高质量发展。

---

① 周文、冯文韬：《经济全球化新趋势与传统国际贸易理论的局限性——基于比较优势到竞争优势的政治经济学分析》，《经济学动态》2021 年第 4 期。

② 习近平：《高举中国特色社会主义伟大旗帜　为全面建设社会主义现代化国家而团结奋斗——在中国共产党第二十次全国代表大会上的报告》，人民出版社 2022 年版，第 22 页。

③ 裴长洪、刘斌、杨志远：《综合竞争合作优势：中国制造业国际竞争力持久不衰的理论解释》，《财贸经济》2021 年第 5 期。

④ 冯根福、王珏帅、郑明波：《“动态国家综合要素竞争优势理论”与中国长期经济增长》，《当代经济科学》2022 年第 6 期。

二、以国家竞争优势推动中国式现代化的现实基础

（一）国家生产力是中国式现代化国家竞争力的根本来源

波特认为，国家层面“竞争力”的唯一意义就是国家生产力。[①] 中国式现代化的实质是具有中国特色的社会主义现代化，社会主义的根本任务是要解放生产力、发展生产力。新中国成立以来特别是改革开放以来，党带领人民坚持生产力与生产关系的矛盾运动规律，不断调整生产关系以适应生产力发展：一方面，建立工业体系，以更快的速度促进生产力发展；另一方面，推进工业转型升级，实现更高质量促进生产力发展。国家生产力的跨越式发展是大国竞争中提升国家竞争力、培育国家竞争优势的基础，是实现中国式现代化、推动新型经济全球化发展的重要力量。

工业体系的建立为快速培育国家竞争力奠定了产业基础。工业基础薄弱、工业生产能力低下，是广大发展中国家生产力落后的主要原因。拉美国家在20世纪80年代过早滑向“去工业化”，致使到了2021年拉美地区的初级产品在出口贸易中的占比达54.2%，阿根廷更高达86.1%。[②] 因此，提升国家工业生产能力是发展中国家实现现代化的必然过程。比较优势理论所指出的发展中国家的工业化道路对后发国家早期进行资本、技术累积具有一定的作用，但其理论前提难以适应我国现代化的发展现实，我国的现代化更多遵循竞争优势的发展逻辑。新中国成立之初，我国面临着内忧外患：一方面，国内产业以传统农

① ［美］迈克尔·波特：《国家竞争优势》，李明轩、邱如美译，华夏出版社2002年版，第1页。

② “Economic Commission for Latin America and the Caribbean”, *Statistical Yearbook for Latin America and the Caribbean* 2022, United Nations, 2023, p. 43.

业为主，工业尤其是现代性工业建设落后，工业体系尚未形成，工业产值在工农业总产值中仅占17%；[①] 另一方面，国内资本不足，同时面临西方国家的经济封锁。在相对封闭的环境下，依靠劳动力、土地资源等要素禀赋的比较优势继续从事传统农业与轻工业，难以支撑国家的发展要求。在朝鲜战争与国内建设迫切的背景下，党和国家领导人着手实施重工业优先战略，酝酿“一五计划”。正如毛泽东所说：“这一计划的重点是用一切方法挤出钱来建设重工业和国防工业。”[②]

工业转型升级为国家生产力高质量发展提供了发展动力。中国式现代化既不是“去工业化”，更不是不惜一切代价的“工业化”，而是超越西方工业文明范式体现系统思维的现代化。[③] 在培育国家竞争力、促进生产力提升的过程中，既要看到部分发展中国家因“去工业化”、产业低端而陷入“比较优势陷阱”，也要看到西方现代化以发展中国家利益与全球生态环境为代价的不惜一切“工业化”的危害。改革开放以来尤其是党的十八大以来，我国在现代化道路上摆脱西方现代化发展范式，基于我国国情，走渐进式、集约式、高效益的新型工业化转型升级道路，为不断提升国家综合竞争力奠定了坚实基础。这些具体体现在两方面：一方面，回归劳动价值生产原则，打破金融资本无限增殖逻辑，实施创新驱动发展战略，以科技自主创新与产业自主升级大力发展实体经济，以创新发展理念推动生产力高质量发展。另一方面，中国式现代化是人与自然和谐共生的现代化，以绿色发展理念引领工业化转型升级，实现工业文明与生态文明的有机统一。当前我国在新型工业化转型升级建设上已取得丰硕成果，成为世界第一制造业

---

① 董志凯：《中国工业化60年——路径与建树（1949—2009）》，《中国经济史研究》2009年第3期。

② 《中共中央文件选集（1949年10月—1966年5月）》第七册，人民出版社2013年版，第297页。

③ 周文、施炫伶：《中国式现代化与人类文明新形态》，《广东社会科学》2023年第1期。

大国、第二大经济体，国家生产力向高质量发展迈进，国家竞争优势得以动态发展，在大国竞争格局下有了坚实的物质基础。

（二）高效的国家治理是中国式现代化国家竞争力的基础保障

国家治理高效是确保生产关系不断适应生产力发展、上层建筑不断适应经济基础的内在要求，是维持大国现代化竞争力的基础保障。在全球化与现代化交汇之际，国家竞争不再是经济总量或军事实力单一向度的比较，已演变成国家综合竞争力的衡量，而大国竞争制胜的关键就在于国家治理。改革开放40多年来，我国在社会主义市场经济体制下开辟了一条中国共产党总揽全局、协调各方的中国特色社会主义道路，切实将社会主义制度优势转化为治理效能，形成良政善治的局面，为培育国家综合竞争优势奠定了组织优势、力量优势与政治优势。

强大的国家治理能力是培育国家综合竞争优势的根本抓手。国家治理能力是增强国家综合国力、调动国家资源、发挥制度优势的关键力量，是决定国家综合竞争优势能否形成的关键因素。只有强大的国家治理能力，才能通过资源动员、创新引领与风险控制以获取治理绩效，为国家竞争奠定良好基础。究其原因有三：其一，国家竞争是以各国资源禀赋为基础的全面而持久的竞争，国家治理能力强大才能有效汲取和调控国家资源，将资源优势转化为国家综合竞争优势；其二，国家综合竞争优势的动力来源于全面创新，国家治理能力的创新引领作用既体现在运用新型举国体制实现科技创新推动生产效率提升，也体现在国家组织形式与制度的创新发展；其三，全球化背景下的国家竞争面临着百年未有之大变局，只有强有力的国家治理能力才能提供稳定的风险控制能力，才能为国家经济发展与竞争优势培育谋求安全稳定环境。习近平总书记指出："当前，党和国家各方面工作越来越专业化、专门化、精细化，国家治理能力既体现在我们把方向、谋大局、定政策、促改革的综合能力上，也体现在我们处理每一个方面事情和每一项工作的具体本领上。"① 当前，我国不断深化党和国家机构改革，以提升国家治理能力，切实增强制度执行力，将中国特色社会主义制度优势转化为国家治理效能，为培育国家综合竞争优势奠定了强大的国家治理能力。

科学的国家治理体系是发挥国家综合竞争优势的制度保障。我国国家治理体系是在党的领导下管理国家、规范社会权力运行、维护公共秩序的制度体系，还包括治理主体、治理规则、治理原则等体系化治理要素。习近平总书记指出："当今世界正面临百年未有之大变局，国与国的竞争日益激烈，归根结底是国家制度的竞争。中国发展呈现出'风景这边独好'的局面，这其中很重要的原因就是我国国家制度和法律制度具有显著优越性和强大生命力。"② 国家制度竞争是当代大国竞争的核心，没有科学的国家治理体系通过一系列制度设计发挥国家能力，国家综合竞争力就难以发挥，国家竞争优势也难以培育。经过 70 多年的中国道路探索，中国式现代化下的中国特色社会主义制度与国家治理体系已经不同于西方现代化的治理体系。我国通过国家构建与更好发挥政府作用，形成了"党、政府、市场"的稳定治理结构，进一步印证了我国国家治理体系的科学性与有效性，为国家竞争优势的培育提供了制度保障。

三、推进中国式现代化的重要着力点：培育国家竞争优势

（一）以创新发展驱动生产力内涵型增长

竞争和创新是经济全球化新趋势的主题。在全球经济遭遇"逆全

---

① 中共中央党史和文献研究院编：《习近平关于力戒形式主义官僚主义重要论述选编》，中央文献出版社 2020 年版，第 135 页。

② 习近平：《论坚持全面依法治国》，中央文献出版社 2020 年版，第 265 页。

球化”潮流时，经济增长动能亟待转换，依靠国际循环的外延型经济增长路径的动力已显不足，以追求生产力高质量发展为目标的内涵式增长成为新型经济全球化下各国实现现代化发展的新路径。习近平总书记指出：“综合国力竞争说到底是创新的竞争。”① 创新作为中国式现代化建设全局的核心，是国家竞争的制胜关键。一方面，科学技术、制度、体制等方面的创新能有效推进生产方式变革，提升国家竞争力，进而推进现代化进程；另一方面，全球大国竞争格局也迫使我国进一步解放和发展生产力、调整生产关系，不断促进创新发展。以创新发展驱动生产力发展实现内涵型增长，既是培育国家竞争优势的关键因素，更是实现中国式现代化的必然发展路径。

自主创新是我国培育国家竞争优势的根本动力。随着工业化的持续推进，单纯依靠资源禀赋与技术模仿学习的“不对称赶超”已难以维持竞争优势。各国要进一步维持本国产业的国际竞争优势存在两条路径：一是打压竞争对手，凭借技术与资本垄断地位实施“断链”“脱钩”，实现产业回流，以达到竞争目的；二是依靠自主创新推动技术进步，实现关键核心技术突破与生产效率提升，以获取竞争优势。随着国际金融垄断资本的高度发展，以美国为首的发达国家经济“脱实向虚”越发严重，呈现高度金融化趋势。在面对高新技术产业绝对优势逐渐丧失的背景下，美国为维护其工业技术霸权地位，直接动用国家机器强力打压他国科技企业与科技创新以获得竞争优势，维持其超额垄断利益。习近平总书记指出：“不论经济发展到什么时候，实体经济都是我国经济发展、在国际经济竞争中赢得主动的根基。”② 中国式现代化是走和平发展道路的现代化，中国不依靠打压别国以获取竞争优

① 中共中央文献研究室编：《习近平关于科技创新论述摘编》，中央文献出版社 2016 年版，第 7 页。

② 中共中央宣传部：《习近平新时代中国特色社会主义思想学习纲要》，学习出版社、人民出版社 2023 年版，第 162 页。

势，而是专注自身发展、提升生产力。国家竞争优势的培育应以实体经济发展为重点，依托新型举国体制，发挥集中力量办大事的制度优势和超大规模市场优势，整合政府、企业等多元主体参与关键核心技术攻关，以自主创新实现生产方式变革，推动中国式现代化与经济高质量发展。

产业升级是我国培育国家竞争优势的重要方式，只有将科技创新成果落实到产业发展上，才能真正形成经济社会发展的动力与国家竞争力，进而推动现代化发展。当前世界新一轮科技革命和产业革命正在孕育兴起，牢牢把握产业革命大趋势是我国在顺应历史潮流、把握时代机遇下推动产业优化升级以培育国家竞争优势的根本方向。从竞争优势理论出发，产业优化升级的前提是使制造业的产业资本拥有自我增殖能力，关键在于提高产业竞争力并培育竞争优势。具体来看，应从国家竞争优势特点出发。首先，注重发挥产业结构的作用。竞争优势形成的前提是产业结构平衡，要突破要素禀赋结构决定产业结构进而决定生产力的定式思维，以提高生产力和生产效率为导向，以科技创新弥补要素禀赋不足，倒逼产业结构调整，避免出现中高端产品不足、低端产品过剩的局面。其次，以服务国家战略为目标。在培育竞争优势过程中应以具有核心竞争力的主导产业为主攻方向，围绕产业链部署创新链，发展科技含量高、市场竞争力强、带动作用大、经济效益好的战略性新兴产业。再次，寻求更广阔的国际合作空间。注重具有中国特色的国家竞争优势培育，加强相关产业的资本和技术密集度，提升产业专业化优势，在国家竞争中谋求更大贸易合作空间。通过自主创新与产业升级的内涵型增长形成具有全球竞争力的产业，获取竞争优势与全球市场份额，进一步促进自主创新与产业升级，形成“自主创新+产业升级”与“国家竞争优势”相互促进的正向循环。唯有如此，才能真正形成国家竞争力与竞争优势，以实现中国式现代化的发展目标。

（二）更好发挥政府作用，助力生产关系调整和完善

竞争优势的塑造要求更好地发挥政府作用。中国改革开放以来取得的成就，不仅在于借鉴西方国家的市场化改革经验，更重要的是政府效能的提升和国家治理体系、国家治理能力现代化的建构。① 依靠自由市场理念所信奉的自发运转的市场规律与既有要素禀赋结构的比较优势结合所形成的国家竞争力，在短期内确实能实现快速且显著的经济增长。但更深层次的、更长远的发展，势必要求政府主动参与并更好发挥作用。尤其在经济全球化呈现新趋势的今天，大国竞争是综合国力的竞争，政府作用更加不容忽视。政府既能纠正市场运行过程中的负面作用、防止过度市场化的发展陷阱，又能推动引领国家实现创新发展。政府和市场的有机结合是形成高水平创新能力、保障国家竞争优势最优模式，因此，更好发挥政府作用是应用竞争优势理论推进中国式现代化的必要条件。

从世界市场看，政府在国家竞争中的作用在于克服世界市场带来的负外部性，为创新发展提供良好的内部市场环境。随着新自由主义全球化的发展，资本主义经济殖民形态的强化与国际分工体系的固化使得国际垄断资本统治秩序日益深化。技术创新，尤其是颠覆性技术创新，会极大影响既有产业的分布与利润分配格局。西方资本主义国家为维护既有商业利益格局、保持现有竞争优势，通常会采用抑制别国产业技术创新与竞争优势形成等手段，来阻碍他国的创新活动与国际贸易。政府的主动干预能有效克服负外部性对市场和创新活动的消极影响。首先，政府从顶层设计出发，通过宏观经济治理手段加强市场信息流通与抑制不正当竞争，有效提升风险抵御能力，降低全球市

① 周文、李超：《中国奇迹何以发生：基于政治经济学解释框架》，《经济学动态》2022年第11期。

场特定产业领域的恶性竞争对我国相关产业创新的不利影响，以维持国家内部市场创新能力的稳定。其次，政府是解决关键核心技术受制于人的重要力量。发挥好社会主义集中力量办大事的制度优势，离不开政府的宏观调控作用。可利用新型举国体制充分调配经济资源来推动关键核心技术攻关与战略性新兴产业发展，从而摆脱西方国家技术垄断引发的关键技术“卡脖子”等问题。再次，各国政府是推进全球治理高质量发展的主体。国家经济竞争实则内含政治关系与军事安全等多方面的综合竞争，只有更好地发挥各国政府力量，共同推进全球治理格局与经济秩序的正常化、国家竞争的公平化，才能从根本上抑制负外部性从创新领域向更多领域蔓延，真正实现全球生产力的发展。

从我国市场看，政府可通过宏观政策调控激发市场创新活力，为创新发展提供长期保障。中国式现代化的重要创新在于政府与市场的有机结合，既激发了市场微观主体的生产积极性与创新活力，又承载和表达了国家意志和发展目标。政府的参与为竞争优势的培育提供了宏观保障，为创新活动做出短期政策调整与长期发展准备。短期来看，政府可以通过产业政策调整与统一市场建设，降低创新活动制度性成本、优化创新环境，更好地建立竞争优势。一方面，政府可以通过政策的制定与执行，建立微观激励机制，保障创新者取得创新知识产权的合理收入；另一方面，政府在推动全国统一大市场建设上具有重要作用，有助于打通地方市场壁垒、促进创新要素市场流动畅通，降低企业进行技术创新活动的制度性交易成本与营商成本。长期来看，政府除了宏观政策调控外，在创新人才培养和基础设施建设、前瞻性产业布局等方面对形成竞争优势发挥着不可替代的作用。首先，政府是创新人才培养的重要支撑。竞争优势的形成需要更多创新人才参与，这离不开政府对教育的政策支持、平台建设与财政投入。政府通过降低全社会教育成本与提升平均受教育年限，推动人口红利向人才红利转化，为创新活动提供高质量的人才支持。其次，政府可为生产性基础设施的有效供给提供保障。基础设施作为国家竞争优势理论的生产要素之一，对提升生产效率继而形成国家竞争优势具有重要作用。政府对生产性基础设施供给的保障作用能够有效摒除要素资源禀赋结构对产业升级的限制，突破比较优势的创新活动瓶颈。再次，政府可以通过顶层设计与全面布局对创新活动进行最优配置，加快创新成果落地。相较于市场存在的利益短视与资本无序扩张等问题，政府能够通过长期性、前瞻性、战略性产业布局实现可持续创新。最后，政府是产学研一体化的推动者，对以最低社会成本实现科技创新成果落地进而形成竞争优势具有重要推动作用。

四、基于竞争优势的中国式现代化实践路径

（一）发挥制度优势，推进政府与市场协同作用

在推进中国式现代化的进程中，我国一方面形成了党对经济工作的集中统一领导、社会主义基本经济制度、社会主义市场经济体制下的新型举国体制等社会主义制度优势，另一方面培育出具有人口规模巨大、国土空间辽阔、要素资源丰富、产业体系健全、经济总量庞大等特征的超大规模市场优势。历史经验表明，只有有效发挥政府与市场协同作用，才能更好发挥国家竞争中的既有制度优势与市场优势，并创造新的竞争优势，推动实现中国式现代化。

发挥超大规模市场优势，形成竞争优势。一是充分利用超大规模市场的要素禀赋优势。发挥超大规模市场对全球创新资源的虹吸效应，利用好国际国内两个市场、两种资源培育竞争优势。推动创新人才培育，发挥中国式现代化超大规模人口优势，推动人口红利向人才红利转变。立足竞争优势转变产业发展逻辑，从资源禀赋结构导向转变为国内外市场需求导向，把握国内庞大内需，将既有传统要素禀赋优势

同高新技术产业相联系，形成更高质量的竞争优势。二是发挥好国有企业与民营企业等市场主体的创新作用。要发挥国有企业对关键领域生产资料的占有优势，配合政府的行政调节手段，对面向国家需求的战略性产业进行重点创新，以更快培育竞争优势。同时，民营企业作为科技创新发展的重要力量，要从技术和管理创新两方面实现转型升级，激活自主创新活力。三是加快建设全国统一大市场。优化国内市场营商环境，完善市场基础制度规则，建立健全知识产权创新保障机制与市场监管规则，培育形成市场自主创新氛围。畅通商品与要素资源流通，为创新活动提供更优条件，既要加强市场设施高标准联通，也要推进资本、劳动力、技术等创新要素统一市场的构建。四是加强地方合作，破除地方市场保护主义与区域壁垒，共育国家竞争优势。要处理好中央与地方关系，在保障国家利益的同时推动地方发展；加强地方合作，因地制宜、取长补短，发挥区域市场产业集群优势，共同推动国家竞争优势的形成。

利用社会主义制度优势，培育竞争优势。首先，坚持和完善党的领导。中国式现代化不是一味追求对西方国家的赶超，而是在党的领导下基于我国国情的跨越式发展。国家竞争优势的形成务必要坚持和完善党的领导，唯有发挥党对经济工作的集中统一领导，才能有效统筹政府与市场的关系，在深化对党的执政规律、社会主义建设规律与人类社会发展规律认识的过程中，实现国家竞争能力提升。其次，坚持和完善基本经济制度。基本经济制度“既体现了社会主义制度优越性，又同我国社会主义初级阶段社会生产力发展水平相适应，是党和人民的伟大创造”①。作为处理政府与市场关系的基础，基本经济制度从生产资料所有制、收入分配方式、经济运行关系三方面保障市场经

① 《中国共产党第十九届中央委员会第四次全体会议文件汇编》，人民出版社 2019 年版，第 38 页。

济的高效运行与创新活动的有效实施。再次，利用新型举国体制突破形成竞争优势的制约因素。新型举国体制，其“新”的突出特点就在于社会主义市场经济体制下政府与市场的良性互动，体现了社会主义集中力量办大事的制度优势，是中国式现代化资源配置形式的独特制度创新，通过政府的顶层设计与市场高效配置资源的配合，能够更好推动科技创新形成竞争优势。

（二）建立现代化产业体系，推进内生性竞争新优势

现代化产业体系是现代化国家的物质技术基础，是经济实现内涵型增长、高质量发展的产业支撑，是中国式现代化的产业根基。竞争优势的形成离不开产业体系的现代化：一方面，构建起现代化产业体系才能在关键领域形成具有世界先进水平的生产力，以高水平创新获取竞争优势；另一方面，国家竞争优势与中国式现代化道路都具有动态发展的特点，不能简单照搬西方工业化，而应当立足我国发展现实，将发展重点放在实体经济上，建立实体经济、科技创新、现代金融与人力资源协同发展的产业体系。当前我国现代化产业体系建设还存在明显不足，主要表现为产业基础较为薄弱、产业链稳定性和抗冲击能力不足与现代服务业不够发达。为进一步加快形成国家竞争新优势，应当从产业链供应链现代化、战略性新兴产业集群式发展、基础设施体系现代化、数字经济与实体经济融合发展等四个方面着力建设自主可控、安全可靠、竞争力强的现代化产业体系。

一是提升产业链供应链现代化水平，整体提升国家产业竞争力。我国产业链整体呈现大而不强、宽而不深，在国际分工环节处于中低端的位置，因此要从两个方面提升战略性资源供应保障能力，巩固并提升我国产业竞争优势。一方面要巩固传统优势产业的领先地位，推动传统产业向高端化、智能化、绿色化发展；另一方面也要加快补齐关涉国家安全相关产业的短板，避免国家竞争中关键核心技术受制

于人。

二是推动战略性新兴产业集群发展，推进关键产业形成竞争新优势。波特提出："产业是研究国家竞争优势时的基本单位。一个国家的成功并非来自某一项产业的成功，而是来自纵横交织的产业集群。"① 党的二十大报告强调要推动战略性新兴产业融合集群发展，这不仅是应对逆全球化思潮的主动举措，更是对新一轮科技革命和产业革命新机遇的把握。一方面，要推动新一代信息技术、人工智能、高端装备等新兴产业融合发展形成新的增长引擎，发挥产业集群的乘数效应，形成国家竞争优势，加快推动中国式现代化的实现步伐；另一方面，更好发挥党和政府对国家发展的顶层设计作用，构建产业集群梯次发展体系，进一步优化生产力布局和分工，实现产业间优势互补、有效链接。

三是构建现代化基础设施体系，为竞争优势培育提供基础保障。现代化基础设施体系作为现代化产业体系的"硬件"基础，在部分环节和领域同我国安全与发展需求不相适应。因此，需要进一步优化基础设施布局、结构、功能和系统集成，以现代化基础设施体系破除竞争优势障碍。既要加大新型基础设施投资力度，加快 5G 网络、数据中心等新型基础设施建设，为科技创新活动充分提供广阔平台，也要加强国家安全基础设施建设，提升产业弹性与韧性，保障国家安全与竞争优势可持续。

四是推动数字经济与实体经济融合发展，打造竞争优势培育新引擎。数字经济是形成国际竞争新优势的重要抓手，是推进中国式现代化的重要力量，一方面要推动数字产业化，加快数字基础设施建设与数字经济新技术新业态新模式推广，推动数字技术原始创新，把握数

① ［美］迈克尔·波特：《国家竞争优势》，李明轩、邱如美译，华夏出版社 2002 年版，第 69 页。

字产业这一竞争新优势发展机遇；另一方面要推动产业数字化，以数字技术赋能传统产业，驱动实体经济实现数字化转型，以数字经济与实体经济融合发展内生创造竞争新优势。此外，还要发挥数字技术赋能经济治理作用，在支持数字企业做大做优做强的同时，促进平台经济持续规范健康发展，进一步创新市场活力。

（三）加快构建新发展格局，保障竞争优势与安全

构建新发展格局最本质的特征是实现高水平的自立自强，以创新驱动持续保障国家竞争优势与安全，为推动经济高质量发展、实现中国式现代化奠定坚实基础。构建以国内大循环为主体、国内国际双循环相互促进的新发展格局，通过生产、分配、交换、消费四个环节的有机统一，有效畅通经济循环堵点，促进国民经济发展与竞争优势培育。一方面激发了超大规模市场优势和内需潜力，更大程度释放了创新活力，促进培育更多竞争新优势；另一方面统筹了经济发展与国家安全，保障产业链供应链安全可靠，实现竞争优势的可持续。因此，要将新发展格局作为把握未来发展主动权的战略性布局，以内涵型增长战略持续保障竞争优势与安全。

构建新发展格局必须把扩大内需战略和创新驱动发展战略有机结合起来，以国内大循环推动内生形成国家竞争新优势。一方面，要加快培育完善的内需体系、建立和完善扩大居民消费的长效机制，扩大我国中等收入群体比重，通过完善收入分配、推进公共服务均等化等措施提升居民整体消费实力与消费意愿；另一方面，要深化供给侧结构性改革，着力以创新驱动生产力发展，从而满足人民日益增长的美好生活需要，提升全要素生产率，在提升高端产品供给匹配庞大市场内需的同时，通过发挥市场作用与弘扬企业家精神激励企业自主创新，以大众创新加快产业链供应链创新，促进形成产业竞争优势。

构建新发展格局必须实行高水平对外开放，以国内国际双循环安

全发展保障国家竞争优势。首先，加快建设多元平衡、安全高效的全面开放体系。坚持开放合作，在发挥国内大循环主体作用塑造竞争新优势的同时，充分利用国际市场资源和技术，提升我国生产效率与技术水平，实现更高质量的发展与创新。其次，以新安全格局保障新发展格局。在新型全球化背景下，维护经济安全是保障国家安全的基础：既要主动塑造“于我”有利的外部安全环境，在开放中推动发展和安全深度融合，防范化解各类重大风险，保障国家竞争力可持续；也要推进维护和塑造国家安全手段方式变革，强化科技自立自强，发挥科技赋能对国家安全的战略支撑作用，以国家安全体系和能力现代化推动竞争优势长盛不衰。再次，以维护产业安全作为保障竞争优势的重中之重。既要以全球视野加强顶层设计，增强产业政策协同性，以“竞争促增长”；也要实施产业安全强链工程，在关涉国家安全发展领域产业加快补齐短板，更大程度维护国家利益与安全。

（周文，经济学博士，复旦大学特聘教授，复旦大学马克思主义研究院院长，马克思主义经济学中国化研究中心主任、博士生导师，教育部“长江学者”特聘教授；李吉良，复旦大学马克思主义研究院博士研究生）

第十六篇 中国式现代化背景下农村社会治理促进高质量发展的现实进路

◎李　锋　姜梦倩

一、研究背景

农村社会治理是连接乡村全面振兴和基层治理现代化的桥梁，也是实现中国式现代化下农村发展从弱到强、提质增效的重要依托。党的二十大报告再次强调了“以推动高质量发展为主题”，完善社会治理体系，健全共建共治共享的社会治理制度。[①] 国务院发布《“十四五”推进农业农村现代化规划》，明确指出要加强和创新乡村治理。[②] 引领农村社会治理促进高质量发展，一方面依赖于治理体系架构的完善，建立现代乡村社会治理体制；另一方面需要回应人民需求，保证社会秩序，激发社会活力。中国式现代化诠释了乡村治理现代化的价值追

① 习近平：《高举中国特色社会主义伟大旗帜　为全面建设社会主义现代化国家而团结奋斗——在中国共产党第二十次全国代表大会上的报告》，人民出版社 2022 年版，第 52 页。

② 《“十四五”推进农业农村现代化规划》，《人民日报》2022 年 2 月 12 日。

求，农村社会治理体现了高质量发展的内在要求，因此，充分发挥基层社会治理效能与现代化追求的高质量发展是一致的。实现农村社会治理现代化不仅在农村治理体系和治理能力现代化建设中具有重要位置，也是促进高质量发展的重要课题。那么，在中国式现代化视域下，基层社会治理如何重构治理优势内核，适配并促进更高质量“中国之治”的发展大势，成为当前亟待研究的议题。

农村社会治理是国家微观的基层治理，是国家治理、政府治理和社会治理共同指向的关键领域。① 当前农村社会治理的逻辑形成了三种认识，分别为制度建设、平台化运作和项目制管理，这是乡村治理模式形成差异化的根源。第一，治理方式强调制度建设。制度是治理的常态工具，是推动基层实现“善治”的必要条件。② 制度建设打破了垂直治理的约束，治理空间由行政空间向共享空间转变，保证了政治议程与行政科层治理体系的一致性，正向着超越科层技术程式化的规范性方向演化。③ 第二，平台化运作的特质突出体现在政府治理中，促进政府和社会的互动关系以及对公众需求的回应，使基层政府的职能结构向多目标发展的方向深度转型。④ 同时，平台化与科层化相互依托，随着现代数字技术的迭代升级，数字平台创新了社会治理模式和权力运行状态，行政科层化逐步走向技术治理，⑤ 平台化运作更为稳定。第三，运动式治理是依赖政治权威体制下的权力实践，需要把握制度化改革与有效性治理之间的平衡。而项目治理是运动式治理实践的体现，

---

① 李燕凌、高猛：《新中国农村基层治理变革的三重逻辑》，《中国农村观察》2022 年第 6 期。

② 伍小乐、罗敏：《价值、技术与制度：社区治理共同体的三维建构》，《湖南科技大学学报》（社会科学版）2023 年第 4 期。

③ 林聚任、陶金钰：《社区研究的本土化之路与中国特色社区建设的实践创新》，《南通大学学报》（社会科学版）2022 年第 3 期。

④ 宋锴业：《中国平台组织发展与政府组织转型——基于政务平台运作的分析》，《管理世界》2020 年第 11 期。

⑤ 陆益龙、李光达：《中国式乡村治理现代化的本质要求与路径选择》，《江苏社会科学》2023 年第 2 期。

意味着越是处于基层的乡镇政府和村级组织，财权小事权大的不平衡性越突出。若越来越多的农村基层工作转化依赖政府主导进行固化的项目分配，则会压缩乡镇社会自主性空间。① 因此，项目制应着力形成与乡村社会多样化需求充分对接的规划机制，制定与乡村治理体系运行效能相匹配的建设规则。

综上所述，既有研究将乡村社会治理的特征归纳为“技术主义”。然而，科层化技术治理模式不完全适合差异性的中国乡村。乡土社会有序运行的社会规则需要不同于技术治理要求的内容，重视标准化与基层治理情境适应性是基层治理转向的关键维度。② 所以，现代化的农村社会治理应尊重农业社会内生稳定的生产生活方式和社会基础，更加具备向高质量发展调整的内涵。③ 鉴于此，本文拟在中国式现代化视域下，着眼于农村基层场域，具体回答以下三个具有递进关系的重要问题：首先，农村社会治理与高质量发展的科学内涵与内在逻辑是什么？其次，何以检视农村社会治理能力，推进治理水平的提质升级？再次，如何在高质量发展中嵌入社会治理要素，以明确契合新时代基层社会治理促进高质量发展？

二、农村社会治理促进高质量发展的多元逻辑

（一）属性定位：中国式现代化赋予农村社会治理的新内涵

1. 以社会性构筑互动关系

社会性是人与人必须产生联系的属性。面对高速变化的现代社会，

---

① 张良：《项目制如何形塑农村基层治理》，《浙江社会科学》2023 年第 5 期。

② 袁方成、郭夏坤：《从“标准化”到“再标准化”：理解基层治理的行动转向——基于 H 镇村级工程流程再造的案例分析》，《行政论坛》2022 年第 6 期。

③ 贺雪峰：《乡村治理现代化：村庄与体制》，《求索》2017 年第 10 期。

社会性承担了现代化治理使命的发展结果和融入目标，是实现高质量发展的价值性社会规范。一方面，社会交往和社会关系的发展促进了乡村建设，即社会性全面系统地支持着基层社会。从实际情况来看，农村社会治理呈现三种基本状态，即政府对于农村基层治理、政府与农村组织和村民的合作共同治理以及社会自治。① 从这个角度讲，社会性是不断挖掘村民群众的禀赋，激发村民群众参与行动，实现从自发联结到社会团结的良性递进的过程。另一方面，治理不是一种正式的制度，而是持续的互动②，其核心标准是“社会资本”，指社会群体通过协调资源、规范和能力的行动提高社会效率③。现代化社会通过促进个体间良性互动、组织形成社会资本，建构社会互助关系与合作行为的治理格局。然而，公民社会力量薄弱是当代社会培育社会性的普遍障碍。④ 长期以来，乡村存在“差序格局”特征，即突出“个体性”和理性化特征，在社会交往中以自我为中心，试图远离社会干扰；又强调社会环境的压力，以关系亲疏远近决定互动频度和深度，制约社会资本的稳定增长。面对治理难以协调个体性需求和社会性需求的困境，社会治理的一个重要任务就是要调动村民主体意识，强调其主体地位。例如，在那些社会基础设施完善、主体治理经验丰富、社会组织效率高的农村，社会关系更能保持相对紧密，也更能有效化解社会矛盾、维护村庄和谐秩序。这是因为其根本目的不仅在于将村庄内群众的“个体性”文化进阶为邻里文化，更在于将本质上属于政府本位的农村“管理”模式的社会认同推向现实层面的基于互动关系的合作“治理”模式，集中彰显社会性对于农村社会治理提质增效的价值与

---

① 王浦劬：《国家治理、政府治理和社会治理的含义及其相互关系》，《国家行政学院学报》2014 年第 3 期。

② 全球治理委员会：《我们的全球伙伴关系》，牛津大学出版社 1995 年版，第 2 页。

③ ［美］罗伯特 • D. 帕特南：《使民主运转起来：现代意大利的公民传统》，王列、赖海榕译，中国人民大学出版社 2015 年版，第 14 页。

④ 张振波：《论协同治理的生成逻辑与建构路径》，《中国行政管理》2015 年第 1 期。

应用。

2. 以公共性传递共同协作

“公共性”在治理的语境下可理解为社会秩序和活力兼顾的社会协作状态。[①] 农村社会正在经历从“机械团结”过渡到“有机团结”的阶段[②]，对公共性的潜在需求越来越强烈，在农村社会环境和制度环境的既定条件下，培育社会治理的公共性主要受基层自主空间有限与社会流动加剧两方面影响。一方面，基层政府行政化往往会压缩农村社会的自治权，限制自主发展空间，基层组织与农民无法有效对接，削弱基层社会组织力和动员力。另一方面，村级社会“老龄化”“空心化”，渐渐流失精英人才的决策力和执行力，易引发社会治理动力不足和资源依赖等难题。因此，公共性是基于共同体协作的社会关系，塑造公共性是社会治理的重要基础和未来使命。在宏观层面，农村公共性在“社会”维度上离不开正式的“规则”和“底线”，尤其是在复杂难题和基础问题上，比如在农村社会的福利增量、资源分配、利益关系等方面，更需要以公共性为目标的刚性约束。在微观层面，培育公共性最直接的抓手就是向基层下沉，在村庄内部平等包容地吸纳治理主体的多方面诉求，并将符合农村社会治理规律的诉求以公平公正的方式予以落实，避免社会结构“分散化”。这些举措理论上可依靠行政推力实现，但相较而言，乡村是村民的生活空间，村民和村庄社会组织更能在日常活动中直接形成内生性力量：村民与村庄之间在公共生活中不断积累高密度、高频次的交往互动，依靠自治、自发、自觉的紧密联结，包括村庄公共事务、村民权利表达、公共道德规范或者提供公益性服务，不仅培育了村民的集体意识和归属感，而且意在追

① 李蔚：《公共性：概念辨析、理论演进与研究进展》，《上海行政学院学报》2023 年第 2 期。

② ［法］埃米尔·涂尔干：《社会分工论》，渠东译，生活·读书·新知三联书店 2000 年版，第 33 页。

求构建行政机制与社会协作的共治格局。

3. 以共生性激发合作共治

共生性建立在社会全面具备社会性、公共性的价值属性的基础上，“社会共生论”强调共生是个体、组织和整个社会的基本存在方式。[①]共生性涵盖协同合作，一方面代表治理主体的潜能得到充分释放，在治理中愿意共享权利、共担责任、共享结果；另一方面，治理的组织结构、决策方式和运作机制也呈现出深刻转变。可以说，共生性是最高阶段和最高水平的整体型社会治理的特征。在生态学视角下，一个群落的稳定性随种群进化而递增。如果把农村社会看成一个共生的群落，那么村庄建设就决定了村庄能否共生发展。换言之，农村社会治理体系所内置的共生性增强，那么其个体间的共生性会因系统的深度嵌合而演化，农村社会治理共同体的可持续发展能力也随之增强。由此可见，农村社会治理释放的演进逻辑，是以共生态势着眼于未来的治理动态，形成可持续性治理路径。从推动基层治理现代化发展的趋势来看，共生性的实现程度取决于治理共同体利益交集、责任一体与行动一致的程度。一来社会治理需要汇聚基层内外资源、制度以及情感的互补互嵌，在治理共同体的建设等方面创造出积极有为的“新文明因素”，构筑起共生共治环境。二来共生性强调共同文化基础，治理主体围绕中华民族基础性信仰“融会贯通”“和合共治”，形成共生的意识形态耦合，获得制度确认，并付诸行政实践，最大限度地生成共生能量，达到共生善治的格局。

当代中国社会性、公共性、共生性的新时代内涵，促使农村范围内的社会生活具有相应的治理责任，需要系统而具体的路径。农村社会治理锚定高质量发展航向，需要打造农村共同体建设与现代化治理相适应的发展规范。以“互美共成”的共同体协作理念攻坚克难，以

① 胡守钧：《社会共生论》，复旦大学出版社2012年版，第1—4页。

“共生共在”的逻辑更加辩证地看待“量”与“质”、“速”与“效”的关系，使得技术协作更有效率，价值分配更加公平，全方位提升生产和服务质量，实现跨越式发展。因其社会性、公共性以及共生性，农村兼具现代社会的高效率与乡土社会的合情化，经历面貌蜕变和精神革新，推动当代中国农村社会治理向现代化转型。

（二）方向审视：中国式现代化进程中农村社会治理促进高质量发展的内在逻辑

1. 坚持中国式现代化道路是农村社会治理促进高质量发展的目标遵循

实现中国式现代化是当前中华民族的最高目标和最大共识。马克思主义中的结构功能主义认为，社会结构变化的动力来源于社会内部矛盾运动，囊括社会所有方面的动态发展平衡。可以看出，高质量发展在新时代回应了马克思主义理论，树立了社会治理现代化的理想参照。党的二十大报告指出，中国式现代化是中国共产党领导的社会主义现代化，既有各国现代化的共同特征，更有基于国情的中国特色。① 习近平总书记将乡村治理现代化确定为新时代乡村治理的战略目标。一方面，“中国式”治理现代化，代表社会主义制度的运行和管理能力，具有社会主义国家现代化的共性。历史和现实经验表明，“以改革促发展”是中国道路的突出标志。基层社会改革制约生产力发展的体制机制的现实需求，迫切需要在治理实践中得到回应。高质量发展是对社会主义革命和建设时期、改革开放和社会主义现代化建设新时期、中国特色社会主义新时代的守正创新。其在政策引领的基础上，将制度优势转化为保障公共利益、协调矛盾的治理效能，承担着治理现代

① 习近平：《高举中国特色社会主义伟大旗帜　为全面建设社会主义现代化国家而团结奋斗——在中国共产党第二十次全国代表大会上的报告》，人民出版社 2022 年版，第 22 页。

化的历史重任。另一方面，由于城乡资源分布、乡村内部生产力水平以及成员个体禀赋的异质性，高质量发展为推动基层社会治理体系的中国式现代化指明发展方向，基层社会正处于旧有社会秩序根本变革、利益分配格局深刻变动、民主进程加快推进、思想观念积极转变的进程中。从党的十六届四中全会确立了多元主体协同参与社会管理新格局，到十八届三中全会把社会建设的表述升华为社会治理，到十九大首次提出共建共治共享的目标凝练，再到十九届四中全会首次提出社会治理共同体的战略规划，直到二十大首次提出“中国式现代化”的格局构建。这不仅体现了中国社会治理话语体系“建设”—“管理”—“治理”的发展嬗变，而且表明言辞微变下，作为最直接推动中国式现代化的单元，农村社会治理是社会主义基于“中国国情”具体而生动的实践，促进高质量发展是我国经济社会向前发展的历史必然和共识，有特定的治理逻辑和治理形态与现代化目标相适配，即深深根植于中国特色的“问题导向”和“实践互动”的农村社会治理机制。

2. 发挥益贫功能是农村社会治理促进高质量发展的实践面向

党的二十大报告明确指出：“高质量发展是全面建设社会主义现代化国家的首要任务。”① 农村社会的发展特点正是国家现代化发展道路的具体体现，充分展现了促进更高质量发展的现实逻辑。从实践来看，中国探索出从救济式到开发式贫困治理，再到精准扶贫治理等一系列贫困治理规划，脱贫攻坚战目标任务顺利完成。但由于农村基础薄弱以及农村基础建设的紧迫性，改革效应有限，治理需求与治理能力的不平衡使得社会治理益贫功能的发挥受到限制。益贫是在深刻把握农村社会治理与高质量发展内在逻辑基础上的实践推进。新形势下要保障巩固脱贫、防止返贫的任务，就要确保治理行动的高质量发展，这

① 习近平：《高举中国特色社会主义伟大旗帜　为全面建设社会主义现代化国家而团结奋斗——在中国共产党第二十次全国代表大会上的报告》，人民出版社 2022 年版，第 28 页。

不仅关乎每一个乡镇和村庄的稳定有序，也是解决影响乡村社会系统内生稳定的深层次问题和结构性矛盾的重要标准。当前，质量已成为农村建设的核心要素。高质量发展将有利于强化农村吸收人力转移、承接工业产业生产、保障国家粮食安全的功能，推动农业农村现代化建设。新发展格局下以创新、协调、绿色、开放、共享发展为必然要求，提供物质性和非物质性生产要素高质量发展的共享“平台”，协调好各方利益关系，构建更有效率的利益分配机制和社会联结机制，完善普惠性的福利制度，推动贫困治理行动规范化。

基于上述分析，在农村范围内，本文将高质量发展定义为在农村社会治理实施过程和结果中基于我国经济发展新变化，满足公共善治要求、村民及利益相关方的需求，产生更大福利效应的一个全方位均衡发展的体系，是社会治理现代化道路创新。总体而言，社会治理促进高质量发展主要有两层逻辑：一是指社会治理扮演着连接治理环境、治理主体和治理资源的桥梁角色，要以更宽的治理领域和更高的治理标准均衡国家与乡村社会的关系，夯实高质量发展的根基；二是在第一层逻辑的基础上，基层治理职能定位、制度协同、效能提升和体系建设，具有更高效能、更多保障、更新业态、更具活力、更小差距、更可持续的新型发展态势。进一步来说，考虑社会性、公共性和共生性的内涵，应探究农村社会治理现代化促进高质量发展的标准向度，提出现代化治理标准向度。

三、农村社会治理现代化标准向度

农村社会治理现代化是高质量发展在乡村的实践与落地，需要考虑如何衡量农村社会治理水平，从而发现应该从何处着手促进高质量发展。因此，根据农村社会治理与高质量发展的有机统一关系，有必要通过农村社会治理标准，关注特定目标和需求，提供农村社会治理规范路向和工作指南，以标准化之治促成现代化的行动转向。

（一）农村社会治理现代化标准的内在结构

农村社会治理将高质量发展确立为导向，二者是相互嵌入、相互塑形、彼此交融的有机整体。农村社会的重要任务和目标是治理的现代化转型和高质量发展。一方面，农村社会治理现代化形态拥有相对完整的治理体系、较为充足的治理资源、相对自主的治理空间等，在矛盾风险防范化解、乡村建设与管理等方面具有独特优势，可视为农村范围内国家高质量发展目标要求的积极贯彻、有效落实和主动作为；另一方面，高质量发展强调发展目标、资源配置和社会治理的有机统一，是包含发展要素、发展方式、发展成果的多维度提升，目的在于拓展发展质量和发展效益的存量空间，促进农村社会在治理理念深化、治理功能再造、治理范式建构等方面变革创新。

农村社会治理是一个多维需求耦合下的高度复杂系统，受高质量发展的目标导向驱动，其标准向度需要在价值合理、功能完备与实践落地等三重建构条件上进一步挖掘，从而共同构建治理行为示范标准。首先，治理价值是治理实践的凝聚，治理是以社会与人的关系为基础，坚持以人民为中心的价值理念，强调稳定和谐、自由友爱、公平公正等基本价值观，在遵循价值理念的基础上发挥治理主体的主观能动性，同时形成客观约束。其次，治理功能是治理价值规范的有效载体，包括政策法规、行政机关制定的规范性文件，以及村规民约和传统道德伦理规范等非正式制度，涉及规范社会秩序、促进乡风文明建设等。再次，治理实践可视为功能的运行，在治理的动态过程中有效落实各项治理制度和政策，反映农村地区的治理困境以及村民更高层次的社会治理需求。在此基础上，以公共评判、社会评议等视角衡量农村社会治理水平和村民需求满足程度的结果要素，构建检视乡村治理能力的正反馈治理标准体系。

（二）农村社会治理现代化标准的构成要素

从宏观来看，社会治理促进高质量发展同社会不同领域、各个环节相关联，在现实层面可以转化为“如何为村庄发展汲取有效资源”和“如何切实满足农民需求”这两大核心问题，形成包括而不限于经济、社会、民生三个层面共同发展为主的多要素相互关联构成的整体，是充分全面和更加广义的发展。基于以上分析，农村社会治理现代化标准可确定为以效率提高为目的的经济质量、以普及普惠为目的的民生质量、以合作共治为目的的社会质量（如图1）。

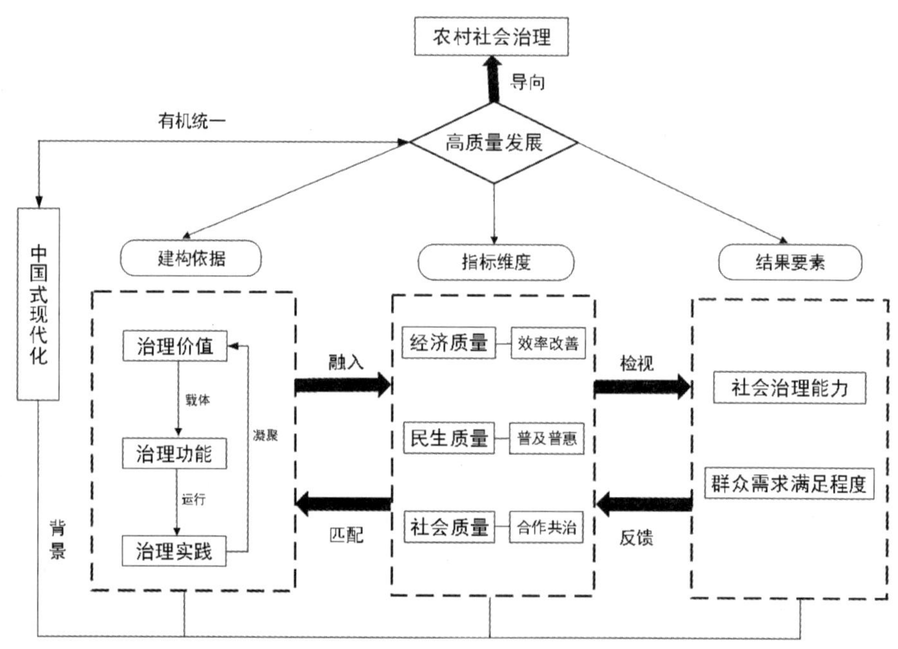

图1 农村社会治理现代化标准体系框架

1. 趋向效率提高的经济质量标准

社会经济是保障农民基本物质生活权利的坚实依托。通过市场配置，将资源转化为数量化、实体化的经济指标，提高供给要素质量，使社会成员享有更高水平的经济发展成果和更可观的社会财富。从社会效用最大化来看，高质量发展是置于经济发展约束下的民生福祉。可以说，社会经济的持续发展是满足公众需求的基础性因素。因现代化符码的嵌入，治理的开展应立足乡村的现实境况与均衡可及发展的实践需要。虽然高质量发展旨在解决“落后的社会生产”问题，但其赋予的治理功能不仅仅是核算经济成本和产出效益，而应回归经济发展的本真性，努力提高效率，将治理重点放到经济生产与发展能否满足自身的真实需要上。因此，经济持续增长是治理持续推进的关键所在。

当前，农业农村现代化与乡村发展环境、发展条件和发展水平之间还存在一定的张力问题，城乡二元机制突出，乡村发展不均衡和不充分在一定时期、一定范围内依然存在，特别是在依托国家脱贫攻坚战略而摆脱绝对贫困的农村地区，仍面临着巩固脱贫成果的艰巨任务。作为乡村治理现代化的现实需要，农业发展发挥着战略性、根本性与延续性作用，助力农业发展即服务于中国式农业农村现代化，确保共同富裕的落地落实。此外，以小农户为主体的乡村农业，同样面临着如何与农业现代化有机衔接问题。因此，经济质量是治理成效的重要指导和参考。实现现代农业生产发展与村民生活质量提高并重，是促进高质量发展必须坚守的主线，可细化为从农业现代化方面度量农业科技化、机械化和规模化经营水平，从生活质量方面提高村民人均收入、城乡一体化程度，保障惠民增收，促进资源优化配置和城乡融合发展。

2. 契合普及普惠的民生质量标准

新时代，人民日益增长的美好生活需要和不平衡不充分的发展之间的矛盾的转换，对农村实现现代化提出新要求。这种“新”蕴含着人民对美好生活质量提升的新需求，突出体现在乡村社会治理聚焦“以人民为中心”的发展逻辑，既是中国特色社会主义政治本色和党执政理念的彰显，也是现代化乡村和谐社会秩序的诉求。因此，推进高质量发展，就是要改变农村发展不平衡、不充分的状况，必然要求从人民生产生活的领域，实现新的高水平的供给与均衡，最终实现共享发展成果。

民生质量是推进社会治理普惠性的“兜底线”，也是提高资源配置和应对治理风险的有效诠释。在社会关系方面，中国式现代化是社会成员在共享的价值基础上不断化解、消减不利因素，规范自身行为与道德意志能力，支持社会关系的过程中建设起来的；旨在为乡村发展提供一种协调机制，包括乡村内部的团结稳定，反映为社会成员间的相互尊重与信任，以及对社会主义核心价值观所持的认同态度。在社会福利方面，为了创造一个高度凝聚的社会，要尽可能把全部社会群体纳入公平公正的社会生活之中，实现资源的普惠共享。因此，民生质量是评估社会治理水平的基本价值判断，证明村民的基本需求、权利体系和发展机会都得到了切实保障。秉持这一治理标准，民生质量在客观层面充分延拓公共服务软件功能建设，优化服务标准。主观上则与村民之间的互动交往、道德系统与价值观念密不可分，围绕社会诚信水平、社会机会公平、权利落实与维护、社区工作者队伍建设、公共行政行为监督等作出相关规定，有效打造规范化的乡村公共规则，同步提高村民物质和精神生活质量水平，切实提升获得感、幸福感和安全感。

3. 推动合作共治的社会质量标准

农村社会治理的本意是追求公共性和普惠性，但必须面对当前中国乡村治理体制机制难以适应发展现状的基本现实，即农村人口大量流动，村庄渐渐减少；农民参与治理的制度不完善、对治理现代化的认知有限。因此，农村治理需要改变传统的被动治理局面，完善从参与方式到组织形式，再到维系这两种关联秩序的内在意愿与禀赋。社会质量在约束国家治权的同时规范农村基层社会治权行使，是提升治理效能的重点，对社会治理参与机制发挥了决定性作用。社会质量这一标准指的是以社会成员的行动能力为核心，以高效参与、权益维护以及言论表达为样态对乡村社会赋能赋权，强调把主体这一要素真正嵌入乡村社会，赋予唤醒农业、农村高质量发展的内生动力。无论是村民参与沟通、互动和交流的正式组织，还是乡村仪式化、形式化的内部活动，都是公共服务促成社会质量与高质量发展相关联的一种建构。基于此，提升农村社会质量关键在于村民群体参与社会治理的广度和深度，提升农民的现代化意识和自觉，将社会冲突转化为促成相关主体的调适；通过疏通利益表达和政策传达的渠道，实现形式合理与程序公正，激发治理的有效性；通过参与机制的完善，从源头使村民自觉遵守社会生活，催生农村社会治理中的集体行动。社会质量将自治组织、民主参与等扩展要素纳入构建过程中，一方面体现在基层选举和社区事务的制度化政治活动参与，包括党建引领基层治理、公共活动覆盖、非营利公益事业等；另一方面体现在村民自发组织及公共活动的参与，包括协商议事机制、村民结社意愿、村级组织回应与协调能力、社会秩序的自我维持以及村民群众自治效能，有效促进乡村公共规则的生成。

四、农村社会治理现代化促进高质量发展的现实进路

（一）在供需平衡中推动质量先行

“供需”指的是治理资源条件的配置情况，供给需求相互适配的动态平衡正是促进高质量发展的要求。农村经济发展和消费结构升级，会带来更加多元化的需求和取向，长期依赖于物质资本积累和资源要素投入的供给结构必然会因需求升级而改变。① 从价值理性来看，社会

① 郑方辉、梁伟湖：《需求导向与推动高质量发展政绩考评：一种理论诠释》，《行政论坛》2021 年第 6 期。

治理具有经济属性，“质量变革”提升了供需匹配速度与效率及资源要素的整体协同，实现供需平衡的范式变革。社会治理也具有社会属性，基层治理以民生为导向，发挥公共服务功能改善社会福利水平，以满足群众需求为本。一方面，村民享受到的各项产品和服务质量会随着治理效能的提高而提高，即发展效应增加；另一方面，资源集聚促使乡村供给能力增强，通过规模效应，治理成本相对降低，促进治理提质增效。总之，农村要在供求动态平衡上下功夫，致力以高质量标准满足人民的物质与精神生活。对此，要着力构建市场自律、政府引导、公众评价的农村供给高质量体系。首先，处理好供给侧与需求侧的关系，大力统筹并优化社会性资源的精准供给与投入，发布需求和资源供给相匹配的“供需清单”，重点指向城乡制度标准、资源统筹以及公共产品和服务供给的配置差异。其次，将推进质量先行嵌入基层政府职责体系和体制框架中，为村民搭建产品与服务质量反馈平台，引导质量制度建设贴合村民的生产生活实际，定期开展公共产品和服务的质量监测和结果通报。同时，摆脱数量和速度驱动的治理方式，推动竞争优势从价格优势向技术、质量优势转变。

（二）在组织动员中促进多元共治

对于现代农村而言，怎样组织动员以有效盘活社会治理的各个要素，是助力治理效率优化的关键。一方面，政治动员是党组织和政府与村民关系的行政化维度。党政权力在综合国力的基础上围绕治理对象和治理任务有效组织与实施治理机制，例如国家义务教育和公共医疗服务在农村的普及，体现了国家政权的外生秩序对乡村集体的内生秩序的统一。同时，基层政权能够运用价值观塑造、柔性运作等方式以正式权威的集中进行资源整合。比如，在化解社会纠纷、为贫困户建档立卡等工作中应用非制度性策略，引领乡村激活协作情景、建立互助关系，彰显出以民为本的价值追求。另一方面，乡村社会治理离不开基层能动性的发挥。① 政治动员带来的整合优势不会自动转化为治理效能，必须激活农村基层建设主体自身的主观能动性，发挥治理创造性，强化基层组织建设，规范农村基层社会民主治权。以上效果的达成不仅需要逐级强化乡村治理驱动的网络单元，还应进一步加强治理主体间的有机协作，形成一个“脱嵌于”各种社会关系的多元组织。一是党作为“总揽全局、协调各方”的顶层设计者，应当以提升组织力为重点，拓展健全的党建制度规范和基层党员、党组织参与链，解决影响农村社会稳定的深层次问题，高位撬动公共资源和服务下沉至末梢。二是基层政府应杜绝治理制度建设的层层加码，集中多元利益主体和社会资本力量，保障乡村资源的合理配置以及多方主体的责任落实，构建平台型政府、市场与社会同频共振的合作网络。三是释放村社组织和村民的共治力量，在村级民主选举、公益事业兴办、物资和经费保障等方面着力，打造农村社工服务、党群服务等便民利民新趋势。

（三）在资源整合中协调利益关系

民生福利是村民培育公共性的重要制度性资源，而多元治理主体必然会涉及利益分配问题。只有当政府与村民之间存在共享利益和合理分配格局时，村民才会真切感受到政治情感与角色认同。其中，公共利益是私人利益“解决矛盾纠纷”和“回应合理诉求”的切实保障。村民依赖公共利益的程度越高，参与治理的程度就越高。而私人利益在理性监督公共利益，能够通过社会协作创造更大的公共利益。但是，当有限稀缺的资源存量与亟须平衡的利益格局之间存在较大的落差时，村民就从追求集体利益的治理共同体转变为追求自身利益最大化的理

① 桂华：《国家资源下乡与基层全过程民主治理——兼论乡村“治理有效”的实现路径》，《政治学研究》2022 年第 5 期。

性人个体。需要说明的是，无论是公共利益还是私人利益，其准则都在于增进民生福祉、改善福利。公私利益边界划分取决于不同的制度逻辑来支配治理行为。具体而言，公共领域主要依托权力来保障正式制度实施，但邻里纠纷、关系协调等涉及私人利益的情形则通常依靠非正式制度形成的村民情感认同予以规范。对村民而言，道德习俗和价值规范无疑是重要的权力类型，在日常生活中，通过采取兼顾法理与人情的协商劝说、榜样示范和宣传教育等运作方式保障分配环境民主化，遵循情感与秩序相结合的制度逻辑，潜移默化地建构维护集体利益和公共政策的共同规范标准，是村民自我管理和自我服务的制度化呈现。对政府而言，为解决乡村资源输入及资源的不平衡配比问题，制定程序是实现农村社会治理制度理性外化的最佳选择。搭建规范的均衡、补偿、互惠的利益诉求、权益保护和化解的制度体系，可保障分配秩序制度化，达成以公共利益为核心的分配共识以及多方主体责任落实。

（四）在高效参与中革新技术赋能

进入新时代以来，以服务为主的治理任务日益繁重和紧要，广大村民受时空限制、组织规模和熟人社会影响，缺乏有效参与治理的渠道。虽然随着社会流动的加剧以及新兴文化的发展，村民投身乡村建设的能力一定程度上有所提升，但是在相对缺乏治理平台和治理工具的情况下，村民群体很少具备高质量发展所倚重的能力，比如积极寻求摆脱陈规陋习、落后观念的内在自驱力，以及运用知识和程序维护自身合法权益的能力，导致治理面临着信息稀缺、反馈迟缓和信息贫富分化的现实藩篱。可以说，塑造基层村民群众现代化的治理理念和治理能力的过程，需要引入数字化的嵌入性力量，为合作共治提供组织载体和平台，一方面能够动员村民参与乡村治理的主体性，避科层僵化低效之短；另一方面实现数字技术匹配乡村资源和发展需求来创制治理，扬科技赋能之长。具体来说，第一，打造集信息共享、办事议事、表决选举等业务协同的电子村务一站式平台，通过数据互通和数据开放赋能基础设施及制度设计，开展便民服务在线受理，确保社会治理运作和政策执行效果实时反馈。第二，开展在线教育、农博平台等应用创新，提供线上线下多渠道、多场景公共服务，培养广大村民的技术治理理念和数字应用技能，技术性地创新信息获取、工具操作和合作组织的智慧治理能力。同时打造数字资源联动体系，壮大农村“互联网+”产业智能预警、决策和分析技术与农业生产发展新动能，培育更多、更高层次的新经济增长点。

（五）农村社会治理、现代化与高质量发展相融合的实现机制

基层社会治理经过价值内涵的引导和标准向度的调适，体现为治理环境、治理主体、治理资源在社会空间的交会相融，即农村社会治理、现代化与高质量发展相融合的实现机制。首先，外生资源嵌入乡土社会，因地制宜地将资源与治理相链接，打造基础设施的全面覆盖、政策稳定执行的治理创富机制。其次，通过组织动员向村民生活空间拓展治理事务，转变村委与村民之间缺乏横向互动的行动惯性，激发农民内生的合作意愿和动力，赋予社会资本和村民信任感不断提升，强化社会性的参与机制。再次，作为利益相关者的治理主体在互动关联中充分表达利益诉求，达成对利益关系的公平协调和分配格局的民主调适，形成拓宽公共性的利益整合机制。最后，在有效动员和资源整合的基础上，治理共同体协作促进村庄公共意志和行动合力的形成，凝结与社会实际需求共振的共生性力量。而这种凝聚力反过来又推动了乡村社会资本的积累，倒逼人力、物力等治理资源进一步地增长和多渠道供给，引领将中国式现代化的治理成果惠及所有村民群众的共享机制，实现促进高质量发展的预期治理目标，完成实质性的机制运行与逻辑上的价值的统一（如图 2）。

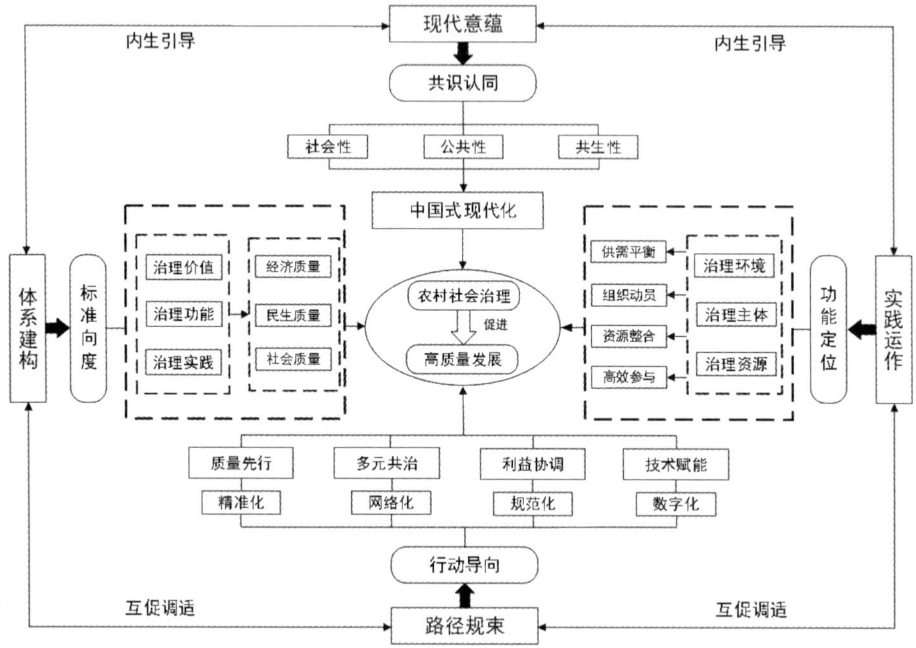

图2　农村社会治理、现代化与高质量发展相融合的实现机制

结论与讨论

高质量发展是在经济与社会结构、制度创新、利益均衡等情境中寻求有效的新治理形式。从乡村社会内部来看，农村社会治理联结着“现代意蕴—体系建构—实践运作—路径规束”四层联动链条，任一链条的脆弱都会影响整个治理系统与调节农村社会结构、规范内生秩序、优化政策落实的任务对接。在现代化内涵层面，将农村社会治理划分为社会性、公共性和共生性，三种价值属性纵横递进，避免乡村治理在单一价值引导下的功能缺失，在意识形态领域释放基层治理的内在逻辑，融入中国式现代化的特色。在体系设计层面，农村社会治理现代化标准蕴含治理水平提质升级的标杆。经济质量、民生质量和社会质量三个标准维度分别反映了物质资料的丰裕水平、社会制度的健全

水平和社会成员的参与能力，形塑基层社会治理的理想图景。在实践运作层面，推动乡村供给质量精准化、组织动员网络化、利益关系规范化以及技术工具数字化的整体进程，有效协调村民生产生活、公共参与和资源分配，催生乡村自主发展动力。因此，农村社会治理促进高质量发展是依据中国式现代化目标来构建实现框架，调整功能定位，实现对村民多元需求的整体性回应，培育更大的治理成效。

当前，我国治理体系处在承前启后的新的历史发展期，这是从脱贫攻坚到全面振兴的转型期、从高速度增长到高质量发展的升级期，仍需要对我国农村社会治理发展新局面进行谋划和反思。农村社会治理的实践性议题目前仍处于理论层面的探索研究。未来需要根据乡村实际环境、组织结构和人口管理等情况细化指标，为提升农村社会治理效能提供更深入的支撑。而且农村仍然存在各种非正式的村庄秩序，着眼乡村内生性规则的弱化和基层社会分化的不规则性，如何扩展乡村民主空间也将成为进一步深化研究的方向。进而言之，无论是社会宏观发展、基层政府行政嵌入，还是村庄内生秩序的坚守，其最终目标都是实现中国农村社会治理现代化向善治演进。乡村社会的“治理”之于高质量发展，将以现代化的整体性使命打造农村社会新样态，把握社会发展新命脉。

（李锋，管理学博士，河海大学商学院教授；姜梦倩，河海大学技术创新与经济发展研究所助理研究员）

图书在版编目（CIP）数据

中国式现代化名家谈 / 郑东育主编 ；许耀桐等著. 福州 ：福建人民出版社，2024. 11. -- ISBN 978-7-211-09541-4

Ⅰ. D61

中国国家版本馆 CIP 数据核字第 20248KF766 号

中国式现代化名家谈

ZHONGGUOSHI XIANDAIHUA MINGJIA TAN

主　　编：郑东育

作　　者：许耀桐　张占斌　张志强 等

策　　划：王金团　　　　责任编辑：王金团

美术编辑：王　玮　　　　责任校对：陈　璟

出版发行：福建人民出版社　　　　电　　话：0591-87903109（发行部）

地　　址：福州市东水路 76 号　　　　邮政编码：350001

电子邮箱：fjpph7211@126.com　　　　网　　址：http://www.fjpph.com

经　　销：福建新华发行（集团）有限责任公司

印　　刷：福州德安彩色印刷有限公司

地　　址：福州市金山工业区浦上 B 区 42 幢　　　　电　　话：0591-28059365

开　　本：700 毫米×1000 毫米　1/16

印　　张：20.75　　　　字　　数：276 千字

版　　次：2024 年 11 月第 1 版　　　　印　　次：2024 年 11 月第 1 次印刷

书　　号：ISBN 978-7-211-09541-4

定　　价：68.00 元